京师法学文库

湖北省2012年度社会科学基金项目
北京师范大学法学院学术著作出版资助

三阶层犯罪论体系之演进逻辑、构造评价与中国路径

贾济东　著

京师法学三十年

德育英才
法行天下

法律出版社 LAW PRESS · CHINA
北京

图书在版编目（CIP）数据

三阶层犯罪论体系之演进逻辑、构造评价与中国路径 / 贾济东著. -- 北京 ：法律出版社，2025. --（京师法学文库）. -- ISBN 978-7-5244-0047-9

Ⅰ. D924.114

中国国家版本馆 CIP 数据核字第 2025CS6650 号

京师法学文库	**三阶层犯罪论体系之演进逻辑、构造评价与中国路径** **SANJIECENG FANZUI LUN TIXI ZHI YANJIN LUOJI、GOUZAO PINGJIA YU ZHONGGUO LUJING**	贾济东 著	责任编辑 韩满春 装帧设计 汪奇峰

出版发行 法律出版社
编辑统筹 学术·对外出版分社
责任校对 晁明慧
责任印制 胡晓雅　宋万春
经　　销 新华书店

开本 710 毫米×1000 毫米　1/16
印张 14.5　**字数** 203 千
版本 2025 年 2 月第 1 版
印次 2025 年 2 月第 1 次印刷
印刷 北京新生代彩印制版有限公司

地址：北京市丰台区莲花池西里 7 号（100073）
网址：www.lawpress.com.cn
投稿邮箱：info@lawpress.com.cn
举报盗版邮箱：jbwq@lawpress.com.cn
销售电话：010-83938349
客服电话：010-83938350
咨询电话：010-63939796

书号：ISBN 978-7-5244-0047-9　**定价**：68.00 元

凡购买本社图书，如有印装错误，我社负责退换。电话：010-83938349

作者简介

贾济东

原名贾继东，1971年生，湖北巴东人，现为北京师范大学法学院教授、博士生导师，德国海德堡大学高级研究学者。主要研究领域为中国刑法学、外国刑法学、犯罪学。历任湖北省社会科学院楚文化所研究人员、国家检察官学院湖北分院教师、湖北省人民检察院检察员、华中科技大学法学院教授等。曾挂职任湖北省黄石港区人民政府副区长、宁夏回族自治区人民检察院检察长助理。主要著作有《犯罪论争议问题研究》、《外国刑法学原理（大陆法系）》、《中国刑法全书》、《渎职罪构成研究》、《中国反洗钱立法研究》（合著）、《铁马冰河——楚国军事史话》（合著）等。

总　序

法治兴，则民族兴；法治强，则国家强。中国社会主义现代化事业的成功和中华民族伟大复兴的实现离不开法治保障，而法治建设又有赖于卓越法治人才的培养和法学理论研究的繁荣。因此，以法学教育和法学研究为核心使命的法学院校注定在全面依法治国进程中扮演着重要角色。

北京师范大学（以下简称北师大）法学院自成立之日起就以服务国家法治进步为己任，得益于国家法治建设提供的历史机遇，在较短时间内实现了跨越式发展。北师大法学学科的历史最早可追溯到1995年，当年哲学系所设法学专业，2002年成立法律系，2005年和2006年刑事法律科学研究院（以下简称刑科院）和法学院相继成立，翻开了北师大法学学科发展新的一页。依托于北师大这一享誉海内外的百年学府，在社会各界大力支持下，经过全体师生的共同努力，北师大法学院的学科建设取得了令人瞩目的进步。法学院拥有一支实力雄厚的专任师资队伍，其中有长江学者特聘教授1人，青年长江学者2人，全国十大杰出青年法学家称号获得者3人，全国十大杰出青年法学家提名奖获得者4人。在全球QS大学排行榜2022年排名中，北师大法学专业位列中国（不含港澳台）第10位、全亚洲第46位；在教育部第四轮学科评估中，北师大法学专业获评B+，在第五轮学科评估中再创佳绩。

法治人才培养是法学院的根本任务。北师大法学院致力于培养具备深厚人文素养、现代法治理念，娴熟法律技能、富有创新能力和国际视野的卓越法治人才。法学院2012年入选首批应用型复合型法律职业人才教育培养基地和涉外法律人才教育培养基地;2018年正式获批法学一级学科博士授权点;2019年获批设立法学博士后科研流动站;2020年入选首批国家级一流本科专业建设点,已经形成了从本科生、硕士生到博士生的三级人才培养格局。法学院高度重视与法治工作部门和海外高校研究机构的合作,为学生培养提供广阔的国内和国际交流渠道。目前已与最高人民法院、最高人民检察院、公安部、司法部等中央政法机关的相关业务庭室,以及北京市高级人民法院、广东省高级人民法院、上海市高级人民法院、北京市人民检察院、西藏自治区人民检察院等数十家地方司法机关建立合作关系;与美、德、日、法、英、意、西、加等国的五十多个高等院校与研究机构签订交流协议,与剑桥大学、巴黎第二大学、法兰克福大学等合作伙伴设立学生交换和暑期项目以及双学位硕士培养项目,不断探索涉外法治人才培养路径。法学院还开设有中国法英文硕士项目,招收和培养外国留学生。

法学理论研究是法学院的重要职能。北师大法学院高度重视科研工作,为教师营造良好科研环境,取得了丰富的高水平成果。教师主持国家重点研发项目、国家自然科学基金项目、国家社会科学基金项目、教育部项目、司法部项目等纵向科研项目数百项,以及欧盟资助项目、加拿大国际发展署资助项目等国际合作项目数十项;在《中国社会科学》《中国法学》《法学研究》等中文权威期刊以及部分SSCI高水平期刊上发表论文近百篇,出版中外文教材、著作数百部,获中央领导同志批示研究报告数百份;建设有G20反腐败追逃追赃研究中心、最高人民法院职务犯罪研究基地、人民法院社会矛盾综合治理研究基地、最高人民检察院未成年检察研究基地、北京教育法治研究基地等多个省部级科研平台;多位教师多人次担任全国性法学研究会的会长、副会长、秘书长以及国际学术组织副主席、副秘书长等职务;出版《刑法论丛》《刑法评论》《京师法学》等学术辑刊,创设“当代刑法国际论坛”“当代刑事司法论坛”“企业家刑事风险防控高端论坛”等国内外具有重大影响的学术论坛。挂靠法学院运行的刑科院成功加入联合国刑事司法网络和国际反腐败学院联盟并成为联合国网络犯罪问题政府间专家组观察员,已经发展成为全国刑事法研究重镇、高层次刑事法培训基地、中外刑事法学界交流合作的重要平台以及中国刑事法治建设的智库和咨询服务基地。

北师大法学院和刑科院在成立初期,基于支持激励教师出版高水平著作和打造法学学术品牌的考虑,率先在刑事法领域创办“京师刑事法文库”、“京师国际刑事法文库”和“京师刑事法学博士文库”,取得了良好的社会反响并积累了丰富经验。为了全面展示北师大法学院教师科研成果,经法学院党政领导班子集体研究决定,在法律出版社的大力支持下,决定继续通过文库形式鼓励教师出版专著,并将新的文库命名为“京师法学文库”,涵括法学所有研究领域。之前已经出版的刑事法领域系列文库继续保留其名称和连续编号,并纳入“京师法学文库”统一管理。我们将努力推出更多质量上乘的法学佳作,不辜负广大读者的期待。

“潮平两岸阔,风正一帆悬。”北师大法学院将秉承“德育英才,法行天下”的院训精神,继续坚持高起点、研究型、国际化的发展特色,致力于把学院建设成为国内一流、国际知名的法学教学科研机构,为全面依法治国的宏伟事业作出应有的贡献。

是为序!

北京师范大学法学院院长　梁迎修

2024 年 3 月 20 日

前　言

犯罪论体系是刑法基本理论领域最重要的部分之一,也是刑法学理论界所关注的焦点。随着国际文化交流的增多,刑法理论的碰撞与交流也日趋频繁,犯罪论体系作为刑法理论的核心问题,更是成为中外刑法学人共同探讨的重要议题。中国的刑法学者们不再局限于研究四要件犯罪构成体系,而是以大陆法系和英美法系的犯罪论体系为考察对象展开比较研究,寻求启示与借鉴。尤其是大陆法系的通说,即构成要件符合性、违法性和有责性的三阶层犯罪论体系,备受中国刑法学者关注。由于这种犯罪论体系具有体系逻辑严谨、说明书教科书功能明显、出罪事由体系地位明确等优点,因而部分中国学者主张彻底抛弃原有的四要件犯罪构成体系,全盘吸收德日三阶层犯罪论体系;而主流观点则坚持在现有体系基础上进行完善。在建构中国刑法学自主知识体系的今天,面对这种学术思潮,唯有真正深入德日阶层体系之中进行研究,才有可能发表中肯意见。鉴于此,本书以三阶层犯罪论体系的构造为研究对象,通过对大陆法系三阶层犯罪论体系与中国四要件犯罪构成体系进行共性考察与个性比较,评析二者的优点与不足,并针对中国犯罪构成理论的缺陷,提出完善的路径,进而指出中国犯罪构成体系未来的走向,主张对中国犯罪构成理论的通说予以改造,使之兼具逻辑性、精细化和实用性、简便性,并认为,这应当是中国刑法理论与实务的理性抉择。最后,对建构中国刑法学自主知识体系的基本要求,对犯罪构成理论持续创新的理念和原则进行了探讨。

本书的创新点在于以下几个方面。

第一，关于犯罪的概念，在澄清误解的基础上，提倡混合的犯罪概念，并主张中国应完善"定性+定量"的混合模式。对于涉及财产的犯罪，原则上都应该采取"定性+定量分析"模式，只有对"抢劫罪"这样暴力性较强的涉及财产的犯罪，才可以采取"立法定性、司法定量"的模式。

第二，关于犯罪论体系之流变，本书主张七阶段说，即前古典犯罪论体系、古典犯罪论体系、新古典犯罪论体系、基尔学派的犯罪论体系、目的论的犯罪论体系、新古典与目的论的结合体系以及目的理性体系。认为犯罪论体系演进具有四个方面的特点与启示：哲学思潮对犯罪论体系的发展起着指导作用；体系性思考与问题性思考的结合推动着犯罪论体系的发展；犯罪成立要件之判断与解释由形式走向实质；犯罪论体系之构造由平面走向阶层。

第三，从构造原理与整序机理两个方面对三阶层犯罪论体系进行分析，归纳了三阶层犯罪论体系的特点、优点以及不足。指出三阶层体系之构造源于刑法适用所面临的三大危险，三阶层犯罪论体系与应对危险的刑法三原则之间存在逻辑联系。阶层体系整序的机理则在于体系自身的机能和裁判官的认识规律。三阶层犯罪论体系的特点是：体系开放兼具稳定性；层次分明逻辑性强；理论精细灵活不足；理论、立法与司法的互动与冲突并存。其优点是：体系逻辑严谨；说明书、教科书功能明显；出罪事由体系地位明确。但其不足亦很明显，主要表现为：体系纷繁复杂；三要件之间界限模糊；局部违反认识论原理；立法规范忽视了刑法的谦抑性原则；烦琐的操作模式降低了司法效率。

第四，对三阶层犯罪论体系与四要件犯罪构成理论进行了共性考察与个性比较，针对中国犯罪构成理论的不足提出了过渡性的补救措施。主张四要件与三阶层犯罪论体系共生论，将三阶层体系作为改良四要件体系的参照，并提出了四要件犯罪构成理论的补救方案，即：1. 问题性思考方法之借鉴；2. 刑事政策功能之切入；3. 三位一体评价体系之提倡。进而主张将犯罪构成作为从正面肯定犯罪成立的要件，即入罪事由；而将犯罪概念与犯罪特征作为从反面否定犯罪成立的要件，即出罪事由。这是基于"正→反→合"的认识论原理所作的思考。

第五，讨论了中国犯罪构成理论的未来走向与完善构想，提出并论证了“四阶层体系”。指出影响犯罪构成理论未来走向的因素主要是:1.理论层面的逻辑性与精细化;2.操作层面的实用性与简便性。本书主张中国犯罪构成体系应当体现三个原则:1.主观与客观相统一;2.原则与例外相统一;3.定性与定量相统一。与之相对应,中国犯罪成立的要件包括客观构成要件、排除客观违法的事由、主观构成要件和排除主观责任的事由,即“四阶层体系”。鉴于排除客观违法事由是客观要件的例外、排除主观责任事由是主观要件的例外,且主观要件必须置于客观要件和排除客观违法的事由之后,因而本书认为,“四阶层体系”应当按照客观构成要件→排除客观违法的事由→主观构成要件→排除主观责任的事由的顺序依次展开。只要前一个要件不符合,后面的要件就不需要再进行判断。“四阶层体系”注重对犯罪现象和犯罪构成理论自身发展规律的把握,遵循了事物发展的自然之道。在认识逻辑上,体现了从现象到本质、从客观到主观的顺序,整体上符合“正→反→合”的认识规律。在具体适用上,运用“四阶层体系”有助于解决实践中的一些难题,例如对正当防卫中的“不法侵害”的理解,对刑法分则规定的某些“罪”“犯罪”的含义的解释,以及刑罚与保安处分的适用条件,等等。同时,这也是在实践中对“四阶层体系”合理性的一种验证。最后,对建构中国刑法学自主知识体系的基本要求和犯罪构成理论的持续创新发展进行了展望。

目　录

导　论

一、研究意义

当今世界,作为一种思想财富,法学不再局限于某一国家或地区,而具有跨越国境的普遍性——即使在语言、文化、风俗、传统不同的国家和地区之间也能够相互作用。除国际法外,刑法是法学中对各个国家和地区具体政治、社会、文化特性的差异最不敏感的学科。在刑法的不同历史形式之间,尽管也存在一些非常重要的差别,但在基本的法学理论和法律制度方面,却存在共通的基础。[①] 刑法学的诸多原理以及理论上的素材虽然形成于各自特殊的文化背景之中,但是在处理犯罪与刑罚的问题上却承载着人类共同的普遍智慧。

犯罪论体系是刑法基本理论领域最重要的部分之一,是刑法理论的基石、核心和灵魂,唯有以其为基础,刑法理论体系才得以形成。正如中国台湾地区学者许玉秀所言,犯罪阶层体系可以算是刑法学发展史上的钻石,它是刑法学发展到一定程度的结晶,通过它,刑法学的发展才能展现璀璨夺目的光彩。[②] 犯罪构成与犯罪概念一样,是犯罪论体系乃至整个刑法学体系的灵魂和基石,是其他犯罪论理论得以展开的核心和基础。[③]

---

① 参见[意]杜里奥·帕多瓦尼:《意大利刑法学原理》(注评版),陈忠林译评,中国人民大学出版社 2004 年版,“作者中文版序”第 7 页。

② 参见许玉秀:《当代刑法思潮》,中国民主法制出版社 2005 年版,第 54 页。

③ 参见《刑法学》编写组编:《刑法学》(上册·总论)(第 2 版),高等教育出版社 2023 年版,第 101 页。

犯罪论体系不仅确定了犯罪成立的一般条件，而且为司法者提供了一套判断犯罪的基本思维方法和步骤，在认定犯罪的司法实践中发挥着重要的指导作用。因此，犯罪论体系一直都是中国刑法理论界和实务界广为关注的焦点。

随着与国外的交流越来越多，国外资料的大量引入，学者们的眼界不再局限于中国四要件犯罪构成理论，刑法理论界也开始关注德日的三阶层犯罪论体系。随着社会主义法治建设的发展与刑事司法的进步，刑法实务界在面临各种疑难复杂案件时，也开始寻求新的思维方法和解决之道。犯罪论体系在当下的中国又一次成为热门话题。有学者主张维持源于苏俄的四要件犯罪构成理论；有学者建议采用大陆法系德日的三阶层犯罪论体系；有学者呼吁构建既非来源于苏俄、也不同于大陆法系、更有别于英美法系，而独具中国特色的犯罪论体系。建构中国特色的刑法学自主知识体系是当下刑法学界的共同任务。

大体来说，部分学者主张彻底抛弃原有体系，全盘吸收德日三阶层犯罪论体系；而主流观点则坚持在现有体系基础上进行完善。中国刑法理论正在经历一场关于坚持三阶层犯罪论体系抑或四要件犯罪构成理论之争，中国刑法学的发展被摆放到一个艰难抉择的十字路口。[①] 这对整个中国刑法学界来说，是幸还是不幸？所谓幸者，一个多年来从域外引进移植并一统中国刑法理论界长达一个甲子的理论神话终于开始遭到强有力的质疑甚至否定，我们开始进行有效的理论储备，从而使刑法理论的讨论更加深入并富有挑战性。不幸的是，在各种已掀起的对通说四要件犯罪构成理论进行质疑与批评的高潮中和对大陆法系阶层式犯罪论体系进行拒绝的过程中，我们看到的是很多学者在泼污水的同时将“脚盆中的孩子”一起泼掉，以致采取非此即彼的学术选择。[②]

即使不少学者主张引进三阶层犯罪论体系以替代四要件犯罪构成理论，但面对如此纷繁复杂的阶层犯罪论体系方案，到底以哪一种方案为引

---

① 参见刘明祥：《我国的犯罪构成体系及其完善路径》，载《政法论坛》2023 年第 3 期。

② 参见杨兴培：《论犯罪构成的中国化发展选择》，载《法治研究》2010 年第 3 期。

进、借鉴的模型,显然尚未达成基本共识。[①] 理论界的纷争表明,我们对于国外犯罪论体系的研究还不够广泛和深入。有学者甚至批评:“中国刑法学过去学苏俄、今天学德日、过段时间又学英美,没有自己的范畴和命题,更谈不上独立的研究范式,缺乏起码的学科自信,基本理论框架没有定型化,刑法学难有前途。”[②]中国刑法学应当注重客观性思考、体系性思考和实践性思考的同步推进,构建阶层的犯罪论体系并将其服务于司法实践。[③] 鉴于此,本书以马克思主义哲学关于对立统一规律、否定之否定规律等哲学基本原理为指导,遵循“正→反→合”的认识论原理,对三阶层犯罪论体系进行探究,深入理解该体系的构造与原理,进而分析该体系的特点、优点和不足,以期为全面认识、正确评判和扬弃借鉴三阶层犯罪论体系的有益经验作出自己的努力和贡献。我们相信通过比较三阶层犯罪论体系与中国犯罪构成理论之异同,能够探寻出有助于中国犯罪构成理论体系发展完善的“他山之石”,从而为中国犯罪构成理论体系的自主持续创新提供可资借鉴的观察对象、思维方法和具体路径。

二、研究现状

(一)国外研究现状

1. 犯罪论体系之原理

犯罪概念是犯罪论的核心内容,认定犯罪是犯罪论体系的目的和任务。在现代各国刑法中,普遍将犯罪的形式概念和实质概念相结合,因为这比较全面,既揭示了犯罪的法律特征,也揭示了犯罪的本质特征。

国外许多学者都对犯罪论体系的功能进行了较多的研究,其中较有代表性的是德国学者罗克辛、许迺曼,日本学者小野清一郎、西田典之、松宫孝明,以及韩国学者金日秀等人的观点。罗克辛认为犯罪论体系的优

---

① 参见梁根林、[德]埃里克·希尔根多夫主编:《刑法体系与客观归责:中德刑法学者的对话(二)》,北京大学出版社 2015 年版,第 26 页。

② 马荣春、高坤龙:《中国犯罪论体系研究范式的变迁》,载《河南财经政法大学学报》2021 年第 3 期。

③ 参见周光权:《论中国刑法学派形成的基本前提》,载《中国社会科学院大学学报》2022 年第 1 期。

点为:(1)减少审查案件的难度。(2)有利于平等而有区别地适用法律。(3)使法律简化及更具可操作性。(4)体系化是深化法学的路标。[①] 金日秀认为犯罪论体系具有以下几个方面的功能:(1)在刑法理论学中,进行体系性思考的优点首先是举出探讨事例的便宜性。(2)通过维持法适用过程中的统一性与合理性,防止在解决具体的事例中所可能出现的法适用者的恣意性与不合理性。(3)关于法素材(Rechtsstoff)的体系性整序,能够通过洞察各个法规范的内在意义及其目的论的基础,来为法解释者和适用者创造性的法发展(Rechtsfortbildung)提供可能性。[②] 国外学者往往从较为细致而具体的层面着眼,通过考察犯罪论体系的各个要素的作用、地位及其整序来发掘犯罪论体系的整体功能。

犯罪论体系具有多样性与不完美性。大陆法系国家普遍采取的是阶层式的犯罪论体系,英美法系国家采取的是双层次犯罪论体系,而中俄采取的是耦合式犯罪构成理论。每一种犯罪论体系都具有不完美性。正如日本学者平野龙一所言,"并不存在唯一'正确'的体系。"[③]罗克辛认为,体系化思考存在以下几个方面的危险:(1)忽视具体案件中的正义性。(2)减少解决问题的途径。(3)确定案件情况缺少刑事政策方面的思考,不能使刑事政策成为合法性体系的向导。(4)抽象概念的选择会忽视和歪曲法律材料的不同结构。[④] 金日秀也认为犯罪论体系本身存在不足之处。[⑤]

关于德日犯罪论体系流变的阶段划分,国外理论界有不同的观点。有的学者认为应划分为四个阶段。如金日秀将犯罪论体系发展史划分为古典犯罪论体系、新古典犯罪论体系、目的论体系、新古典与目的论综合

---

① Vgl. Claus Roxin, Strafrecht Allgemeiner Teil Band I, Verlag C. H. Beck, 2006, 4. Aufl., S. 211-213.

② 参见[韩]金日秀:《关于犯罪论体系的方法论考察》,郑军男译,载赵秉志主编:《刑法论丛》总第30卷,法律出版社2012年版,第54页。

③ [日]平野龙一:《刑法总论Ⅰ》,有斐阁1972年版,第88页。

④ Vgl. Claus Roxin, Strafrecht Allgemeiner Teil Band I, Verlag C. H. Beck, 2006, 4. Aufl., S. 215-218.

⑤ 参见[韩]金日秀:《关于犯罪论体系的方法论考察》,郑军男译,载赵秉志主编:《刑法论丛》总第30卷,法律出版社2012年版,第55-56页。

体系四个阶段[①];德国学者约翰内斯·韦塞尔斯和托马斯·李旭特将犯罪理论发展史划分为古典理论、新古典理论、目的论学说体系、目的学说体系[②]。有的学者认为应划分为五阶段。如罗克辛在构建了自己的体系后将犯罪论体系发展史分为古典犯罪论体系、新古典犯罪论体系、目的论行为理论体系、新古典与目的论的结合体系、目的理性(功能性)体系五个阶段。[③] 此外,日本刑法学家山中敬一也持五阶段说,分为古典犯罪论体系、新古典犯罪论体系、目的行为论体系、现代新古典犯罪论体系、问题思考的机能主义犯罪论体系。[④] 五阶段说目前为大多数学者所接受。德国刑法学家耶赛克、魏根特则主张划分为六阶段。他们将犯罪论体系的发展划分为近代犯罪论的初期阶段、古典犯罪理论、新古典犯罪理论、基尔学派的刑法理论、目的论的犯罪理论、最新的犯罪理论,其中,古典犯罪理论、新古典犯罪理论与目的论的犯罪理论为三个重要的发展阶段。[⑤]

2. 三阶层犯罪论体系之要件与原理

德日刑法理论通说认为,所谓犯罪,是指该当于构成要件、违法且有责的行为。[⑥] 犯罪成立是按照构成要件该当性、违法性、有责性的顺序来判断。根据犯罪形态的不同,刑法学界又将构成要件区分为基本的构成要件和修正的构成要件。[⑦]

至于何谓构成要件,西田典之认为,"要给出一个严格的定义,确实不

---

① 参见[韩]金日秀、徐辅鹤:《韩国刑法总论》(第 11 版),郑军男译,武汉大学出版社 2008 年版,第 101-103 页。

② Vgl. Wessels/Beulke, Strafrecht Allgemeiner Teil, Die Straftat und ihr Aufbau, C. F. Müller, 2010, 40. Aufl., S. 324-325;[德]托马斯·李旭特:《德国犯罪理论体系概述》,赵阳译,载《政法论坛》2004 年第 4 期。

③ Vgl. Claus Roxin, Strafrecht Allgemeiner Teil Band I, Verlag C. H. Beck, 2006, 4. Aufl., S. 201-211.

④ 参见[日]山中敬一:《刑法总论》(第 2 版),成文堂 2008 年版,第 130 页。

⑤ Vgl. Hans-Heinrich Jescheck, Thomas Weigend, Lehrbuch des Strafrechts Allgemeiner Teil, Drucker & Humblot, 1996, 5. Aufl., S. 199-216.

⑥ 参见[日]井田良:《刑法总论的理论构造》,秦一禾译,中国政法大学出版社 2021 年版,第 1 页。

⑦ 参见[日]大塚仁:《刑法概说(总论)》(第 3 版),冯军译,中国人民大学出版社 2003 年版,第 116 页。

太容易,姑且可以定义为,在刑罚法规中除去法律效果(法定刑)之外的部分"①。构成要件该当性则是指具体事实符合法律上的个别犯罪构成要件,它是与违法性及责任并列的犯罪成立条件之一。

违法性是指行为违反法规范,即符合构成要件的行为与整体法秩序之间存在矛盾或者冲突。所谓违法,意指"从法的角度来看,不得为"这种对行为的否定评价;所谓合法,意指"从法的角度来看,可以为"这种对行为的肯定评价。② 违法性是继构成要件该当性之后的第二阶层的犯罪成立要件。

所谓有责性,或称责任、罪责,是指对于实施了符合构成要件的违法行为之行为人,进行道义上的谴责或者非难的可能性。有责性是继构成要件该当性和违法性之后的第三阶层的犯罪成立要件。

为什么需要三阶层犯罪论体系?平野龙一认为,刑法的适用面临三个主要危险:其一,一旦发生引起人心冲动的案件,人们要求科处刑罚的感情强烈,便存在法律即使无明文规定也科处刑罚的危险;其二,一旦发现行为人的内心恶劣,便存在不考虑其行为是否侵犯法益而科处刑罚的危险;其三,一旦造成严重结果,便存在不过问行为人的主观心态即科处刑罚的危险。与之相对应,刑法存在三个原则:罪刑法定原则、法益保护原则和责任主义原则。③ 由罪刑法定原则出发能导出构成要件该当性的要件,由法益保护原则出发可以解释违法性的要件,而根据责任主义原则能够导出责任(有责性)的要件。④ 可见,上述的刑法适用的三大风险分别与罪刑法定原则、法益保护原则和责任主义原则相对应,而德日三阶层犯罪论体系是为避免上述三大风险而设计的。

三阶层犯罪论体系之所以按照"构成要件该当性→违法性→有责性"层层递进、步步限缩的顺序进行判断,是因为:是否符合构成要件的判断,

---

① [日]西田典之:《日本刑法总论》(第2版),王昭武、刘明祥译,法律出版社2013年版,第56页。

② 参见[日]松宫孝明:《刑法总论讲义》(第4版补正版),钱叶六译,中国人民大学出版社2013年版,第75页。

③ 参见[日]平野龙一:《刑法总论Ⅰ》,有斐阁1972年版,第90页。

④ 参见[日]山口厚:《刑法总论》(第2版),有斐阁2007年版,第23页。

在某种程度上具有形式性、明确性。因此,首先设定一个限制性的框架,即使其后对违法性、有责性进行实质性判断,也不会扩大处罚范围。第二个阶层的违法性判断是一种实质性判断,由于原则上是基于客观性要素所作的判断,仍有可能相对明确地进行判断。相反,由于有责性判断考虑的是行为人的主观,因而认定时含有使其归于不明确的要素。正是出于这种考虑,犯罪论体系通过阶段性的深入,即由形式性判断进入实质性判断、由对客观性要素的判断进入对主观性要素的判断,从而力图确保裁判官的判断的正确、适当。因而,构成要件该当性、违法性、有责性这种犯罪论体系,对于控制裁判官的思考过程,进而将刑法的适用限定于适当正确的范围之内,是一种行之有效的做法。①

3. 三阶层犯罪论体系与中国犯罪构成理论之异同

关于三阶层犯罪论体系与中俄犯罪构成理论来源问题,俄罗斯学者研究指出,受康德哲学将主观与客观毫不妥协地对立起来的影响,德国刑法学界费尔巴哈把犯罪行为的客观要件归入 Tatbestand 中,而把主观属性(罪过)排除在犯罪构成之外,将它们看作犯罪人负刑事责任和具备可罚性的第二个(除 Tatbestand 外)独立的条件。接着,受黑格尔哲学的影响,许多德国学者开始更为宽泛地理解 Tatbestand 的内容,将犯罪行为的所有必要的客观和主观要件都包括进来。比如,"贝尔纳将行为的客观属性(作为、不作为)和主观属性(行为人的罪过)都归入到犯罪构成中。"19 世纪中叶,俄国刑法学者接受并将 Tatbestand 译成犯罪构成。于是,犯罪构成被视为客观要件与主观要件的总和。②

美国学者弗莱彻认为,所有的刑法文化都具有违法行为和归责的理论。它们可能不使用这种精确的术语,但是,这些理论都暗含在它们适用的信条中。普通法所依赖的格言是:"没有危害行为和罪过的结合,就不能存在刑事责任。"在这个公式中,危害行为代表了违法行为,罪过代表了

---

① 参见[日]西田典之:《日本刑法总论》(第 2 版),王昭武、刘明祥译,法律出版社 2013 年版,第 50-51 页。

② 参见何秉松、[俄]科米萨罗夫、科罗别耶夫主编:《中国与俄罗斯犯罪构成理论比较研究》(中文版),庞冬梅、丛凤玲译,法律出版社 2008 年版,第 4-5 页。

归责的标准。换句话说,没有应受谴责的(或者没有罪责的)违法行为,就不能构成刑事责任。①

在三阶层犯罪论体系中,“对于不法有决定性意义的事实,将会在犯罪构造里的构成要件与‘违法性’这两个评价阶层分配。从某种程度上说,违法性本身只是构成要件该当性与缺乏违法事由的结果”②。换句话说,构成要件该当性与违法阻却事由都是判断行为的不法,二者的区分仅具有启发性与技术性的意义;出于正当防卫杀人与打死一只蚊子同样不具有社会损害性。构成要件该当性和违法性只表明行为违反了法律秩序,却不能说明适用刑罚的正当性,或者非难可能性。构成要件该当性和违法性根据法益侵害的危险性和社会损害性来说明,而罪责则根据非难可能性来说明。所以,不法与责任才是构筑刑法体系与众不同的材料,是犯罪概念的两大支柱。③

日本学者大塚仁认为,中国的犯罪构成体系,把犯罪的构成要素区分为客观的东西和主观的东西,当然是可能的,但是仅仅这样平面地区分犯罪要素,并不能正确地把握犯罪的实体。例如,主观的违法要素虽然是主观要素,但应该像客观的违法性要素一样被作为违法性判断的对象;同时,像客观的责任要素尽管是客观的事实,但也同其他的主观要素一样,应在决定可否对行为人进行责任非难时加以考虑。④

西原春夫也认为,如果认为犯罪论的任务仅在于明确“什么是犯罪”,相关争论就会只涉及,对于整理和说明犯罪成立条件,哪种见解更容易理解的问题。以区分犯罪的主观性要件和客观性要件来说明中国现在的通说见解,作为一个重要理论,也是可以成立的。但是,犯罪论的任务不仅在于明确犯罪的成立条件,也包括阐明为什么必须对这种行为科处刑罚

---

① 参见[美]乔治·P. 弗莱彻:《刑法的基本概念》,蔡爱惠、陈巧燕、江溯译,中国政法大学出版社 2004 年版,第 108 页。

② Günter Stratenwerth, Lothar Kuhlen: Strafrecht Allgemeiner Teil, Die straftat, Verlag Franz Vahlen, 2011, 6. Aufl., S. 67.

③ 参见[德]许迺曼:《区分不法与罪责的功能》,载许玉秀、陈志辉编:《不移不惑献身法与正义——许迺曼教授刑事法论文选辑》,台北,春风煦日论坛 2006 年版,第 416 页。

④ 参见[日]大塚仁:《刑法概说(总论)》(第 3 版),冯军译,中国人民大学出版社 2003 年版,第 107 页。

这样深层次的问题。将犯罪视为违法、有责的行为的犯罪论体系在这方面占有优势。①

4. 中国犯罪构成理论的未来走向

一般来说,国外学者一般不太讨论中国犯罪构成理论的走向问题。可能是考虑到各国都有自己的国情,每个学者都有主张自己理论的权利,所以不便干涉。正如德国学者所言,"未来是刑法比较的世界,这种刑法比较不涉及对抗,而是一种在合作伙伴间进行的论证交流"②。针对中国学者关于犯罪构成体系激烈交锋的局面,日本学者松宫孝明指出,"在中国,与改革开放政策一样,刑法理论的全球化现在也被认为是一个课题。据闻,中国的刑法学特别是犯罪体系论也向德、日犯罪体系论转变的动向。我认为,中国应有适应中国实际的体系论,而不应直接照搬其他国家的体系论。尽管如此,了解其他国家基于其具体国情而发展出的固有的体系论,对于思考本国的体系论还是大有裨益的"③。"与具体教义学理论移植的原料择拣相比,如何在甄别德国刑法教义学不同学派基础上进行本土体系化建构,无疑是未来中国刑法教义学发展所面临的命运抉择。"④

(二)国内研究现状

1. 犯罪论体系之原理

虽然各国立法普遍采用的是混合的犯罪概念,但就具体的技术操作而言,各国立法上的犯罪概念可以分为两种模式:单纯的定性立法模式、"定性+定量"的立法模式。西方国家对犯罪采取的路径是立法定性、司法定量。⑤ 中国采取的是"定性+定量"的立法模式。当然,中国刑法学者

① 参见[日]西原春夫:《构成要件的概念与构成要件的理论》,陈家林译,载《法律科学》2007 年第 5 期。

② [德]埃里克·希尔根多夫:《德国刑法学:从传统到现代》,江溯、黄笑岩等译,北京大学出版社 2015 年版,第 181 页。

③ [日]松宫孝明:《刑法总论讲义》(第 4 版补正版),钱叶六译,中国人民大学出版社 2013 年版,"中文版序言"。

④ 王莹:《中国刑法教义学:经验、反思与建构》,载《法学家》2020 年第 3 期。

⑤ 参见张明楷:《中国刑法学的发展方向》,载《中国社会科学评价》2022 年第 2 期。

卢建平教授主张采用“立法定性、司法定量”的模式。[①]

国内学者对犯罪论体系的功能进行了概括,其中,较有代表性的是唐稷尧、曲新久、周光权等学者观点。唐稷尧认为,犯罪论体系主要有两方面的功能:方法论上的功能和价值论上的功能。[②] 曲新久也认为犯罪论体系具有两个方面的功能:作为定罪之说明书和教科书的功能、理论探索功能。[③] 周光权认为,犯罪论体系具有指导功能、限制功能、检验功能和展示功能四方面的功能。[④] 国内学者在探讨犯罪论体系的功能时往往注重从宏观层面着手,对犯罪论体系的功能进行高度概括。

中国学者通常也认为犯罪论体系具有多样性与不完美性。各国犯罪论体系通常可以分为立体型犯罪论体系和平面型犯罪论体系,前者的主要代表是大陆法系国家的阶层式犯罪论体系和英美法系国家的双层式犯罪论体系,后者的主要代表是中俄的耦合式犯罪构成理论。曲新久指出,任何犯罪论体系都有其局限性,完美的犯罪论体系是不存在的。[⑤] 高铭暄教授也认为,德日三阶层犯罪论体系并不是无懈可击的,其自身也存在很多矛盾、冲突之处,而中国四要件犯罪构成理论因其存在些许不完善之处也需要发展完善。[⑥]

关于德日犯罪论体系流变的阶段划分,国内理论界存在不同的看法。学者林山田教授主张划分为三阶段。他认为,“一百多年以来,犯罪理论的演进,系经历古典理论与新古典理论的两个阶段,而后始有今日的目的犯罪理论”[⑦]。肖中华也赞成这一观点。[⑧] 马克昌教授将这一历程划分为

① 参见潘文博、刘志伟:《现代法治视野下刑法学的发展——高铭暄教授、王作富教授85华诞暨联袂执教60周年学术庆典研讨综述》,载《法制日报》2013年5月22日,第12版。

② 参见唐稷尧:《犯罪论体系:功能、价值与实现途径辨析》,载《现代法学》2007年第4期。

③ 参见曲新久:《刑法的逻辑与经验》,北京大学出版社2008年版,第122-123页。

④ 参见周光权:《犯罪论体系的改造》,中国法制出版社2009年版,第240-249页。

⑤ 参见曲新久:《刑法的逻辑与经验》,北京大学出版社2008年版,第123-124页。

⑥ 参见高铭暄:《对主张以三阶层犯罪成立体系取代我国通行犯罪构成理论者的回应》,载赵秉志主编:《刑法论丛》总第19卷,法律出版社2009年版。

⑦ 林山田:《刑法通论》(上册)(增订10版),台北,元照出版有限公司2008年版,第183-184页。

⑧ 参见肖中华:《犯罪构成及其关系论》,中国人民大学出版社2000年版,第13页。

古典的犯罪论体系、新古典的犯罪论体系、目的行为论的犯罪论体系、现代新古典的犯罪论体系四个时期。[①] 而陈兴良教授认为,应分为古典的犯罪论体系、新古典的犯罪论体系、目的主义的犯罪论体系和目的理性的犯罪论体系四个时期。[②] 林东茂、陈家林、刘明祥则都主张古典犯罪论体系、新古典犯罪论体系、目的论行为理论体系、新古典与目的论的结合体系、目的理性(功能性)体系的五个阶段说。[③]

2. 三阶层犯罪论体系之要件与原理

陈兴良教授认为:"在三阶层的犯罪论体系中,构成要件该当性、违法性、有责性之间具有位阶关系,这种位阶关系对司法的定罪过程具有逻辑引导机能,有助于保证定罪的正确性。"[④]张明楷教授也指出:"德日的犯罪成立条件为阶层型(或阶梯型甚至立体型),对行为是否成立犯罪的判断,是由形式(外部)到实质(内部)、由抽象(一般)到具体(个别)、由定型到非定型、由客观到主观的逐层递进判断。构成要件符合性是形式的判断(如后所述,构成要件并不只是形式,相反具有实质内容)、一般的判断、定型的判断;违法性是实质的判断、具体的判断、非定型的判断、客观的判断;有责性是个别的判断、内部的判断、主观的判断。根据阶层的体系,判断顺序绝对不可颠倒。"[⑤]不过,随着理论的发展,形式与实质、客观与主观之间的界限日渐模糊,甚至存在某种交融,从而损害了体系的机能。

张明楷教授认为,德日犯罪论体系是以违法与责任为支柱建立起来的。违法与有责是三阶层犯罪论体系的实体。对犯罪实体的认识不能仅停留在"客观"与"主观"两个概念上;犯罪论体系应当以价值或目的作为出发点,从而体现评价;以违法与责任为支柱构建犯罪论体系,具有充分

---

① 参见马克昌:《简评三阶层犯罪论体系》,载赵秉志主编:《刑法论丛》总第 19 卷,法律出版社 2009 年版。

② 参见陈兴良:《教义刑法学》,中国人民大学出版社 2010 年版,第 102-116 页。

③ 参见林东茂:《刑法综览》(修订 5 版),中国人民大学出版社 2009 年版,第 34 页;陈家林:《犯罪论体系之演变》,载赵秉志主编:《刑法论丛》总第 19 卷,法律出版社 2009 年版;刘明祥:《我国的犯罪构成体系及其完善路径》,载《政法论坛》2023 年第 3 期。

④ 陈兴良:《犯罪论体系的位阶性研究》,载《法学研究》2010 年第 4 期。

⑤ 张明楷:《犯罪构成理论的课题》,载《环球法律评论》2003 年第 3 期。

的根据与内在合理性。①

3. 三阶层犯罪论体系之评价

赵秉志教授和彭文华教授认为，三阶层犯罪论体系在罪与非罪的认定上表现为一种机器模式。从宏观层面来说，规范首先设定了运作方式——构成要件符合性、违法阻却事由、责任阻却事由判断，具体行为出现后，将其置于其中，逐步接受每个阶段的检测和评价，最终得出罪或者非罪的结论。一旦规范设定完成，犯罪的认定基本就是一个机器自动化运作的过程。从微观层面来说，三个阶层相当于一部机器的零件，每个零件都有其特定的作用，需要单独进行分析评价，“就好比寻找一台机器的机芯那样，只要将机器的其他部件分别拆卸下来，机芯自然显露出来”，三阶层犯罪论体系总是体现出由总到分的过程，“总是在宏观上确立一个犯罪的观念形象，然后再排除其中的非罪成分，最终确定犯罪这一模型”。②

黎宏教授认为，德日三阶层犯罪论体系具有以下优点：(1)在逻辑上具有递进性，有助于明确要件之间的逻辑关系；(2)具有层次性，能够厘定各种要件之间的界限；(3)具有高度的理性，能维护法律适用的安全性，有助于实现结果的正义性。同时，德日的阶层犯罪论体系所面临的问题，可能并不比中国的犯罪构成体系少。具体包括：第一，体系上前后冲突；第二，现状和初衷背离；第三，有唯体系论的倾向，偏离了现实的司法实践。③

高铭暄教授指出：“深入到德日刑法学理论内部便会发现，递进式的三阶层犯罪论体系并不是无懈可击的，其自身实际上也存在很多矛盾、冲突之处。……没有哪一种理论是绝对合理、完美无缺的。”④

赵秉志、王志祥教授也提出，“‘三阶层’犯罪论体系源于百余年前的德国刑法学界，被当代日本部分刑法学者所接受并有所发展，此外并未受到大陆法系其他主要发达国家(如法、意等)刑法学界的青睐，因而被称为德日犯罪论体系。即便在当代德日刑法学界，三阶层犯罪论体系也因为

① 参见张明楷：《以违法与责任为支柱构建犯罪论体系》，载《现代法学》2009年第6期。

② 参见赵秉志、彭文华：《文化模式与犯罪构成模式》，载《法学研究》2011年第5期。

③ 参见黎宏：《我国犯罪构成体系不必重构》，载《法学研究》2006年第1期。

④ 高铭暄：《论四要件犯罪构成理论的合理性暨对中国刑法学体系的坚持》，载《中国法学》2009年第2期。

存在理论体系前后冲突、发展现状与建立初衷背离、过于强调纯理论体系而偏离司法实践等诸多弊端而受到质疑。从中国近年来已翻译出版的德日刑法教科书来看,采用'三阶层'犯罪论体系的其实寥寥无几。在学者许玉秀教授的专著《当代刑法思潮》所介绍的多达14种的犯罪阶层体系中,'三阶层'犯罪论体系仅仅是其中最早的一种。[①] 由此可见,某些学者所认为的'三阶层'犯罪论体系所具有的'先进性'、'现代性'、'优越性',显得是言过其实的。"[②]

刘明祥教授认为,中国四要件体系对犯罪成立要求的解释模式或思维路径并无根本性的缺陷,其倾向于改造而不是推倒重构。[③]

有学者认为,犯罪构成理论在犯罪认定过程中并不具有实际作用,阶层犯罪论体系并不比传统四要件犯罪构成体系在实践的意义上更具优势。[④]

还有学者指出,以共犯论为视角,通过对四要件犯罪构成理论在认定犯罪时的理念和方法的双重厘清,可以发现该理论其实并不像批判者所认为的那样一无是处,反而具有理论和实践上的双重优势。[⑤]

4. 三阶层犯罪论体系与中国犯罪构成理论之异同

中国刑法理论一般认为,三阶层犯罪论体系与中国犯罪构成理论在构成要件、基本功能方面是相同的。[⑥] 在要素的层面上,四要件理论和三阶层体系大致相同,所改变的只是要素编排的逻辑依据与判断位次。[⑦]

关于中俄犯罪构成理论与德日三阶层犯罪论体系的理论来源,中国学者庞冬梅教授研究指出,俄罗斯的犯罪构成理论与德国的构成要件理论都是以费尔巴哈的Thatbestand理论为基础发展起来的。俄罗斯的犯罪

---

① 参见许玉秀:《当代刑法思潮》,中国民主法制出版社2005年版,第153-165页。

② 赵秉志、王志祥:《中国犯罪构成理论的发展历程与未来走向》,载赵秉志主编:《刑法论丛》总第19卷,法律出版社2009年版。

③ 参见刘明祥:《我国的犯罪构成体系及其完善路径》,载《政法论坛》2023年第3期。

④ 参见王充:《犯罪构成理论与犯罪事实认定关系考察》,载《法律科学》2020年第1期。

⑤ 参见黄明儒:《为我国四要件犯罪构成理论辩护——以共犯论为视角》,载《法商研究》2021年第6期。

⑥ 参见周光权:《刑法总论》(第2版),中国人民大学出版社2011年版,第59页。

⑦ 参见焦旭鹏:《犯罪论体系的评价标准》,载《环球法律评论》2023年第6期。

构成理论继承了费尔巴哈 Thatbestand 理论的完整性和统一性，构建了今天占通说地位的“四要件”犯罪构成理论体系。以贝林为代表的古典犯罪论体系将主观要素与评价要素从构成要件中切割出去，形成了三阶层犯罪论体系中的“支离破碎的构成要件”；后又经新古典犯罪论体系、目的主义犯罪论体系、目的理性犯罪论体系的演变，重新将主观要素与评价要素逐渐复归于构成要件，这是德日三阶层犯罪论体系中的构成要件理论向费尔巴哈最初主张的 Thatbestand 理论的一种回归。①

关于三阶层犯罪论体系与中国犯罪构成理论的区别，中国有很多学者进行了研究。比如，陈兴良教授从逻辑结构进行比较，认为犯罪成立要件是刑法规定的，四要件的犯罪构成理论与三阶层的犯罪论体系在此并无区别，两者的区别仅仅在于犯罪成立要件之间是否具有位阶性。在三阶层的犯罪论体系中，构成要件该当性、违法性、有责性之间具有位阶关系，这种位阶关系对司法的定罪过程具有逻辑引导机能，有助于保证定罪的正确性。而四要件的犯罪构成理论，在犯罪客体、犯罪客观方面、犯罪主体、犯罪主观方面之间没有位阶关系，只是一种排列顺序，可以随意变动，四要件之间是一种互相依存关系。根据四要件认定犯罪，往往主观判断与客观判断颠倒，事实判断与价值判断混淆，存在实用性缺陷，影响正确定罪。② 但是，中国学者薛瑞麟教授对此有不同看法：在苏联的犯罪构成体系中并不乏评价要素，也没有将事实要素与评价要素混为一谈，只不过同德国殊路而已；德国与苏联的犯罪构成体系各有所长，各有所短，苏联的犯罪构成体系的特点在于便于司法操作，极具实践品格。③

张明楷教授寻找犯罪论体系的实体，从实质的视角比较中国犯罪构成理论与德日犯罪论体系的不同。他认为，中国传统的犯罪论体系，是以客观与主观为支柱建立起来的，而德日犯罪论体系是以违法与责任为支柱建立起来的。④

---

① 参见庞冬梅：《“四要件”与“三阶层”犯罪论体系评述》，载《北方法学》2012 年第 1 期。

② 参见陈兴良：《犯罪论体系的位阶性研究》，载《法学研究》2010 年第 4 期。

③ 参见薛瑞麟：《对话〈刑法知识去苏俄化〉的作者》，载《政法论坛》2008 年第 6 期。

④ 参见张明楷：《以违法与责任为支柱构建犯罪论体系》，载《现代法学》2009 年第 6 期。

赵秉志、彭文华教授从文化特点比较德日阶层式犯罪论体系与中国犯罪论体系。他们认为，中国文化模式属于机体宇宙论，与“天人合一”的自本体现和直觉体悟的认识论相关联；西方文化模式属于机械宇宙论，与“征服自然”的他本体现和逻辑分析的认识论相关联。中国的犯罪构成是机体的犯罪构成，体现的诉讼规则是综合规则；西方的犯罪构成是机器的犯罪构成，体现的诉讼规则是可废除规则。①

储槐植、高维俭教授则从外在形态、逻辑结构、文化特点和出罪功能四个层面进行全面比较。就外在形态而言，德日犯罪论体系是由构成要件的符合性、违法性和有责性组合而成的三阶层的结构体系，中国犯罪构成理论结构是由客体要件、客观要件、主体要件和主观要件四方面组合而成的对称性的结构体系。从逻辑结构上说，德日犯罪论体系的逻辑结构是三阶层纵向递进式的抽象思维逻辑，中国犯罪构成理论的逻辑结构是依次判定的横向平展式的真实生活逻辑。从文化特点而言，德日犯罪论体系具有显著的抽象性和精密性，中国犯罪构成四要件结构具有显著的形象性和对称性的特点。从出罪功能而言，德日犯罪论体系表现出犯罪认定中“犯罪圈”多层次缩限的特点，而中国犯罪构成理论是从客观层面入手，通过对具体要素的实际形象的直观抽象，横向地划定犯罪成立要素的基本方面。② 换言之，“大陆法系犯罪成立理论体系就像是一个具有三层过滤网的过滤装置，把犯罪从众多的事态中筛选出来；而中国的犯罪构成理论体系更像是一个由各种要素组成的数学集合。从这两种体系结构的功能上讲，前者是定罪的思维过程的反映，而后者更适合于对法定的犯罪成立条件进行解释。”③

还有学者从刑法典与犯罪论体系的关系进行比较研究。比如，彭文华教授认为，德日犯罪论体系与中国刑法规范存在内在冲突，不能直接移

① 参见赵秉志、彭文华：《文化模式与犯罪构成模式》，载《法学研究》2011 年第 5 期。

② 参见储槐植、高维俭：《犯罪构成理论结构比较论略》，载《现代法学》2009 年第 6 期。

③ 王志远：《我国犯罪成立理论的立体化重构》，载赵秉志主编：《刑法评论》总第 9 卷，法律出版社 2006 年版。

植。[①] 冯亚东教授认为,中国和德国的犯罪论之构造差异,根源于两国刑法典对犯罪的不同规制方式。德国刑法典中规定的两重样态的危害行为,已注定了其犯罪论体系在基本结构上只能形成“客观不法/主观归责”的阶层式构造,进而在方法论上呈现一种从客观到主观的分析路径。中国刑法典中单一样态主客观相统一的犯罪,决定了犯罪论体系无须采阶层式构造而只需在既定的四要件体系的基础上,切实理解并诚心接受德国理论分析犯罪“从客观到主观”的路径模式。[②] 但是,江溯则通过对德国犯罪论与刑法典关系史的考察得出,无论是构成要件该当性、违法性还是罪责,都不是德国刑法典的产物,而是德国刑法学者智慧的产物。阶层犯罪论体系的这些基本概念,在刑法学界达成共识之后,形塑了德国刑法典的发展。中国犯罪论体系的建构不应拘泥于刑法典本身的规定,因此引入德国阶层犯罪论体系并不存在障碍。[③]

5. 中国犯罪构成理论的未来走向

所有国家的犯罪构成体系均有一定的价值取向和价值评判功能,立法者在设定犯罪圈时,选取哪些行为设定为犯罪,背后必然存在价值取向。[④] 正如中国学者所提出的,“使用刑法中的概念应当注意我国刑事立法、司法现状与外国刑事立法、司法现状的区别。”[⑤]“刑法方法论研究需要从司法实践出发,从现实刑法适用中汲取向前发展的动力。”[⑥]在中国,一元犯罪构成体系独存的时代已经结束,多元犯罪构成体系并存的时代已经到来。[⑦] 在刑法学界,有学者主张维持论,有学者主张改良论,有学者

---

① 参见彭文华:《德、日犯罪构成论体系与我国刑法规范的内在冲突》,载《法学》2010 年第 5 期。

② 参见冯亚东:《刑法典对犯罪论体系的制约关系　基于中、德刑法典的比较分析》,载《中外法学》2012 年第 3 期。

③ 参见江溯:《犯罪论对刑法典的形塑作用——以德国犯罪论与刑法典的关系史为线索的考察》,载《南京师大学报(社会科学版)》2013 年第 1 期。

④ 参见赵秉志主编:《犯罪构成论体系比较研究》,法律出版社 2021 年版,第 132 页。

⑤ 张明楷:《刑法学中的概念使用与创制》,载《法商研究》2021 年第 1 期。

⑥ 陈兴良:《论未来刑法学的十大着力点》,载《法治研究》2024 年第 1 期。

⑦ 参见张明楷:《构建犯罪论体系的方法论》,载《中外法学》2010 年第 1 期。

主张移植论,还有学者主张共生论。[①] 其中,改良论与移植论是中国刑法学犯罪构成体系之争的主要分歧。改良论者主张在中国四要件犯罪构成体系的基础上进行改良,并加强对体系中具体问题的思考。[②] 移植论者则对中国四要件犯罪构成体系进行全面的批判,主张犯罪论体系的去苏俄化,引进或者改造后引进德日的阶层体系。[③]

三、研究方法

1. 文献分析的研究方法。本书在写作的过程中十分注重材料的收集与整理,尽可能多地参照德国、日本、意大利、美国等国家和地区的资料,特别是注重对德国和日本原文著作和论文的收集和运用。

2. 历史的研究方法。本书使用历史的方法进行纵向研究,梳理德日犯罪论体系的演变过程,细致分析三阶层犯罪论体系形成的理论基础,从而对其在历史层面上有更为深入的认识。

3. 比较的研究方法。在德日犯罪论体系的发展历程中,先后出现了前古典犯罪论体系、古典犯罪论体系、新古典犯罪论体系等诸多犯罪论体系,这些犯罪论体系的学说形成了平面的犯罪论体系和阶层的犯罪论体系等不同的犯罪论体系类型。本书对不同的犯罪论体系进行比较,并对不同的犯罪论体系类型进行比较,从而准确地对三阶层犯罪论体系进行

---

① 参见周详:《四要件与三阶层犯罪论体系共生论》,载《中外法学》2012年第3期。

② 参见高铭暄:《论四要件犯罪构成理论的合理性暨对中国刑法学体系的坚持》,载《中国法学》2009年第2期;黎宏:《我国犯罪构成体系不必重构》,载《法学研究》2006年第1期;赵秉志、王志祥:《中国犯罪构成理论的发展历程与未来走向》,载赵秉志主编:《刑法评论》总第19卷,法律出版社2009年版;彭文华:《德、日犯罪构成论体系与我国刑法规范的内在冲突》,载《法学》2010年第5期;欧锦雄:《复杂疑难案件下犯罪构成理论的优劣对决——犯罪构成四要件说与德日犯罪三阶层论的对决》,载《中国刑事法杂志》2011年第3期;冯亚东:《中德(日)犯罪成立体系比较分析》,载《法学家》2009年第2期;刘明祥:《我国的犯罪构成体系及其完善路径》,载《政法论坛》2023年第3期。

③ 参见陈兴良:《犯罪论体系的去苏俄化》,载《政法论坛》2012年第4期;陈兴良:《四要件:没有构成要件的犯罪构成》,载《法学家》2010年第1期;陈兴良:《犯罪论体系的位阶性研究》,载《法学研究》2010年第4期;张明楷:《构建犯罪论体系的方法论》,载《中外法学》2010年第1期;周光权:《犯罪构成四要件说的缺陷:实务考察》,载《现代法学》2009年第6期;付立庆:《重构我国犯罪论体系的宣言与自省》,载《中外法学》2010年第1期。

定位;此外,还将德日的三阶层犯罪论体系同中国刑法中的犯罪构成理论进行比较,分析了它们的异同,为完善中国刑法理论、促进司法实践发展提供有益的参考。

4. 理论联系实际的研究方法。外国刑法学很多理论的形成都与具体的司法判例有密切的联系。研究外国的具体判例,一方面能了解相关的理论产生的社会背景,另一方面还能加强对判例中所蕴含的刑法学理论或法律精神的理解。中国犯罪构成体系之完善,既要考虑理论层面的逻辑性与精细化,又要注重操作层面的实用性与简便性,将理论研究与司法实践统一起来。

第一章

犯罪论体系概说

第一节　犯罪的概念

刑法客观主义是现代各国影响最大的刑法理念,其认为犯罪是对社会有害的行为,不能将主观的恶意作为处罚的根据。[①] “人通过行为将社会现实变好变坏。若仅仅只有思想,则不能被科处刑罚。”[②]犯罪概念是犯罪论的核心内容,认定犯罪是犯罪论体系的目的和任务。日本学者平场安治认为:“犯罪论的体系如何确立,与将犯罪作为什么样的概念来把握是有关系的。”[③]行为是否构成犯罪,是犯罪论所要讨论的首要问题,而犯罪论体系又是犯罪概念的展开,因此,在对犯罪论体系进行探讨之前,有必要厘清犯罪的概念。

从不同角度考察纷繁复杂的犯罪现象,有助于深刻理解犯罪的内涵。由于视角不同,对犯罪的理解各异,因而出现了多种犯罪概念的表述:既有法定的犯罪概念,又有理论的犯罪概念;既有实体法上的犯罪概念,又有程序法上的犯罪概念;等等。鉴于各国刑法学者一般从法定的概念即从形式的、实质的以及混合的层面对犯罪的概念进行探讨,因此,本书亦从法定的概念入手展开论题的研究。

---

① 参见周光权:《现代刑法的理念与方法》,载《法治研究》2020 年第 6 期。

② [德]乌韦·穆尔曼:《德国刑法基础课》(第 7 版),周子实译,北京大学出版社 2023 年版,第 87 页。

③ [日]平场安治:《关于犯罪论的体系》,载《法曹时报》29(9)期(1977 年)。

一、形式的犯罪概念

形式的犯罪概念，是指从犯罪的形式上(或法律特征上)对犯罪所作的界定，即根据法律的处罚规定给犯罪下的定义。① 这是从外在的、有形的、直观的标准对犯罪进行的认定。

(一)立法规定

德国《刑法典》第 12 条前两款规定："重罪指最低刑为一年或一年以上自由刑的违法行为。轻罪指最低刑为更轻微的自由刑或者被科处罚金刑的违法行为。"1810 年的法国《刑法典》第 1 条规定："法律以违警刑所处罚之犯罪，称违警罪。法律以惩治刑处罚之犯罪，称轻罪。法律以身体刑或名誉刑处罚之犯罪，称重罪。"西班牙《刑法典》(1971 年)第 1 条第 1 款规定："依自由意志及疏忽之行为而为法律所处罚者谓之犯罪及过失罪。"上述刑法条文表述的犯罪概念即为形式的犯罪概念。

(二)学术定义

在刑法理论上，学者们从不同的角度对犯罪进行了形式上的界定。如日本学者西田典之认为："犯罪，是指刑法分则规定的杀人罪(第 199 条)、盗窃罪(第 235 条)、业务过失致死伤罪(第 211 条第 1 款)等具体罪名。"②山口厚认为："所谓犯罪，形式地说，是指'针对其实施而应予科处刑罚的行为'。"③井田良认为："犯罪是指该当构成要件的、违法的且有责的行为。"④德国刑法学者耶赛克、魏根特认为："犯罪是法秩序规定处以刑罚的人的行为。"⑤李斯特认为："犯罪，就其形式来看，是指实现犯罪构

---

① 参见贾济东：《外国刑法学原理(大陆法系)》，科学出版社 2013 年版，第 101 页。

② [日]西田典之：《日本刑法总论》(第 2 版)，王昭武、刘明祥译，法律出版社 2013 年版，第 49 页。

③ [日]山口厚：《刑法总论》(第 2 版)，有斐阁 2007 年版，第 2 页。

④ [日]井田良：《刑法总论的理论构造》，秦一禾译，中国政法大学出版社 2021 年版，第 1 页。

⑤ Hans-Heinrich Jescheck, Thomas Weigend, Lehrbuch des Strafrechts Allgemeiner Teil, Drucker & Humblot, 1996, 5. Aufl., S. 50.

成、应当受刑法处罚的作为和不作为。”[①]韩国刑法学者金日秀认为：“形式的犯罪概念的内容是：为处罚某一行为，在现行法上需要具备哪些法律要素。据此，犯罪被定义为符合构成要件的违法且有责的行为。”[②]英国学者克罗斯、琼斯等认为：“犯罪是一种非法的作为、不作为或者事件。……其主要后果是：如果查明了行为人而且警方决定起诉，就要由国家或者以国家名义提起控诉；如果行为人被判定有罪，则不管是否责令他赔偿被害人的损失，他都要受到刑罚处罚。”[③]也有学者在研究国际刑法中的犯罪时，从形式层面对国际犯罪进行界定：“国际犯罪是指在由相当数量的缔约国参加的多边条约中指明为一种犯罪的任何行为。”[④]

二、实质的犯罪概念

与上述形式的犯罪概念相对，实质的犯罪概念是从内在的、无形的、隐含的角度对犯罪进行界定的，它是指“法律秩序对何种行为处以刑罚，即追究什么是犯罪的实质要件”。[⑤] 实质的犯罪概念注重揭示犯罪的本质特征——行为的社会危害性。

（一）立法规定

从实质层面对犯罪进行界定的刑法规范很少见。例如，1919 年苏俄《刑法指导原则》第 6 条规定：“犯罪是危害某种社会关系制度的作为或不作为。”又如，1950 年匈牙利《刑法典》总则第 1 条第 2 款规定：“犯罪行为是对匈牙利人民共和国的国家制度、社会制度或经济制度，以及对公民的人身和权利有危害的作为或不作为。”

---

① ［德］李斯特：《德国刑法教科书》（修订译本），徐久生译，法律出版社 2006 年版，第 167 页。

② ［韩］金日秀、徐辅鹤：《韩国刑法总论》（第 11 版），郑军男译，武汉大学出版社 2008 年版，第 13 页。

③ ［英］鲁珀特·克罗斯、菲利普·A. 琼斯：《英国刑法导论》，赵秉志等译，中国人民大学出版社 1991 年版，第 1 页。

④ ［美］M. 切里夫·巴西奥尼：《国际刑法公约的特征》，谢正权译，载《环球法律评论》1989 年第 5 期。

⑤ 参见［韩］李在祥：《韩国刑法总论》，［韩］韩相敦译，中国人民大学出版社 2005 年版，第 60 页。

(二)学术定义

对于实质的犯罪概念,刑法学者有如下的界定:德国刑法学者罗克辛认为:"实质的犯罪概念是位于刑法典之前的,为立法者所提供的什么可以和什么不可处罚的刑事政策方面的标准。"[①]日本刑法学者井田良认为,实质的犯罪概念"不去理会现行法是否有处罚规定,而通过提供独立的基准(超实定法的基准)来判断某种行为是否应视为犯罪。"[②]苏联刑法学者 B. M. 契柯瓦认为:"任何旨在反对苏维埃制度及其所确定的法律秩序的危害社会的作为或不作为,都是犯罪。"[③]韩国刑法学者金日秀认为:"实质的犯罪概念仅指除刑法以外的其他制裁手段无法给予充分保护的严重的对社会有害的法益危害行为。在这里,刑法所要保护的法益的具体内容,最终只能根据一个人的自由与他人的利益及公共利益之间的利益衡量来加以决定。"[④]1957 年英国上议院在 Halsbury's of Trade v. Owen(霍尔斯伯里贸易委员会诉欧文案)中所运用的犯罪概念是:非法的侵害公众的作为或不作为行为,并因此使实施该行为的人有罪并且必须接受法律的惩罚。[⑤] 哈特(Hart)认为,犯罪是指"一种行为或一种不作为,以及根据事实显示必然存在的与之相伴的心理状态,将导致社会作出一个正式而严肃的道德谴责的宣判"。[⑥] 美国学者约书亚·德雷斯勒认为,犯罪是"能招致社会各界正式且严肃的道德谴责的行为"。[⑦] 还有学者指出,西方国家的刑事学认为,实质意义上的犯罪是侵害社会生活共同秩序的人的行为,无论这种行为是由幼童实施的,还是成人实施的,但刑法学上

---

① Claus Roxin, Strafrecht Allgemeiner Teil Band I, Verlag C. H. Beck, 2006, 4. Aufl., S. 13-14.

② [日]井田良:《讲义刑法学·总论》,有斐阁 2008 年版,第 14 页。

③ 中国人民大学刑法教研室编译:《苏维埃刑法论文选译》(第 1 辑),中国人民大学出版社 1955 年版,第 7 页。

④ [韩]金日秀、徐辅鹤:《韩国刑法总论》(第 11 版),郑军男译,武汉大学出版社 2008 年版,第 15 页。

⑤ 参见赵秉志主编:《英美刑法学》(第 2 版),科学出版社 2010 年版,第 29 页。

⑥ 参见[美]约书亚·德雷斯勒:《美国刑法精解》,王秀梅等译,北京大学出版社 2009 年版,第 2 页。

⑦ [美]约书亚·德雷斯勒:《美国刑法纲要》,姜敏译,中国法制出版社 2016 年版,第 3 页。

所说的犯罪,则只是其中应当科处刑罚的行为。①

也有学者从实质层面对国际犯罪进行定义:“国际犯罪是侵害国家和民族的生存基础、破坏国际法的最重要原则、威胁国际和平和安全的严重的国际违法行为。”②

三、混合的犯罪概念

混合的犯罪概念,也称为综合的犯罪概念,是指既从形式的角度也从实质的角度来给犯罪下定义。③ 混合的犯罪概念既描述犯罪的形式特征(法律明文规定的行为),又揭示犯罪的本质特征(具有社会危害性的行为)。形式层面的界定具有实然法的意义,用于指导司法活动;实质层面的界定具有应然法的意义,用于指导刑事立法。

(一)立法规定

《俄罗斯联邦刑法典》第 14 条规定:“1. 本法典以刑罚相威胁所禁止的有罪过地实施的危害社会的行为,被认为是犯罪。2. 作为(不作为)虽然形式上含有本法典规定的某一行为的要件,但由于情节显著轻微而不构成社会危害性的,不是犯罪。”中国《刑法》第 13 条规定:“一切危害国家主权、领土完整和安全,分裂国家、颠覆人民民主专政的政权和推翻社会主义制度,破坏社会秩序和经济秩序,侵犯国有财产或者劳动群众集体所有的财产,侵犯公民私人所有的财产,侵犯公民的人身权利、民主权利和其他权利,以及其他危害社会的行为,依照法律应当受刑罚处罚的,都是犯罪,但是情节显著轻微危害不大的,不认为是犯罪。”上述条文就是关于形式与实质相融合的犯罪概念的规定。

(二)学术定义

许多刑法学者从形式与实质相结合的角度对犯罪的概念进行了阐述。例如,德国学者费尔巴哈认为:“违反了通过国家契约保证的、刑法保

---

① 参见张明楷:《外国刑法纲要》(第 3 版),法律出版社 2020 年版,第 42 页。

② [苏]克里缅科等编:《国际法词典》,刘莎、陈森、马金文译,商务印书馆 1995 年版,第 90 页。

③ 参见贾济东:《外国刑法学原理(大陆法系)》,科学出版社 2013 年版,第 103 页。

障的自由,就是犯罪。"[①]日本学者大塚仁指出:"所谓犯罪,一般而言,从形式的观点可以说是符合构成要件的违法而且有责的行为;从实质的观点可以说是反社会的行为或者社会侵害性行为。"[②]松宫孝明认为:"所谓犯罪,可谓从实质上来看是违法、有责的行为,而且法律对之预先规定了刑罚。"[③]前田雅英认为:"从形式上看,犯罪是指法律明确规定要科以刑罚的行为。从实质上看,犯罪是指应当动用刑罚来予以禁止的行为。"[④]英国学者边沁认为:"犯罪就是被立法者基于无论何种理由所禁止的行为。……犯罪是指一切基于可以产生或者可能产生某种罪恶的理由而人们认为应当禁止的行为。"[⑤]也有学者从形式和实质相结合的角度对国际犯罪进行界定:"国际犯罪是指国际公约所规定的,严重威胁世界和平与安全、震撼国际社会良知,应受刑事处罚的行为。"[⑥]

四、本书的立场

(一)观点评述

在讨论犯罪的概念时,有两点需要予以澄清:

第一,大陆法系国家是否均使用形式的犯罪概念?对此,中国台湾地区学者林山田指出,中国大陆学者对于大陆法系的犯罪概念存在误解,许多学者都认为大陆法系的犯罪采用的是形式上的概念,这可能是因为这些学者缺乏对大陆法系的相关论著的了解。[⑦] 这种批评是有道理的,如前

---

① [德]安塞尔姆·里特尔·冯·费尔巴哈:《德国刑法教科书》(第 14 版),徐久生译,中国方正出版社 2010 年版,第 34 页。

② [日]大塚仁:《犯罪论的基本问题》,冯军译,中国政法大学出版社 1993 年版,第 1 页。

③ [日]松宫孝明:《刑法总论讲义》(第 4 版补正版),钱叶六译,中国人民大学出版社 2013 年版,第 4 页。

④ [日]前田雅英:《刑法总论讲义》(第 6 版),曾文科译,北京大学出版社 2017 年版,第 2 页。

⑤ [英]吉米·边沁:《立法理论》,李贵方等译,中国人民公安大学出版社 2004 年版,第 286-287 页。

⑥ 高铭暄、王秀梅:《略论国际刑法的历史、发展、概念特性及犯罪界定》,载高铭暄、赵秉志主编:《当代国际刑法的理论与实践》,吉林人民出版社 2001 年版,第 1 页。

⑦ 参见林山田:《刑事法论丛(二)》,台北,台湾大学法律系 1997 年版,第 314 页。

所述,大陆法系学者一般认为,所谓犯罪,是指"该当于构成要件的违法且有责的行为"。[①] 构成要件符合性是罪刑法定原则的要求,它其实是犯罪在形式层面的一种体现;违法性与有责性则分别源于法益保护机能与自由保障机能(与罪刑法定和责任主义相关联),它涉及犯罪的实质层面。因此,可以说,大陆法系国家采纳的是混合的犯罪概念。

第二,有学者认为,俄罗斯刑法中的犯罪的概念经历了形式→实质→混合→形式"这样一番历史的轮回",最终还是回归到了形式的层面,因为俄罗斯《刑法典》第 14 条"把体现犯罪实质内容的政治话语全部取消,只保留了犯罪的形式特征",并进而认为,"从目前世界各国来看,像我国这样仍然坚持犯罪的混合概念的国家可能是绝无仅有了",在中国"刑法当中应当确定的就是犯罪的形式概念"。[②] 这一观点是值得商榷的。诚然,新的俄罗斯《刑法典》的确删除了很多政治话语,但是该法第 14 条却是从形式和实质两个角度对犯罪进行的界定:"本法典以刑罚相威胁所禁止的有罪过地实施的危害社会的行为,被认为是犯罪",这里既强调了"以刑罚相威胁"的法律特征,也强调了"危害社会的行为"这一本质特征,很显然是一种混合的犯罪概念,因而不能据此推论中国刑法中应采纳形式的犯罪概念。

(二)混合的犯罪概念之主张

对犯罪的概念进行形式层面和实质层面的划分,不过是为了对犯罪的内涵进行更深层次的认识。其实,犯罪的形式概念和实质概念并不是决然对立的,它们就像硬币的两个面。形式的犯罪概念从立法或理论层面揭示了刑事法律规范对何种行为予以处罚,为司法实务者认定犯罪提供了直观的判断标准,便于操作;但该种定义对于犯罪的认识仅限于表层,没有深入揭示将某一行为视为犯罪行为的实质所在,因而可能导致将一些貌似犯罪而实质上并不应该作为犯罪处理的行为也作为犯罪进行处理。实质的犯罪概念深入犯罪的实质,揭示了具有何种内在的行为才应

---

① [日]西田典之:《日本刑法总论》(第 2 版),王昭武、刘明祥译,法律出版社 2013 年版,第 49 页。

② 陈兴良:《口授刑法学》,中国人民大学出版社 2007 年版,第 79-82 页。

当受到刑事法规的处罚,对于立法者来说是制定、修改和补充法律的依据。但实质的犯罪概念不直观,难以把握,特别是对于普通民众而言,很难认识何种行为才具有犯罪的实质性。

事实上,现代各国刑法普遍将犯罪的形式概念和实质概念予以结合,因为这种概念比较全面,既揭示了犯罪的法律特征,也揭示了犯罪的本质特征。诚如中国台湾地区学者陈朴生所言:"犯罪论之体系,如仅由形式的犯罪概念所构成,难以正确了解全部与部分之有机的关联,自应以全体概念,即以实质的犯罪概念为前提,使得为理论的分析。"①

虽然各国一般采取混合的犯罪概念,但由于时空因素的差异,在不同的政治制度、社会形态与经济结构之下,自然有不同的价值观、伦理道德标准与社会的需求,因而犯罪的概念并非一成不变,或者可以说,犯罪是一种相对性的概念。一种犯罪在另外一个时代或者地域中,可能仍旧是犯罪,也可能不是犯罪;一种犯罪在不同的时代或地域中可能有时为轻罪,有时为重罪。② 因此,本书主张采取混合的犯罪概念。

(三)中国刑法中犯罪概念应完善"定性+定量"的混合模式

就具体的立法技术而言,采取混合的犯罪概念的立法又可以分为两种模式:单纯的定性立法模式;"定性+定量"的立法模式。

单纯的定性立法模式,是指立法者在规定犯罪的概念时,只对行为性质进行考察,不作任何量的分析,犯罪构成中不含数量成分。法国、德国、日本、美国和英国等大多数国家都采取这种模式。"定性+定量"的立法模式,是指在界定犯罪概念时,既对行为的性质进行考察,又对行为中所包含的"数量"进行评价,是否达到一定的数量对决定某些行为是否构成犯罪具有重要的意义。目前,只有中国和俄罗斯等少数国家的刑法采取这种模式。③

学术界对于应否采取定性+定量的立法模式存有争议。例如,卢建平教授主张采用"立法定性、司法定量"的模式,他认为,21 世纪以来,刑法

---

① 陈朴生:《刑法专题研究》,台北,三民书局 1988 年版,第 73 页。

② 参见林山田:《刑法通论》(上册)(增订 10 版),北京大学出版社 2012 年版,第 108-109 页。

③ 参见储槐植:《刑事一体化论要》,北京大学出版社 2007 年版,第 113-115 页。

开始蚕食治安管理处罚法的相关内容,由此带来了以下影响:一是犯罪门槛下降使犯罪圈范围扩大,犯罪数量大幅提升;二是给中国行政执法和刑事司法二元体系造成冲击;三是对中国的刑法体系、刑法理论造成影响。他认为这种影响是积极的,而且未来犯罪的门槛还可能继续下降。基于此,他主张中国应采取"立法定性、司法定量"的模式。

正如中国学者所提出的,"使用刑法中的概念应当注意我国刑事立法、司法现状与外国刑事立法、司法现状的区别。"①"关注中国实定法与德日实定法的差异,是开展中国刑法教义学的起点,同时也向中国刑法教义学提出了更高的要求。"②那么,中国将"定量分析"引入犯罪概念,究竟有何利弊? 中国学者储槐植教授对此进行了深入的分析。他认为,定量分析具有三个方面的优点:第一,它能较好适应中国社会治安两级制裁体系(刑罚和治安处罚)的结构要求;第二,它可以减少犯罪数,降低犯罪率;第三,它能及时化解矛盾,维护社会稳定。当然,"定量分析"也可能导致一些负面效应,这些负面效应也表现在三个方面:第一,导致刑法理论的困惑和学理解释的尴尬;第二,导致最高司法机关司法解释权的膨胀和地方司法机关自由裁量权的萎缩;第三,导致刑事法网粗疏,不利于控制和预防犯罪。在此基础上,储槐植教授进一步指出:中国刑法分则第三章破坏社会主义市场经济秩序罪中的大多数犯罪都可以采用"立法定性又定量"的模式;除分则第三章中某些经济犯罪以外的其他犯罪,包括盗窃罪、诈骗罪和抢夺罪等传统的财产犯罪在内,均应采取"立法定性、司法定量"的模式。③

储槐植教授对"定量分析"的利弊进行了深入分析,这是值得赞赏的。但是他将涉及财产的犯罪分为两种:经济犯罪和涉及财产的传统犯罪,对前者采取"立法定性又定量"的模式,对后者采取"立法定性、司法定量"的模式,这种观点实际上是对性质相同或相近的犯罪类型(同为涉财型犯罪)采用不同的标准进行衡量,因而是值得商榷的。综观中国的刑法可

---

① 张明楷:《刑法学中的概念使用与创制》,载《法商研究》2021年第1期。

② 王莹:《中国刑法教义学:经验、反思与建构》,载《法学家》2020年第3期。

③ 参见储槐植:《刑事一体化论要》,北京大学出版社2007年版,第117-128页。

知,对于涉及财产的犯罪,一般都有"量"的限制,只有抢劫罪这样暴力性较强的犯罪,才对侵犯财产的数额没有限制。此外,在司法实践中,"量"具有个别化的机能。因此,笔者认为,对于涉及财产的犯罪,原则上都应该采取"定性+定量分析"模式,只有对"抢劫罪"这样暴力性较强的涉及财产的犯罪,才可以采取"立法定性、司法定量"的模式。

第二节 犯罪论体系的含义与功能

一、犯罪论体系的含义

犯罪论是刑法总论中的核心部分,是指"以有关犯罪的成立及形式的一般理论为对象的研究领域"[①]。将决定犯罪成立的要素按照一定的原理进行系统化之后的东西,就是犯罪论体系。[②] 日本学者山中敬一教授认为,犯罪论体系就是基于一定的综合原理的指导,对构成犯罪一般成立要件的各种个别认识、原理或理论说明进行整序,通过明确其内部的联系而使判断某种情况是否为犯罪或是否符合犯罪成立要件的过程合理化、机能化的实践的认识体系。[③] 中国学者提出,犯罪构成论体系是指由犯罪构成要件或要素组成的、评判某一行为成立犯罪的相互联系、相互制约的知识统一体。[④]

"犯罪构成与犯罪概念一样,是犯罪论体系乃至整个刑法学体系的灵魂和基石,是其他犯罪论理论得以展开的核心和基础。"[⑤]犯罪论体系主要包括以下两个方面:其一,犯罪论体系研究的是构成犯罪需要哪些要

① [日]大塚仁:《刑法概说(总论)》(第3版),冯军译,中国人民大学出版社2003年版,第104页。

② 参见[日]大谷实:《刑法总论》,黎宏译,法律出版社2003年版,第70-71页。

③ 参见[日]山中敬一:《刑法总论》(第2版),成文堂2008年版,第118页。

④ 参见赵秉志主编:《犯罪构成论体系比较研究》,法律出版社2021年版,第8页。

⑤ 《刑法学》编写组编:《刑法学(上册·总论)》(第2版),高等教育出版社2023年版,第101页。

件;其二,犯罪论体系是研究犯罪构成要件如何组合。在对犯罪论体系各要件分别进行分析的基础上,再对这些要件进行体系性的整合,便能达致区分罪与非罪的目的。[①] 德国学者罗克辛教授也认为:"体系性构建的刑法所认同的是:①将犯罪的一般条件的广泛素材都转化为统一的基本概念;②将这些基本概念之间的关联明确化;③通过对超越于个别案件的可估算的解决方案的发展,以保障法律的平等适用。"[②]

从上述学者对犯罪论体系的界定可知,犯罪论体系具有知识系统和评价系统的双重属性。作为一个知识系统,犯罪论体系并非各种知识的简单聚合,而是依一定关系组成的有层次、有结构的知识体系;作为评价系统,犯罪论体系是确定犯罪成立与否的规格和尺度,用以评价一种行为是否属于刑法上的犯罪。[③] "犯罪构造展示了刑法案件的鉴定报告式考查都必须遵循的一个基本结构。"[④]

二、犯罪论体系的功能

由于各国法律文化传统和法律制度选择的不同,各国的犯罪论体系也不尽相同。考察世界各国的犯罪论体系,具有代表性的是德日的阶层式犯罪论体系、英美的双层次犯罪论体系和中俄的耦合式犯罪论体系,关于这三种体系各自的内容,本章第三节将着重介绍。虽然不同国家的犯罪论体系可能不同甚至差异巨大,但是各国刑法学者对所构造的犯罪论体系的追求相同,即都希望构建一个没有矛盾、例外情况少、逻辑性和实用性强的犯罪论体系。如何评价一个犯罪论体系是否合理,就需要依靠犯罪论体系的功能这一重要评价标准。

(一)大陆法系主要学说例举

德日等国诸多学者对犯罪论体系的功能进行了深入研究,其中较有

---

① 参见[日]浅田和茂:《刑法总论》,成文堂 2005 年版,第 87-88 页。

② [德]克劳斯·罗克辛:《构建刑法体系的思考》,蔡桂生译,载《中外法学》2010 年第 1 期。

③ 参见付立庆:《犯罪构成理论:比较研究与路径选择》,法律出版社 2010 年版,第 11 页。

④ [德]乌韦·穆尔曼:《德国刑法基础课》(第 7 版),周子实译,北京大学出版社 2023 年版,第 83 页。

代表性的是德国学者许迺曼、罗克辛,以及日本学者西田典之、松宫孝明、小野清一郎等的观点。

许迺曼从日常语言体系角度对犯罪论体系的功能进行了阐述,他认为:(1)只有通过体系架构,将个别的认识相互纳入一个逻辑关系之中,才可以完全明白,这种个别的认知,是否彼此在逻辑上可以互相包容或不互相矛盾;(2)法学领域根本不可能有一个完全没有体系的、漫无章法的思想,因为它所研究的课题,即人类的社会关系,从一开始就只能通过日常语言的媒介才能够加以理解和描述,所以我们发展第一个法学思想后,便始终在使用日常语言所制造、强制出来的规则及体系化的成果;(3)放弃任何一个法学体系的建立,则意味着社会冲突的解决将停留在日常生活领域和表现并形成日常生活的日常语言体系架构内,并且因此随着于此所发现的多种见解和立场、争执和反省、方案和结论的多样化而改变。①

罗克辛则很全面地总结了犯罪论体系的优点:(1)减少审查案件的难度。在一个教义学体系中,刑事可罚性的条件的组合与划分,在实践中都具有简化和指导案件审查的优点。一个具有确定的、赋予逻辑顺序的思考步骤的构造,首先能够确保在可罚性的评判之中,所有真正重要的问题确实能够得以检验;在体系上毫无划分、对案件涉及的法律问题不加抉择的"探察",可能存在因为忽略一些重要的方面而陷入错误的决定的危险。此外,体系性的思考还有益于思考的经济性。(2)有利于平等而有区别地适用法律。除了减少审查的实际工作之外,这个体系还能够为法律事实安排一种恰如其分的区别规则,如在可罚性的免除事由中,根据体系可划分为排除违法性事由和排除责任事由,那么对于大量的不容忽视的"处于紧急情况下的行为"就可以按照一个统一的评价标准进行区别;反之,若体系松散,则在对具体案件进行评判时,可能使结果处于一种不确定和不安定的状态之中。如果没有体系,那么,每个紧急情况在其法律条件和后果中都需要一种特殊规定,这就要求无数的规定,而且这就同缺乏主导性

---

① 参见[德]许迺曼:《刑法体系思想导论》,许玉秀译,载许玉秀、陈志辉合编:《不移不惑献身法与正义——许迺曼教授刑事法论文选辑》,台北,公益信托春风煦日学术基金 2006 年版,第 250-254 页。

体系原则一样,可能产生大量的互不协调和漏洞百出的条款。体系规则的贡献就是保障法律得到同等和合理的适用。(3)使法律简化及更具操作性。体系性的思考意味着法律适用的根本性简化,省去法官及学生判明方向的工作。如果不计其数的法律材料分散在数量巨大的、体系杂乱的规定之中,或者必须从法院大量的类似的先例中找到问题的答案,判明方向的工作便尤为需要,这么一来,法律的适用工作将异常烦琐。(4)体系化是深化法学的路标。体系化使创造性的深化法律的工作成为可能,能够帮助人们理解具体法律规范与体系化的目的论基础的内在联系。①

西田典之认为:"犯罪论体系分层次进行,即由形式性判断进入实质性判断,由对客观性要素的判断进入对主观要素的判断,从而力图确保裁判官的判断的适正。"②其实,人们在控制司法权的时候,也不能放松对立法权的警惕。松宫孝明认为:"犯罪论的体系化,并非出于某一法官整理思考的目的,而是为了以新型的解释论或体系论的发展为基础对总则规定进行整备,以为制订更为单纯且更具操作性的便于使用的刑法提供资助,即是为立法者提供参考。"③

小野清一郎在对构成要件的理论沿革及其概念进行论述后,对构成要件的理论功能进行了几个方面的论说。他认为,构成要件至少在如下方面具有重大的理论功能:(1)行为只有符合构成要件才有犯罪以及刑事责任的发生;(2)只有被构成要件定型化的行为才是可罚的;(3)构成要件制约道义责任,责任的阻却自然足以阻却构成要件性的责任。只有行为人认识到构成要件性的事实并故意行动时,他才有责任;(4)未遂犯和共犯就是依据被修正的构成要件,才成立犯罪的;(5)罪数的确定应当以构成要件的充足为标准来决定;(6)诉讼法方面所谓的"应当成立犯罪的事实"必须理解为符合构成要件的事实,亦即犯罪构成事实;(7)构成要

---

① Vgl. Siehe dazu Claus Roxin, Strafrecht Allgemeiner Teil Band I, Verlag C. H. Beck, 2006, 4. Aufl., S. 211-213.

② [日]西田典之:《日本刑法总论》(第2版),王昭武、刘明祥译,法律出版社2013年版,第51页。

③ [日]松宫孝明:《犯罪体系论再考》,张小宁译,载《中外法学》2008年第4期。

件概念在诉讼法中始终起着指导作用。[①]

此外,金日秀认为,犯罪论体系具有以下几个方面的功能:(1)在刑法理论学中,进行体系性思考的优点首先是可以举出探讨事例的便宜性。如果根据一定的犯罪体系顺序性地探讨犯罪成立的要素,探讨事例就会实际地单纯起来。即当存在一个行为时,如果首先探讨构成要件符合性,接着探讨违法性、责任及此外的可罚性条件,就会具备思考过程的论理顺序,这样在实际的可罚性判断上就可以防止因忽略最重要的要素而导致的误判。不仅如此,如果没有构成要件符合性,就没有必要进一步探讨违法性和责任,因此依据犯罪体系的体系性思考也有助于思考经济。(2)通过维持法适用过程中的统一性与合理性,防止在解决具体的事例中所可能出现的法适用者的恣意性与不合理性。(3)关于法素材(Rechtsstoff)的体系性整序,能够通过洞察各个法规范的内在意义及其目的论的基础,来为法解释者和适用者的创造性的法发展(Rechtsfortbildung)提供可能性。[②]

综上可知,德日等国学者往往从较为细致而具体的层面着眼,通过考察犯罪论体系的各个要素的作用、地位及其整序来发掘犯罪论体系的整体功能。

(二)中国部分学者观点梳理

中国一些学者也对犯罪论体系的功能进行了概括,其中,较有代表性的观点如下。

唐稷尧认为,犯罪论体系主要有两方面的功能:方法论上的功能和价值论上的功能。所谓方法论上的功能,主要是指犯罪论体系能够"为司法者提供一套判断犯罪的基本思维方法和步骤,为实践中认定犯罪提供指导,为实践中的罪与非罪判断提供一个抽象的、共通的标准";所谓价值论上的功能,是指"犯罪论体系不仅确定了犯罪成立的一般条件,而且为定

① 参见[日]小野清一郎:《犯罪构成要件理论》,王泰译,中国人民公安大学出版社 2004 年版,第 17-20 页。

② 参见[韩]金日秀:《关于犯罪论体系的方法论考察》,郑军男译,载赵秉志主编:《刑法论丛》总第 30 卷,法律出版社 2012 年版。

罪活动提供了基本思维方法，这就使罪与非罪的实践判断摆脱了恣意性、非均衡性和不可预测性，而使‘合理的、与事实相适应的和均衡的判决成为可能’，个体权利不被国家机器肆意践踏有了基本保障”。[①]

曲新久也认为，犯罪论体系具有两个方面的功能：作为定罪之说明书和教科书的功能、理论探索功能。犯罪论体系是犯罪一般理论之具体知识的系统化、条理化、整体化，因而具有刑法之说明书和教科书的功能，所谓说明书是针对司法官员（特别是法官）而言的，而教科书是针对学生而言的。这一功能可以从两个方面进行理解：第一，犯罪论体系是对定罪之既有知识的系统总结与提炼，将既有的犯罪论知识有机地组合在一起形成犯罪理论系统；第二，犯罪论体系与刑法关于犯罪的规定密切相关，而又不是刑法之犯罪部分的直接拷贝，它总是直接或者间接地体现定罪活动的思维模式与习惯，蕴含着解决特殊问题的逻辑能力和逻辑倾向，为疑难问题的解决提供基本思路和大致方法。犯罪论体系的第二个功能是指，犯罪论体系的构建在于怀疑、批判，从而为目下既有的犯罪论知识进行更科学、合理的改造以及更符合当代人思维习惯的组合与排列。[②]

周光权认为，犯罪论体系具有指导功能、限制功能、检验功能和展示功能四方面的功能。诚如杨兴培所言，犯罪论体系具有规格、标准、模具和模型的功能。[③] 周光权认为，犯罪论体系的指导功能就蕴含在犯罪论体系的规格、标准、模具和模型的功能中。这种指导功能具有两方面的含义：一是犯罪成立理论提供了认定犯罪的基本方法和简便实用的工具，法官依据该理论，能够比较容易地得出被告人是否有罪的结论；二是对少数复杂案件而言，按照犯罪论体系对于行为进行反复检验极其必要。犯罪论体系的限制功能是指，犯罪成立理论作为一套知识系统，可以限制法官的思维，防止法官不受约束地考虑很多案外因素或者那些对于定罪没有影响的情节，避免思维混乱和角色错位。犯罪论体系的检验功能，是指其可作为事后考察法官刑事裁判是否准确的检验工具。犯罪论体系的展示

① 参见唐稷尧：《犯罪论体系：功能、价值与实现途径辨析》，载《现代法学》2007 年第 4 期。

② 参见曲新久：《刑法的逻辑与经验》，北京大学出版社 2008 年版，第 122-123 页。

③ 参见杨兴培：《犯罪构成原论》，中国检察出版社 2004 年版，第 60 页。

功能是指,犯罪论体系能够清晰地展示被告人被判无罪是基于没有社会危害性、难以被归责还是其他原因所作出的。①

从上述观点可以看出,中国学者在探讨犯罪论体系的功能时往往注重从宏观层面着手,对犯罪论体系的功能进行高度概括。

(三)小结

德日学者在探讨犯罪论体系的功能时往往从具体内容着手,而中国学者在讨论犯罪论体系的功能时则常常从宏观上进行高度总结。正如德国学者所言,“未来是刑法比较的世界,这种刑法比较不涉及对抗,而是一种在合作伙伴间进行的论证交流。”②虽然各国探讨的角度不同,但不难发现,这些观点其实都围绕着两个目的(或曰功能)而展开:法益保护功能和自由保障功能。

犯罪论体系的法益保护功能,源于刑法的法益保护目的,是指保护法益不受犯罪行为侵害或威胁的功能。所谓法益就是法律所保护的利益或价值。大陆法系国家的刑法,通常将法益分为个人法益、社会法益和国家法益。法益保护功能具体表现为:(1)通过对抽象地侵害一定法益的行为设定刑罚,防止一般国民侵害法益(一般预防);(2)通过对现实已经发生的犯罪科处刑罚,防止犯罪人再次侵害法益(特殊预防)。③

犯罪论体系的自由保障功能(也称人权保障功能),通常简称保障功能,是指刑法具有限制国家刑罚权滥用的作用,具有保障无罪的人不受刑事追究以及犯罪的人不受法外制裁的功能。自由保障功能源于罪刑法定主义和责任主义:根据罪刑法定主义的要求,何种行为构成犯罪以及如何对该犯罪处以刑罚都必须由法律明文规定,罪刑法定主义的首要目标就是要限制刑罚权的滥用,进而保障人权。而责任主义强调主观责任和个人责任,反对客观责任和团体责任。根据这一原则,只有当行为人具备了责任能力、违法性意识的可能性并且具有适法行为的期待可能性时,才有

① 参见周光权:《犯罪论体系的改造》,中国法制出版社2009年版,第240-249页。

② [德]埃里克·希尔根多夫:《德国刑法学:从传统到现代》,江溯、黄笑岩等译,北京大学出版社2015年版,第181页。

③ 张明楷编著:《外国刑法纲要》(第2版),清华大学出版社2007年版,第6页。

可能非难行为人并对其进行处罚，而不能仅以客观上发生了法益侵害或侵害的危险为理由来处罚行为人；只能就行为人自己实施的个人行为对其进行非难，不能以行为人属于某一团体为理由使其为他人的犯罪承受处罚，即反对“连坐”。

“在法解释中，最后归根结底是解释者价值判断的问题。”①无论在哪个国家，犯罪论体系都是刑法学中的重要内容，对于如何认定犯罪具有定性的作用，它所具有的法益保护功能和自由保障功能也是刑法的价值追求。

第三节　犯罪论体系的多样性与不完美性

一、犯罪论体系的多样性

犯罪论体系大体上可分为大陆法系国家的犯罪论体系、中俄的犯罪论体系、英美法系国家的犯罪论体系和国际刑法的犯罪论体系四类。② 大陆法系国家普遍采取的是阶层式的犯罪论体系，英美法系国家采取的是双层次犯罪论体系，而中俄采取的是耦合式犯罪构成理论。上述犯罪论体系又可以概括为立体型犯罪论体系和平面型犯罪论体系两大类型，前者的主要代表是大陆法系国家的阶层式犯罪论体系和英美法系国家的双层式犯罪论体系，后者的主要代表是中俄的耦合式犯罪构成理论。

（一）立体型犯罪论体系

大陆法系和英美法系国家的犯罪论体系是立体型的犯罪论体系，由于大陆法系国家较为注重理论的构建，因而其犯罪论体系存在诸多学说。下面对这些犯罪论体系进行简要介绍。

---

① ［日］佐伯仁志：《刑法总论的思之道·乐之道》，于佳佳译，中国政法大学出版社 2017 年版，第 12 页。

② 参见贾济东：《犯罪论争议问题研究》，法律出版社 2021 年版，第 25 页。

1. 大陆法系阶层式犯罪论体系

在阶层式犯罪论体系之中,对于某种犯罪构成要素的有无,这些构成要素的排列顺序,以及在是否成立犯罪的场合如何辨明,学者存在诸多的争议和鲜明的对立。在诸多观点中,比较有代表性的是二元说、三元说、四元说和五元说。

(1)二元说

法国的犯罪论体系是一种二元说,它包含行为和行为人两个阶层。其行为是指实现犯罪的违法性要件和事实要件,前者是指行为的法律违反性,后者是指已经充分实现或者潜在的行为。行为人这一阶层主要探讨的是行为人的有责性、成立的可归罪性、减轻和排除的可归罪性。其中,有责性主要包括行为人的故意和过失;成立的可归罪性探讨自然人主体和法人主体;减轻和排除的可归罪性包括精神紊乱、强制、错误等减轻和排除责任的事由。①

这一学说的主要特点在于它将行为人实施行为时的过错、行为人的主体资格以及减轻和排除责任的事由都纳入行为人阶层的范畴之中,这是一种罕见的做法。

(2)三元说

所谓三元说,是指包含三个要件的犯罪论体系。在三元说中也存在诸多不同的观点,其中比较有代表性的是"构成要件符合性、违法性及有责性三阶层犯罪论体系"和"行为、不法、责任三要素体系"。

①构成要件符合性、违法性及有责性三阶层犯罪论体系

该学说的首位倡导者是德国学者 M. E. 迈尔(Max Ernst Mayer),他认为构成犯罪的要素包括:构成要件符合性(Tatbestandsmäßigkeit)、违法性(Rechtswidrigkeit)及有责性(Schuld),并且应当按照其顺序予以考察。该体系对日后德日刑法犯罪论的发展有决定性的影响,也是目前的通说。德国的雅科布斯等人,日本的小野清一郎、木村龟二、团藤重光、大塚仁、

① 参见[法]雅克·博里康:《法国二元论体系的形成和演变:犯罪——刑事责任人》,朱琳译,中国民主法制出版社 2011 年版,第 84-175 页。

福田平、山口厚、内田文昭等人都采取此说。[①] 这种学说目前是德日刑法的通说。

该体系的主要特点是认为行为不是一个独立的犯罪要素单元，而是将其作为构成要件的成分之一。构成要件的核心是行为，把行为当成法律的构成要件的评价之前的东西来考虑的，就是"纯粹"行为论（赤裸行为论）。刑法上的行为，归根结底是合乎构成要件的行为，也是违法并且有道义责任的行为。[②] 行为只有作为"该当构成要件的行为"，才能成为犯罪成立的构成要件。[③] 将行为独立地放在构成要件符合性之前说明，是不符合思维逻辑的，也是没有任何意义的。

②行为、不法、责任三要素体系

该体系认为构成犯罪的三个要素分别为行为、不法及责任，并且应当依其顺序考察。德国学者梅茨格尔（Mezger）首创这个体系，德国学者E. 施密特（Schmidt）、瑞士学者哈夫特尔（Ernst Hafter）和意大利的贝梯厄勒（Giuseppe Bettiol）、巴特格尼里（Giulio Battaglini）、马基娃雷（Giuseppe Maggiore），以及日本学者佐伯千仞、植田重正、青柳文雄、中义胜、齐藤金作、西原春夫、野村稔等学者也支持该体系。例如，野村稔在《刑法总论》（1998 年补订版）一书中采取的就是这种犯罪论体系。

该体系的主要特点，一是认为行为在犯罪构成要素中具有独立的地位，二是将构成要件符合性与违法性包含于不法之中。[④]

（3）四元说

所谓四元说，是指犯罪论体系包含四个要素。但这四个要素为何，学者存在不同的观点。

①行为、构成要件符合性、违法性和责任

德国学者贝林（Beling）和日本学者山中敬一、佐伯千仞、中山研一等

---

① 参见［日］大塚仁：《刑法概说（总论）》（第 3 版），冯军译，中国人民大学出版社 2003 年版，第 105 页。

② 参见［日］小野清一郎：《犯罪构成要件理论》，中国人民公安大学出版社 1991 年版，第 80 页。

③ 参见［日］井田良：《刑法总论的理论构造》，秦一禾译，中国政法大学出版社 2021 年版，第 17 页。

④ 参见［日］川端博：《刑法总论讲义》，成文堂 1995 年版，第 90 页。

支持这种犯罪论体系。成立犯罪具有构成要件符合性、违法性、有责性是必要的，而上述三个要素是对行为的限定，所以行为是先于构成要件符合性、违法性、有责性的犯罪成立的首要要素。

该体系最显著的特点在于赋予行为以独立的地位，认为行为应当在构成要件符合性之前说明，因为没有行为就没有犯罪，行为是成立犯罪的第一要件，构成要件符合性、违法性、有责性都是针对行为的评价。

②行为、违法行为、责任行为和可罚性的客观条件

持此观点的是德国学者李斯特。该说认为，行为是相对于外部世界的任意举止，包括意志活动、引起外界改变（结果）、结果与意志活动的关系等要素；违法行为是对犯罪行为作出的客观上的、法律上的否定评价；责任行为是指主观上行为人因其违法行为而受到非难的可能性，包括心理要素与规范要素；可罚性的客观条件又称刑罚之条件，是指立法者由于不同的原因，将与符合构成要件行为本身无关的外在情况，作为行为的可罚性的条件。①

这一学说的特点在于，它赋予了行为以独立的地位，这种行为具有较为丰富的内容，甚至包含意思活动等内容。

（4）五元说

持此观点的是德国学者罗克辛，他认为："在现代刑法教义学中，人们基本上同意：各种应受刑事惩罚的举止行为，都表现为一种符合构成要件的、违法的、有责的，并且可能需要满足其他刑事可罚性条件的行为。"因此，犯罪论体系应该包括行为、构成要件符合性、违法性、有责性和其他刑事可罚性条件。② 而所谓的其他刑事可罚性条件，主要是指刑事可罚性的客观条件和缺乏排除刑罚的根据。刑事可罚性的客观条件是指必须附加在有责的不法行为中且能够引发刑事可罚性的情况，如危害外国的犯罪行为中的"互相保证"和"维护外交关系"（德国《刑法典》第 104a 条），这

---

① 参见［德］李斯特：《德国刑法教科书》（修订译本），徐久生译，法律出版社 2006 年版，第 176-252 页。

② Vgl. Claus Roxin, Strafrecht Allgemeiner Teil Band I, Verlag C. H. Beck, 2006, 4. Aufl., S. 195-196.

些并非有责任的不法行为的组成部分，而是刑事可罚的条件；缺乏排除刑罚的根据是指不存在排除刑事可罚性的事由，如德国《刑法典》第24条规定的“自愿中止未遂”、第36条规定的“豁免权”等。[①]

该体系不仅赋予了行为以独立的地位，还考虑了其他刑事可罚性条件，对犯罪的认定赋予了更多的因素。

2. 英美法系犯罪论体系

英美法系犯罪构成采取的是双层次的犯罪论体系，它包含犯罪本体要件和责任充足要件两个层次。

犯罪本体要件包含两个方面的内容：犯罪行为和犯罪心态。犯罪本体要件是刑事责任的基础，刑法分则的犯罪是建立在行为本身具有刑事政策上的危害性和行为人具备责任条件的假设前提之上的（假定责任充足条件具备）。在刑事司法中，公诉一方只需证明被告人行为符合犯罪本体要件，即可推定被告人具有刑事责任基础；如果被告人不抗辩，犯罪即告成立。但是，如果被告人抗辩，那么要成立犯罪除应具有犯罪本体要件外，还必须排除合法辩护的可能，即具备责任充足要件。要满足责任充足要件，就必须缺乏合法辩护事由。所谓合法辩护事由，是指被告人能说明自己不具有责任能力的事由。这些事由可以分为“正当理由”（justification）和“可得宽恕”（excuse）两类。[②]

英美法系双层次犯罪论体系不同于大陆法系犯罪论体系，它保持了对程序层面一贯的重视，还加入了许多实体层面的要件，因而形成了实体层面与程序层面并重的双层次的犯罪论体系。

（二）平面型犯罪论体系

采取平面型犯罪论体系的代表性国家是俄罗斯和中国，这种体系被称为耦合式犯罪构成理论。

俄国十月革命之后，苏联在马克思主义法学思想指导下，逐步形成了

---

① Vgl. Claus Roxin, Strafrecht Allgemeiner Teil Band I, Verlag C. H. Beck, 2006, 4. Aufl., S. 1036-1038.

② 参见[美]约书亚·德雷斯勒：《美国刑法纲要》，姜敏译，中国法制出版社2016年版，第45页。

独具特色的犯罪论体系。苏联犯罪论体系的具体内容是：在评价行为是否构成犯罪时，需要从犯罪客体、犯罪客观方面、犯罪主体和犯罪主观方面这四个方面进行判断。而每一个要件又包括若干个构成要素，如客观方面包括行为、结果、因果关系等。在判断每一个要件是否成立时，都是假设其他三个要件是成立的。通过判断，如果任何一个要素不成立，则这个要件就不成立；如果任何一个要件不成立，则整个犯罪就不成立。只有四个方面的所有要素都成立时，犯罪才能最终被确定。直至今日，由犯罪客体、犯罪客观方面、犯罪主体和犯罪主观方面构成的耦合式犯罪论体系仍旧是俄罗斯的通说。①

由于与苏俄有着特殊的历史渊源，中国也采用了耦合式犯罪构成理论，并对之予以发展。在中国犯罪论体系发展完善的过程中，除了上述“四要件说”外，还有学者提出了“二要件说”“三要件说”“五要件说”等其他观点，而且对“四要件说”的四个要件应该如何排序也存在争议。中国的通说采取的是犯罪客体、犯罪客观方面、犯罪主体和犯罪主观方面的犯罪论体系。

综上可见，各大法系所采取的犯罪论体系均有其鲜明的特点，而且，同为大陆法系且均采取阶层式犯罪论体系的国家，如德国、日本和法国等，其犯罪论体系也不尽相同，此外，即使在一国内部，关于犯罪论体系的学说，不同的学者也有不同的主张。总体而言，犯罪论体系不仅在各大法系之间，而且在每个国家内部，均呈现出多样性的特点。

二、犯罪论体系的不完美性

曲新久指出：任何犯罪论体系都有其局限性，完美的犯罪论体系是不存在的，这是因为任何一个犯罪论体系的建立都难以完美解决以下问题：(1)犯罪论知识的部分划分及其合理的结构与次序，以及犯罪论体系与刑罚论体系以至于整个刑法体系的协调。(2)原则与例外关系的处理。基于经验观察、理性抽象以及超理性的判断，人们会在犯罪论体系中设定许

① 参见[俄]Л. В. 伊诺加莫娃-海格主编：《俄罗斯联邦刑法(总论)》(第 2 版)，黄芳、刘阳、冯坤译，中国人民大学出版社 2010 年版，第 41-45 页。

多原则、规则,有原则、规则便会有例外,原则与例外关系的处理就成为一个重要的与价值选择直接相关的问题。(3)纯粹刑法学知识与其他学科的关系。刑法学总会有许多来源于其他学科的理论预设(假设),如自由意志与决定论的对立,如何吸收其他学科的知识以及处理与其他学科的关系就成为问题。(4)历史传统与现实需要的关系。任何理论体系既要创新,又要尊重传统,对于任何一个刑法学者来说,在传统延续与理论创新之间,平衡点的寻找是十分困难的。(5)复杂精致与简洁实用之间的紧张关系。就犯罪论的理论探索功能而言,理论体系越复杂精致,越具有特性,就越具有理论的"纯粹性",就越容易形成学科壁垒,而犯罪论之说明书、教科书功能却要求犯罪论体系简洁实用并具有体系上的兼容性。(6)方法论上的巨大困难。事实与应当、理性与经验之间的巨大鸿沟,至今依然为哲学家所难以逾越。知识体系是投射的还是反映的?始终是哲学上所不能完全解决的问题。按照经验论的立场,理论体系是描述现象世界的结果,是现实世界的有序性在人的大脑之中的反映。沿着唯理论的思路,理论体系是理性活动的产物,是纯粹的理性知识——思维的最抽象要素投射到现实世界并对其进行整理、安排而形成的,抽象概念及其系统并非存在于外界的事物本质中,而是理性的存在。①

德国学者罗克辛教授认为,体系化思考存在以下几个方面的危险:(1)忽视具体案件中的正义性。通过体系性的推导关系来寻求解决法律问题的办法,在各种具体的特殊案件中,会使正义性受到损害。(2)减少解决问题的途径。虽然体系性的方法能简化或减轻体系性法律寻找上的困难,但同时也减少了解决问题的途径,并且会由此阻断更好的解决问题的思路。(3)确定案件情况缺少刑事政策的思考,不能使刑事政策成为合法性体系的向导。从体系中推导出来的结果常常是不能令人满意的,因为刑事政策问题往往都不能包含在根据其他观点所形成的引导关系之中。(4)抽象概念的选择会忽视和歪曲法律材料的不同结构。当人们尝试将所有的生活形态都归结到几种主导性观点之下时,通过对抽象概念

① 参见曲新久:《刑法的逻辑与经验》,北京大学出版社 2008 年版,第 123-124 页。

的选择,法律事实的不同结构会被忽略或扭曲。[①]

韩国学者金日秀认为,尽管犯罪论体系具有许多不可或缺的优点,但其本身也存在许多不足之处:(1)在包含所有法素材的同一体系内的法发现(Rechtsfindung)未必能够满足所有事例的必经程序。换言之,体系自身"可能毁掉法素材",因此适合于法学的判断方法是"与各个事例相关联的问题之解决"。其理由首先在于,体系性思考忽视了各个事例的正确解决;其次,尽管体系性思考使体系内的法发现明确和容易,但同时也减少了解决问题的诸多可能性。(2)从体系性思考论理一贯性中推导出在刑事政策上无法正当化的体系性结论。例如,迈霍费尔(Maihofer)的社会行为概念将指向"客观上预见可能的"结果的行动作为其要素之一,并且作为欠缺此预见可能性之实例,迈霍费尔列举了迷信犯。然而,由于迷信犯具有与不能未遂在其行为的要素上无法加以明确区别的性质,因而针对迷信犯起初就否定行为性,将可能导致刑事政策所不期待的结论。(3)由于试图在若干个指导性观点之下规制所有生活现象,因而自然地将选择抽象的概念,有可能忽视或错误地对待法素材的不同构造。[②]

"对于法学而言,由于其认知领域始终处于不断变化之中,所以基本只会考虑开放体系。"[③]事实上,刑法理论总是随着社会的发展而不断完善的;如果理论不能自我完善,就无法适应社会发展的需要,无法发挥刑法应有的功能。但是,理论的完善未必能与社会的发展保持同步。社会发展永不停步,司法实践日新月异,而学者和司法实务者业已形成的刑法理念却总是会保持一段时间不变,从而导致刑法理念与社会发展可能脱节,这就难免出现理论过时的情形。因此,犯罪论体系作为刑法学中的重要理论,也存在过时的问题,即犯罪论体系的不完美是不可避免的。此外,若犯罪论体系过于粗糙,则不易于指导对案件事实的正确认定,可能

---

① Vgl. Claus Roxin, Strafrecht Allgemeiner Teil Band I, Verlag C. H. Beck, 2006, 4. Aufl., S. 215-218.

② 参见[韩]金日秀:《关于犯罪论体系的方法论考察》,郑军男译,载赵秉志主编:《刑法论丛》总第 30 卷,法律出版社 2012 年版。

③ 梁根林、[德]埃里克·希尔根多夫主编:《刑法体系与客观归责:中德刑法学者的对话(二)》,北京大学出版社 2015 年版,第 32 页。

导致犯罪论体系的功能无法实现;若犯罪论体系非常精微,涵括许多细致而具体的情形,则能为学者和司法实务工作者认定案件提供更为具体且细致的指示,但是案件事实千变万化,犯罪论体系所涵括的内容不可能与案件事实一一对应,这就可能导致有些案件事实无法得以正确认定的危险。

尽管犯罪论体系存在不完美性,但并不能因此否定犯罪论体系对于认定犯罪的重大作用。"没有科学合理的犯罪构成体系,就不可能有高质量的刑法学。"[①]"本土刑法理论自主性意识的觉醒使得人们更加积极地从中国问题中寻求理论建构的灵感"[②],我们应该立足于现有体系,努力寻找避免这些危险出现的路径。虽然目前各国的犯罪论体系都存在这样或那样的问题,但正如罗克辛所言,"体系性思考和问题性思考的综合是富有成果的,并且在一定程度上是可能的"[③]。所以,如何对现有的犯罪论体系进行完善是当下的重要任务。

第四节 德日犯罪论体系之流变

研究法学,必先精通法律思想史;研究犯罪论体系,亦应梳理体系的来龙去脉。犯罪论体系并非孤立的法学术语,它是与刑法学数百年的发展史密不可分的。对犯罪论体系作出突出贡献的是德国人(下面介绍体系流变时也以德国犯罪论体系的变迁为主)。在追随意大利数个世纪之后,德国刑法学界在20世纪初建立了第一个阶层式犯罪论体系,且从此一发不可收拾,先后历经数个发展阶段的多个不同体系,其学说在大陆法系国家中影响深远,成为德国人引以为豪的知识出口产品。需要指出的是,犯罪论体系的演变阶段是"语境化"的过程,它背后有着深刻的经济、

① 刘明祥:《我国的犯罪构成体系及其完善路径》,载《政法论坛》2023年第3期。

② 陈璇:《刑法教义学科学性与实践性的功能分化》,载《法制与社会发展》2022年第3期。

③ Claus Roxin, Strafrecht Allgemeiner Teil Band I, Verlag C. H. Beck, 2006, 4. Aufl., S. 220.

社会、文化背景。回顾这样一个过程,有助于权衡各种犯罪构造模式的利弊,也有助于从历史、哲学方法论等维度,深层次地反思阶层体系的相关争议,以期获致更好的借鉴意义。

一、德日犯罪论体系演进之阶段划分

关于犯罪论体系流变的阶段划分,理论界有不同的观点,主要有三阶段、四阶段、五阶段、六阶段等学说。

林山田主张划分为三阶段。他认为"一百多年以来,犯罪理论的演进,系经历古典理论与新古典理论的两个阶段,而后始有今日的目的犯罪理论。"①肖中华也赞成这一观点。②

有的学者认为应划分为四阶段。如韩国刑法学者金日秀将犯罪论体系发展史划分为古典犯罪论体系、新古典犯罪论体系、目的论体系、新古典与目的论综合体系四个阶段;③德国学者约翰内斯·韦塞尔斯和托马斯·李旭特将犯罪理论发展史划分为古典理论、新古典理论、目的论学说体系、目的学说体系;④中国学者马克昌先生结合德国刑法学家罗克辛和日本刑法学家山中敬一的学说,将犯罪论体系划分为古典的犯罪论体系、新古典的犯罪论体系、目的行为论的犯罪论体系、现代新古典的犯罪论体系四个时期。⑤

有的学者认为应划分为五阶段。如德国刑法学家罗克辛在构建了自己的体系后,将犯罪论体系发展史分为古典犯罪论体系、新古典犯罪论体系、目的论的犯罪论体系、新古典与目的论的结合体系、目的理性(功能

---

① 林山田:《刑法通论》(上册)(增订10版),台北,元照出版有限公司2008年版,第183-184页。

② 参见肖中华:《犯罪构成及其关系论》,中国人民大学出版社2000年版,第13页。

③ 参见[韩]金日秀、徐辅鹤:《韩国刑法总论》(第11版),郑军男译,武汉大学出版社2008年版,第101-103页。

④ Vgl. Wessels/Beulke, Strafrecht Allgemeiner Teil, Die Straftat und ihr Aufbau, C. F. Müller, 2010, 40. Aufl., S. 324-325;[德]托马斯·李旭特:《德国犯罪理论体系概述》,赵阳译,载《政法论坛》2004年第4期。

⑤ 参见马克昌:《简评三阶层犯罪论体系》,载赵秉志主编:《刑法论丛》总第19卷,法律出版社2009年版。

性)体系五个阶段。林东茂[1]、陈家林[2]等刑法学者赞成这一分类。此外,日本刑法学家山中敬一也持五阶段说,将其分为古典犯罪论体系、新古典犯罪论体系、目的行为论体系、现代新古典犯罪论体系、机能主义犯罪论体系。[3]

德国刑法学家耶赛克、魏根特则主张划分为六阶段。他们将犯罪论体系的发展划分为近代犯罪论的初期阶段、古典犯罪理论、新古典犯罪理论、基尔学派的刑法理论、目的论的犯罪理论、最新的犯罪理论,其中,古典犯罪理论、新古典犯罪理论与目的论的犯罪理论为三个重要的发展阶段。[4]

上述观点虽然各有所据,但存在的缺陷也是显而易见的。例如,三阶段说、四阶段说和五阶段说忽略了德国以意大利为师的历史渊源,因而遗漏了古典犯罪论体系之前初创阶段的理论(本书称为前古典犯罪论体系)。初创阶段最具影响力的体系是以实证主义的主客二分法为基础建立的平面的犯罪构造,即客观方面和主观方面二元的刑法体系。无视前古典犯罪论体系这一平面的犯罪构造,必然导致对德国犯罪论体系从平面到阶层演变的源与流疏于考察,这是不符合犯罪论的发展史的。另外,三阶段说、四阶段说和五阶段说均回避了纳粹色彩浓厚的基尔学派,这是不尊重历史的,也不利于理论反思,因而不可取。六阶段说虽然考虑到了近代犯罪论的初期阶段和基尔学派的刑法理论,但该说所谓“最新的犯罪理论”是一个边界模糊的不确定概念,不具备阶段划分的标志性意义,也是不可取的。

鉴于罗克辛提出的五阶段说目前被大多数学者接受,本书主张以该说为基础予以完善,将前古典犯罪论体系和基尔学派的犯罪论体系纳入其中予以考察,从而形成七阶段说,这样可以更加全面地揭示德日犯罪论

---

① 参见林东茂:《刑法综览》(修订5版),中国人民大学出版社2009年版,第34页。

② 参见陈家林:《犯罪论体系之演变》,载赵秉志主编:《刑法论丛》总第19卷,法律出版社2009年版。

③ 参见[日]山中敬一:《刑法总论》(第2版),成文堂2008年版,第130页。

④ Vgl. Hans-Heinrich Jescheck, Thomas Weigend, Lehrbuch des Strafrechts Allgemeiner Teil, Drucker & Humblot, 1996, 5. Aufl., S. 199-216.

体系的演进历程。这七个阶段分别是:前古典犯罪论体系、古典犯罪论体系、新古典犯罪论体系、基尔学派的犯罪论体系、目的论的犯罪论体系、新古典与目的论的结合体系以及目的理性犯罪论体系。其中,前古典犯罪论体系是指德国早期学习意大利刑法理论而形成的“客观—主观”二元论的犯罪论体系,这也是德国最早的犯罪论体系(有学者认为此时期还未形成定型的犯罪论体系),而基尔学派的犯罪论体系是德国纳粹时期的一种非理性主义(非合理主义)体系。下文按照七阶段说,逐一介绍德日犯罪论体系的演进历程。

二、德日犯罪论体系演进之阶段性考察

(一)前古典犯罪论体系

一般认为,直到李斯特和贝林时代,才产生了结构完整的犯罪论体系,即古典犯罪论体系。但其实在李斯特、贝林之前,已经有一些有关犯罪成立条件的理论,并初具犯罪体系的雏形。其中,最具代表性的是格罗尔曼和比克迈尔犯罪论体系。① 这个体系是以实证主义的主客二分法为基础建立的,即为客观方面和主观方面二元的刑法体系。

中世纪以来,德国法是以注释古罗马法为基础而发展起来的。“直到十九世纪中叶,都是分为‘客观的归属与主观的归属’两个方向,来判定某种事实能否被认为是犯罪人的‘过错’。”②

罗马法中,犯罪是指一切受刑罚打击的非法行为。同一般的非法行为一样,犯罪要求具备两个要件:对某一权利的侵害和主观意愿(罪过)③,即客观行为与主观罪过。德国学者学习罗马法,并非直接继受罗

---

① 有学者认为,德国早期虽然发现了对于构建犯罪论体系起着重要作用的刑法的基本概念,但是,它们“常常成为理论思辨中的过渡物混淆在理论中,而缺少可以理性把握的内在联系和逻辑。也就是说,这些发现当时并没有成为具有内在联系的体系。”这是不符合事实的。参见李海东:《刑法原理入门(犯罪论基础)》,法律出版社 1998 年版,第 19 页。

② [日]西原春夫:《刑法·儒学与亚洲和平:西原春夫教授在华演讲集》,山东大学出版社 2008 年版,第 103 页。

③ 参见[意]彼德罗·彭梵得:《罗马法教科书》,黄风译,中国政法大学出版社 2005 年版,第 305 页。

马法的原始资料,而是学习来自意大利学者的注释文本。①

德国学者德切安诺斯和特窝多里古斯分别在 1590 年、1618 年著作中区分了客观归责与主观归责,普芬多夫在 1660 年、沃尔夫在 1738 年、胡梅尔在 1784 年进一步阐释了它们之间的区别。②

德国学者格罗尔曼主张,犯罪的成立条件可以分为两种:客观面与主观面、事实面与意思面。认为违法性、未遂、既遂以及正犯与从犯是犯罪的客观的构成要素;而故意、过失、责任能力为犯罪的主观的构成要素。③

比克迈尔认为,之所以处罚行为人,是因为他的所为以及他的所愿,因而犯罪要件分为客观的构成要件和主观的构成要件两个方面。前者包括行为、结果、因果关系,以及行为的违法性及其阻却事由;后者包括行为人的责任和责任能力。

德国的前古典犯罪论体系很快传到了日本。大场茂马将犯罪构成要素分为客观要素、主观要素与中介要素(责任)。客观要素包括"行为存在""该行为是违法的""该行为在刑法上有作为犯罪科以处罚的规定",主观要素包括"行为者是人""行为者有负担责任的能力"和"该行为应该由行为人负责",中介要素的责任则负责将前述两个要素结合起来。④ 牧野英一在 1907 年《日本刑法通义》中主张,犯罪成立条件分为主观条件与客观条件。主观条件是犯人人格与行为的关系,包括责任能力、犯意(或过失);客观条件即为结果(法益侵害)与行为的关系,包括因果关系和行为不法。⑤

当然,除了客观和主观二元的犯罪论体系以外,德国还存在其他的体

---

① 参见[英]保罗·维诺格拉多夫:《中世纪欧洲的罗马法》,钟云龙译,中国政法大学出版社 2010 年版,第 106 页。

② 参见赵秉志主编:《外国刑法原理(大陆法系)》,中国人民大学出版社 2000 年版,第 69 页。

③ 参见洪福增:《刑法理论之基础》,台北,刑事法杂志社 1977 年版,第 3 页。

④ 参见马克昌主编:《外国刑法学总论(大陆法系)》,中国人民大学出版社 2009 年版,第 63 页。

⑤ 参见[日]牧野英一:《日本刑法通义》,陈承泽译,中国政法大学出版社 2003 年版,第 45 页。当然,后来他改变了自己的理论,认为犯罪成立条件是:行为、侵害、违法、有责。

系。比如,费尔巴哈将犯罪成立条件划分为:必要条件与择一必要条件。[①]其中,必要条件包括行为(外在的可认识的行为)、违法性(缺少法律根据)、对象(受法律保护之人);择一必要条件包括既遂与未遂、正犯与共犯、故意和过失。[②]

此外,在前古典犯罪论体系时期,一些德国法学家、哲学家提出了诸如行为、构成要件、违法性、责任这样一些构成犯罪的基本概念,如费尔巴哈提出"构成要件"是"特定行为特征的整体,或者包含在特定种类的违法行为的法定概念中的事实"[③],黑格尔提出了刑法上的行为概念,施蒂贝尔在《犯罪构成要件》一文中区分了行为的不法与归责等。在这些思想的奠基下,后世的古典构成要件理论始得以展开。

(二)古典犯罪论体系

古典犯罪论体系是刑法理论史上第一个成型的犯罪阶层体系,其立足于法律实证主义的立场,在继承前古典犯罪论体系思想的基础上,围绕构成要件该当性、违法性、有责性的核心范畴,构筑了具有浓重实证主义、自然主义色彩的犯罪论体系,奠定了德国犯罪论体系的基础。古典犯罪论体系的创立者是德国刑法学家李斯特和贝林,因此这个体系又被称为贝林—李斯特体系。

李斯特在1881年《刑法教科书》中提出,犯罪是违法、有责且应科处刑罚的行为,他将犯罪成立条件分为行为、违法、有责,并指出有责性只能在违法性之后探讨。受罪刑法定主义的影响,贝林在1906年发表的《犯罪论》中认为,只有符合刑法明确规定的构成要件的行为,才能认定为犯

---

① 这是洪福增先生的总结,费尔巴哈教科书中提到的是"犯罪的必要条件""违反刑法的不同表现形式"两个方面。不过结合两个方面的内容来看,"违反刑法的不同表现形式"确实应该纳入犯罪要件,所以洪福增先生的总结可以说是合理的。参见洪福增:《刑法理论之基础》,台北,刑事法杂志社1977年版,第3页。[德]安塞尔姆·里特尔·冯·费尔巴哈:《德国刑法教科书》(第14版),徐久生译,中国方正出版社2010年版,第39-66页。

② 参见[德]安塞尔姆·里特尔·冯·费尔巴哈:《德国刑法教科书》(第14版),徐久生译,中国方正出版社2010年版,第39-66页。

③ [德]安塞尔姆·里特尔·冯·费尔巴哈:《德国刑法教科书》(第14版),徐久生译,中国方正出版社2010年版,第83页。

罪,故犯罪的概念应补上构成要件该当性。因此,犯罪是符合构成要件该当性、违法且有责,并应科处刑罚的行为。犯罪的成立要件分为行为、构成要件该当性、违法性、有责性四阶层。(贝林的体系是形式上的四阶层,实质上仍以构成要件该当性、违法性、有责性为核心。随后的 M. E. 迈尔把四阶层中的行为放进构成要件该当性中讨论,形成了历史上第一个形式的三阶层体系。)①

具体来说,由于信奉实证主义,古典犯罪论体系以客观与主观的二分法进行犯罪判断,把构成犯罪的要件区分为客观要件和主观要件。行为、构成要件该当性、违法性属于客观要件;责任属于主观要件。② 此体系中,行为理论采用因果行为论,因果关系采条件说,违法性为形式的、客观的,并承认法定的违法阻却事由,罪责理论采用心理责任论,故意、过失属于责任要件,而构成要件理论被称为行为类型说。

第一,在行为论上,古典犯罪论体系采用因果行为论。这一观点从自然科学和实证主义的角度把行为理解为身体运动(狭义的行为)和外部世界的改变(结果),两者是机械和因果的关系。行为不同于事件,是有意的身体举止(有意行为)。③ 李斯特认为,行为为"意志所造成的外界变动"④,是"依机械规律而发生的"⑤;贝林也认为,结果、因果关系、行为客体等构成要件要素,都仅仅是对引起外界变动的这个行为的客观描述,所描述的也只是外界变动这个现象。"⑥

第二,在构成要件理论上,古典犯罪论体系持行为构成要件说。贝林在 1906 年的《犯罪论》中将构成要件等同于犯罪类型,但在其晚期作

---

① 参见[日]大塚仁:《刑法概说(总论)》(第 3 版),冯军译,中国人民大学出版社 2003 年版,第 105 页。

② 参见林山田:《刑法通论》(上册)(增订 10 版),台北,元照出版有限公司 2008 年版,第 184 页。

③ 参见[韩]金日秀:《关于犯罪论体系的方法论考察》,郑军男译,载赵秉志主编:《刑法论丛》总第 30 卷,法律出版社 2012 年版。

④ [德]李斯特:《德国刑法教科书》(修订译本),徐久生译,法律出版社 2006 年版,第 128 页。

⑤ Hans Welzel, Naturalismus und Wertphilosophie im Strafrecht, Deutsches Druck-und Verlags-Haus, 1935, S. 22.

⑥ Beling, Die Lehre vom Verbrechen, Scientia, 1906, 2. Aufl., S. 28,145.

品——1930年的《构成要件理论》中，贝林对构成要件与犯罪类型的关系进行了修正，认为构成要件是犯罪类型的轮廓，[①]构成要件是客观的，而犯罪类型则必须考虑主观方面的因素，如过失杀人与故意杀人共有一个构成要件，但分属不同的犯罪类型。构成要件本质上是刑法规定的要素，是对行为事件纯外在的描述，是行为类型。构成要素只接受纯描述性的、形式的、价值中立的要素，而不接受在解释上需要作价值判断，无法保证客观的规范性要素。

第三，在因果关系上，古典犯罪论体系采用条件说。如贝林认为，“即使人们不考虑行为，认为结果也可能出现，那么就缺乏条件关系，结果也不能归责于这种行为。”[②]条件说认为，如果没有前者就没有后者，那么前者就是后者的条件。这也是受自然科学因果规律的研究方法影响而导致的。

第四，在违法性上，古典犯罪论体系主张形式违法性和客观违法性，仅承认法定的违法阻却事由。如李斯特认为，违法是指一行为在形式上与法制的要求或禁止背道而驰，破坏或危害一种法益。[③] 作为不法的犯罪，就是对犯罪行为作出的客观的、法律上的否定评价。构成要件该当的行为是否违法，只需要检验法定的违法阻却事由，即正当防卫和紧急避险。

第五，在罪责理论中，古典犯罪论体系采取心理责任论。这一观点认为，“所谓责任，是指与客观行为对应的心理事实。责任虽然存在于主观方面，但以客观的构成要件符合性和违法性为基础，表现为一种行为人与构成要件符合性、违法性行为之间的心理联系。”[④]心理责任论认为，责任要素包括故意、过失和责任能力。故意犯罪是指行为人虽然预见到其行

---

① 参见[德]恩施特·贝林:《构成要件理论》,王安异译,中国人民公安大学出版社2006年版,第11页。

② [德]恩施特·贝林:《构成要件理论》,王安异译,中国人民公安大学出版社2006年版,第76页。

③ 参见[德]李斯特:《德国刑法教科书》(修订译本),徐久生译,法律出版社2006年版,第167页。

④ [德]恩施特·贝林:《构成要件理论》,王安异译,中国人民公安大学出版社2006年版,第23-24页。

为的违法性，且能够期望其以合法行为代替违法行为，但他仍然实施了符合构成要件的违法行为；而过失犯罪则指行为人实施违法行为而没有预见符合构成要件的结果，但根据客观情况他应当预见，并以合法行为代替非法行为。关于责任能力，李斯特认为，是指具备正确认识社会要求并以该认识而行为的一般能力。[①] 无责任能力的情形主要有心智不成熟和精神障碍等。

综上所述，古典犯罪论体系在行为论、构成要件论、因果关系论、违法性、罪责理论的各个环节中，均体现了鲜明的实证主义色彩。这一体系认为构成要件并无价值判断；行为是否该当构成要件，仅就行为在客观上显现的现象进行判断，而无须从事主观的价值评价；等等。但古典犯罪论体系并不完全是实证主义的产物，在其后期也受到新康德主义的冲击，这体现在贝林对其理论的修正上——否定构成要件仅是客观的犯罪类型，而是“犯罪类型的指导形象”[②]——这一修改其实已经突破了纯粹客观的意味，而有一定的价值判断因素。

总之，古典犯罪论体系作为最早的阶层体系，难免有粗浅之处。随着时代的发展，许多学者开始质疑古典犯罪论体系关于构成要件中立性的理解，20世纪30年代以后，这一体系逐渐被后世的学说修正。但由李斯特、贝林等杰出刑法学家在改造前古典犯罪理论基础上创立的古典犯罪论体系，仍是刑法学史上具有划时代意义的标志性事件，这一体系对后世的德日刑法学发展具有深远影响，古典犯罪论学者所提出的一些范畴在当今的德国刑法学中依然适用，具有强大的学术生命力。[③]

（三）新古典犯罪论体系

新古典犯罪论体系是对古典犯罪论体系的改造。然而，此次改造并未完全与过去体系的思想相背离，而是在继承旧体系框架的基础上，批判

---

① 参见［德］李斯特：《德国刑法教科书》（修订译本），徐久生译，法律出版社2006年版，第269页。

② ［德］恩施特·贝林：《构成要件理论》，王安异译，中国人民公安大学出版社2006年版，第11页。

③ Vgl. Claus Roxin, Strafrecht Allgemeiner Teil Band I, Verlag C. H. Beck, 2006, 4. Aufl., S. 146.

其自然主义、实证主义的方法论，彻底冠之以新康德主义的思想。

M. E. 迈尔和梅茨格尔是新古典犯罪论体系的杰出代表。M. E. 迈尔的构成要件论认为，犯罪论体系的第一个要素是构成要件该当性（行为放在构成要件中讨论），应按照构成要件该当性、违法性、有责性认定犯罪成立与否。这是刑法历史上第一个形式的三阶层体系。在新古典犯罪论体系阶段，"德国刑法学的影响力达到最高点，并得到国际上的广泛承认。德国刑法学开始向意大利、西班牙、波兰、葡萄牙、希腊和拉丁美洲广为传播"①。

新古典犯罪论体系利用新的方法论逐步将古典犯罪论体系的所有要素进行改良②：

第一，在行为论上，新古典犯罪论体系否定了因果行为论，倡导社会行为论。由于古典犯罪论体系中行为是自然主义的概念，因而它不能和与价值有关的刑法体系相关联。这一弊端导致因果行为论不能解决一些刑法问题，如自然的行为概念无法解释侮辱行为，因为侮辱行为不仅是心理学和生理学现象，而且涉及对当事人尊重要求的侵害，这必然要引入价值判断。为了解决行为论的问题，梅茨格尔提出了"行动"（Verhalten）③这一概念，认为"行动"是人的意志在外界的有效作用，试图用"行动"来取代"行为"。随后，拉德布鲁赫则直接把构成要件作为犯罪论的出发点，因为他认为没有一个概念可以成为"作为"和"不作为"的上位概念。最后，施密特提出了社会行为概念（sozialer Handlungsbegriff），行为被理解为"社会现实作用方向的社会现象"。

第二，在构成要件上，新古典犯罪论体系突破了纯粹的客观概念，提出了主观的要素和规范的要素。如德国《刑法典》第 168 条规定的"侮辱性的行为"；第 267 条规定的"文书"；第 211 条第 2 款规定的"其他卑劣动机"；第 288 条规定的"阻碍强制执行"，上述要素均需要引入价值进行评

① Hans-Heinrich Jescheck, Thomas Weigend, Lehrbuch des Strafrechts Allgemeiner Teil, Drucker & Humblot, 1996, 5. Aufl., S. 205.

② 参见陈家林：《犯罪论体系之演变》，载赵秉志主编：《刑法论丛》总第 19 卷，法律出版社 2009 年版。

③ 德语中的"Verhalten"一词，日本学者以前译为日语的"行态"，现在则大多译为"态度"。

价。从此,有关构成要件的纯客观的、仅由外界决定的观点,因发现主观构成要件特征而变得不可能。

第三,违法性上,新古典犯罪论体系否定了古典犯罪论体系的形式违法性,而代之以实质违法性①,即不但承认法定的阻却事由,也承认一定的超法规阻却事由。这种违法性认识的变革是伴随构成要件观点(承认规范的构成要件要素)的变化而变化的。学者们从刑法规范目的的角度,视不法为实质上的反社会性。这种实质的考虑方式是规范的,内涵价值衡量,而不是旧体系的形式、纯粹客观、价值无涉的考察。所以,借助于实质违法性学说,有助于发展新的法律上没有规定的(超法规的)正当化事由(如超法规的紧急避险)。

第四,在构成要件和违法性的关系上,新古典犯罪论体系持违法类型说。由于这一体系发现了规范的构成要件要素,并坚持实质违法性的观点,构成要件不再被认为是价值中性的事实记述,而是与违法性联系密切——构成要件该当性是违法行为类型。例如:M. E. 迈尔认为,构成要件是违法性的认识根据,是“烟与火的关系”;梅茨格尔认为,构成要件是违法性的实在根据,是违法行为的类型,而不是如古典犯罪论体系中那样与违法性等而视之,只完成对犯罪行为的外部界限进行描述的任务,而实质的犯罪特征仅剩下违法性和罪责。②

第五,在罪责理论上,新古典犯罪论体系持规范责任论。这主要归功于弗兰克的学术研究。古典犯罪论体系的心理责任论认为,具备责任能力的行为人,只要具有故意或者过失即成立罪责。而弗兰克认为:没有控制能力因而欠缺责任能力的人依然可以具有故意;紧急避难情况下行为人有故意却阻却罪责,可见罪责的成立还需要其他要素;责任能力不是罪责的前提条件而是罪责的要素。因此,弗兰克认为罪责是一个包含责任能力、行为时的特别情状以及故意和过失的混合概念。有责任能力的人的故意、过失行为,在没有特殊情况的条件下就具有可责难性。弗兰克将

---

① 参见马琳:《德日犯罪论的中国命运考量》,载《政法论丛》2012 年第 1 期。

② Vgl. Hans-Heinrich Jescheck, Thomas Weigend, Lehrbuch des Strafrechts Allgemeiner Teil, Drucker & Humblot, 1996, 5. Aufl., S. 207.

行为和行为人之间的心理事实之所以具备罪责条件的理由找了出来，这个可责难性概念就是一个规范的标准，于是规范的罪责概念取代了心理的罪责概念。① 这意味着，紧急避险中的某些特殊情况能够阻却罪责——虽然行为人违反义务规范，但由于此情形下行为人欠缺合法行为的可能性，可以对其免责。这种观点也符合“法律不强人所难”这句古老的法律格言。因此，可以看出新古典犯罪论体系的罪责理论已经不是纯粹经验意义上的产物，而引入了价值判断的因素。

综上所述，新古典犯罪论体系是新康德主义在刑法中的一场狂欢。无论是社会行为论、还是实质的违法性论以及违法构成要件说和规范责任论，这一体系几乎在所有要素中均添加价值的因素，进而完成了对古典犯罪论体系的全面扬弃。但新古典犯罪论体系在理论上并非尽善尽美，“该体系的缺点在于对刑法的基本价值在政治上强调中立性，这对即将来临的科学水准与专制国家的意识形态上的意见分歧和工业化时期的社会矛盾产生影响，加快了解释论与刑事政策的分裂。理论上的不同意见变少了。而此等不同意见主要涉及不同的矛盾和漏洞，继续改正这些矛盾则是必要的。因此，行为概念变成了无意义的公式，且需要一个新的概念，以便能够重新获得作为体系基本概念的地位。”②随后，纳粹政权取得统治地位，导致刑法领域涌起一股全面反动的潮流，基尔学派大行其道，建立了非理性主义的犯罪论体系。

（四）基尔学派的犯罪论体系

20 世纪 30 年代直至 1945 年，是自由和正义被抛弃、专制独裁笼罩德国乃至欧洲和全世界的纳粹统治时期。纳粹的思想在这一时期渗透到哲学、法学等各个社会科学领域，刑法学亦不可避免——刑法逐渐沦为纳粹统治和镇压的工具。这一时期刑法学的“主流思想”掌握在基尔学派手里，基尔学派是一个“在纳粹统治时期由基尔大学的年轻教授组成的倡导建立纳粹主义‘新法学’的团体”，刑法学的主要代表人物是 Georg Dahm

① 参见许玉秀：《当代刑法思潮》，中国民主法制出版社 2005 年版，第 70 页。

② Hans-Heinrich Jescheck, Thomas Weigend, Lehrbuch des Strafrechts Allgemeiner Teil, Drucker & Humblot, 1996, 5. Aufl., S. 208.

(1904-1963)和 Friedrich Schaffstein(1905-2001)。[①]

基尔学派倡导刑法上的整体主义和非理性主义(非合理主义),其理论主张体现在以下几方面:(1)对不法进行整体和实质思考。其认为行为、犯罪构成和违法性是一体的而不应该被拆分;犯罪具有实质,应该被整体理解;同样,基于行为人的内在态度和思想,就像其在行为时所表现的,从意志的特性进一步推导出犯罪。(2)废弃犯罪构成该当性和违法性的拆分。(3)废弃违法性和有责性之间的区分。基尔学派的刑法学家对以往的体系进行了彻底的批判,并建立了新的犯罪构造:"违法性应当吸收所有的主观和客观犯罪条件,而这两个方面应该再次通过整体的行为概念被联合,也就是整体的犯罪类型。"[②]

纳粹时期的这种"非理性主义"体系是对现代法律精神、刑法精神的反动,对犯罪论体系的发展也无太多积极意义。随着纳粹政权的覆灭,这些理论很快烟消云散,影响不再。"二战"后,韦尔策尔在承继纳粹之前的新古典犯罪论体系的基础上,以现象学和目的主义为根基,发展出新的犯罪论体系,即目的论的犯罪论体系。

(五)目的论的犯罪论体系

目的论的犯罪论体系在新古典犯罪论体系基础之上对犯罪概念的构成作出了必要的修改。与新古典犯罪论体系相比,目的论的犯罪论体系在方法论上体现为"一元论"与"二元论"。[③] "二战"后,德国刑法学家摧毁了纳粹刑法学思想,并抛弃了新康德哲学的抽象思维方式和价值相对主义,重新构建犯罪论。这一新主张尝试以人类行为的现实存在和社会存在的现实性,以及先于法律形式而存在的"事实逻辑构造""事物的本性"为基础,其理论体系称为目的主义的犯罪论体系或目的论体系(以下通称为目的论体系)。

目的论体系以现象学和目的主义为理论基础,强调社会存在的一元

---

① 参见喻海松:《德国犯罪构造体系的百年演变与启示》,载《中外法学》2012 年第 3 期。

② 喻海松:《德国犯罪构造体系的百年演变与启示》,载《中外法学》2012 年第 3 期。

③ 参见杨志国:《德国犯罪论体系演变的现代西方哲学思潮背景》,载《政治与法律》2010 年第 7 期。

现实,“这种哲学理论试图明确指出自然人存在的结构性原理,并且试图创设研究人的学术基础。”①这一体系对以往的犯罪论的改造首推其著名的“目的行为论”。该理论认为:“实施某种行为的人的‘目的性’是‘行为’的不可或缺的要素,且应将之与‘故意’等同视之。”②韦尔策尔认为,人的行为是不同于自然界因果现象的范畴,它是“目的活动的履行”,即人借助于自己对因果关系的认识,可以将事件控制在一定的范围之内,并将其行为有计划地引导至目标的实现上。③ 因此,人们应致力于探讨每一个法形态所规定的“事实结构”,并将刑法建立在“事物本质”之上。

目的论体系者认为,“符合构成要件的行为的目的就是故意,由此得出结论,故意以及其他的主观性不法要素是构成要件的内容,因为构成要件的任务是用所有对可罚性而言重要的不法要素来表述行为。”④于是,这一体系的构成要件就包含了故意,这导致整个犯罪论体系发生了根本性的结构变化,它使故意、过失成为构成要件要素,而不是责任要素;同时,不法不是单纯由结果无价值决定,而是由结果无价值与行为无价值共同决定。

具体而言,目的论体系在犯罪论以下几个方面发生了根本的构成变化:

第一,摒弃了以往体系的因果行为论或社会行为论,提出目的行为论。前文已对目的行为论进行解释,此处不再赘述。

第二,违法性的认识从故意概念中分离出来。构成要件中的故意是对具体事实的认识,是纯意志的实现。而违法性认识则是责任概念的核心要素,因为就行为人的意志对其进行谴责的前提是,行为人认识到其行为具有违法性,但仍作出实施行为的决定。

第三,基于违法性认识与故意相分离,区分构成要件的错误与禁止的错误(法律认识错误),构成要件的错误可以排除故意,禁止的错误不能排

① Roxin C. Strafrecht Allgemeiner Teil Band Ⅰ, Verlag C. H. Beck, 2006, 4. Aufl., S. 204.

② [日]松宫孝明:《刑法总论讲义》(第4版补正版),钱叶六译,中国人民大学出版社2013年版,第32页。

③ Vgl. Hans-Heinrich Jescheck, Thomas Weigend, Lehrbuch des Strafrechts Allgemeiner Teil, Drucker & Humblot, 1996, 5. Aufl., S. 211.

④ 赵秉志主编:《外国刑法原理(大陆法系)》,中国人民大学出版社2000年版,第74页。

除故意,但是在不可避免的情况下可以排除责任。

第四,违法性概念的变化。由于故意被认为是违法性的主观化,违法性概念的界定发生变化。违法性进一步融入主观化因素,产生了“人格的不法要素”(personalen Unrechtselement)这一概念。目的主义的犯罪论对“不法”的理解,不仅表现在社会侵害性后果的“结果无价值”上,还进一步提出了“行为无价值”的概念,认为所谓“不法”是人的“社会上显然的有缺陷的所为”。据此,从目的主义的犯罪论开始,对违法性的本质的探讨,从法益侵害的结果无价值,转向人的违法行为无价值。

第五,关于过失的本质,韦尔策尔认为,过失作为对交往上所必需的注意义务的侵害是不法的内容。这样,故意行为和过失行为的原则区别,不仅表现在责任形式上,而且已经表现在不法构成要件之中。

第六,关于不作为,阿明·考夫曼(Armin Kaufmann)创建的不作为犯罪理论完善了目的主义的犯罪概念,他认为,不作为不为目的行为概念所包括,不作为犯是一种特殊表现形式的犯罪,是故意的作为犯和过失的作为犯之外的第三种犯罪的表现形式,区别于前两种犯罪,不作为犯具有以保证人地位为核心的独自的要素和构成。①

目的主义的犯罪论影响了德国的判例和立法,对德国刑法理论的发展亦具有重大的里程碑式意义。例如,德国《刑法典》第 16 条和第 17 条关于构成要件的错误与禁止的错误的区别规定,第 26 条和第 27 条关于狭义的共犯(教唆犯和帮助犯)的成立需要存在正犯的故意实行行为的规定(因为韦尔策尔认为,没有故意就不存在实行行为的构成要件)等,都是以目的主义的犯罪论为根据的。由于目的行为论的衰落,目的论体系的影响力不及以往。但仍有不少学者,如希尔斯(Hirsch)、福田平、井田良等采用这种体系。

(六)新古典与目的论的结合体系

目的论的犯罪论体系在德国“大获全胜”,但这一体系在晚近被德国刑法学家改造,形成了新古典与目的论的结合体系(又称新古典与目的论

---

① Vgl. Wessels/Beulke, Strafrecht Allgemeiner Teil, Die Straftat und ihr Aufbau, C. F. Müller, 2010, 40. Aufl., S. 34-36.

综合体系、现代新古典犯罪论体系)。主张这一体系的学者通常采用社会行为论,也有个别学者采用因果行为论、消极行为论等行为理论,但是,几乎所有新古典与目的论综合体系的支持者均不采纳目的行为论。关于构成要件,新古典与目的论综合体系肯定构成要件的故意,承认故意及主观的违法要素对违法性有加重机能;关于违法性,现代新古典犯罪论体系支持行为无价值;关于有责性,没有采用故意都属于构成要件的观点,而将故意的一部分留在责任领域,还认为违法性认识的可能性也属于责任。[①]新古典犯罪论体系对不法和责任的实质理解被这一综合体系继承发展,其认为不法是对构成行为的无价值评价,相反,罪责是对行为人的无价值评价。[②]

新古典与目的论综合体系被认为是一种实质上的行为无价值与结果无价值并存的二元论体系,这种观点得到了德、日许多学者的支持。但也有学者认为,"这种体系是以刑法的行为规范的侧面为犯罪论构筑的出发点,因此理论上作为行为无价值的犯罪体系能够一以贯之,但如果仔细考虑结果无价值的话,它仅仅起到处罚条件的作用。承认并存的通说,是在理论与刑事政策的妥当性的狭隘空间内保持危险的平衡。"[③]这一体系是目前德国的通说。[④]

(七)目的理性犯罪论体系

除上述作为通说的新古典与目的论综合体系外,近年来还存在诸多不同体系,最著名的当属目的理性犯罪论体系。目的理性犯罪论体系又称目的合理的犯罪论体系、机能主义犯罪论体系,它是20世纪70年代以来,由德国刑法学家罗克辛、雅科布斯等人从刑法目的设定的角度出发建构的犯罪论体系。这种体系也得到了日本一些学者的支持,如松宫孝明等。

---

① 参见[日]山中敬一:《刑法总论》(第2版),成文堂2008年版,第131页。

② Vgl. Claus Roxin, Strafrecht Allgemeiner Teil Band I, Verlag C. H. Beck, 2006, 4. Aufl., S. 208.

③ [日]山中敬一:《刑法总论》(第2版),成文堂2008年版,第131页。

④ 参见林东茂:《刑法综览》(修订5版),中国人民大学出版社2009年版,第43页。

目的理性犯罪论体系与之前的犯罪论体系相比，有两个重要的方法论指导：一是体系构造方向以新康德学派的规范论和新黑格尔学派的归责思想为基础；二是该体系构造的设计同时符合应罚性和需罚性的要求，突破了区分应罚性和需罚性的传统观点。目的理性犯罪论体系最显著的特征便是：将刑法的体系与道德伦理相区分，以一般预防论的刑事政策作为体系的核心，从而建构出兼具合理性与经验科学性的体系。

目的理性犯罪论体系在内容上有以下几个著名的创新：

第一，客观归责理论（Lehre vonder objektiven Zurechnung）。此理论由罗克辛提出。在古典的犯罪论中，构成要件的内容是客观的；在新古典的犯罪论中，主观性要素纳入构成要件之中；在目的主义的犯罪论中，故意也是构成要件的内容。在这些理论中，对结果犯的处罚来说，重要的是因果关系的有无。客观归责理论则认为，在行为引起了构成要件中规定的结果的情况下，就针对行为进行归责而言，重要的不是因果关系，而是行为"实现了处于规范的保护目的之内的不被允许的危险"[①]。"根据该理论，将德国刑法不处罚自杀共犯的旨趣也适用于过失犯，例如，将毒品交给有休克死的危险但希望得到毒品的被害人的情形等，属于对故意或者过失使自己身陷危险的被害人提供的帮助，应否定成立过失致人死罪。"[②]

第二，积极的一般预防为内容的责任理论。此理论由雅科布斯确立。雅科布斯不再将罪责理解为独立的、以行为人可为其他行为为基础的标准，而是仅理解为社会的刑罚需要功能。[③] 同时，他扩大了责任的范围，将责任的内涵从非难可能性延伸到预防的必要性。责任主要不是由实施其他行为的可能性所确定的，而是由维持对规范的信赖的必要性所确定的。责任理论因此就在规范有效性的意义上与刑罚目的理论融为一体。[④]

---

① Vgl. Roxin C. Strafrecht Allgemeiner Teil BandⅠ, Verlag C. H. Beck, 2006, 4. Aufl., S. 371-373.

② ［日］松宫孝明：《刑法总论讲义》（第4版补正版），钱叶六译，中国人民大学出版社2013年版，第33页。

③ Vgl. Hans-Heinrich Jescheck, Thomas Weigend, Lehrbuch des Strafrechts Allgemeiner Teil, Drucker & Humblot, 1996, 5. Aufl., S. 215-216.

④ 赵秉志主编：《外国刑法原理（大陆法系）》，中国人民大学出版社2000年版，第76页。

目的理性犯罪论体系对于过失犯、不作为犯和共犯也都有新的认识。“可以说，现代的源自目的主义的体系具有较强的说服力。这种体系被来自外界的体系思想彻底改变的危险要小于其因与实务接触较少而自我毁灭的危险。”[①]但也有学者批评，它在追求问题解决的同时，使传统的概念发生混乱，使体系丧失整合性，结果导致在体系上发生明确性丧失和不适合逻辑思考的情况。例如，在相当因果关系的概念中加入新的要素，尽管是完全不同性质的仍认为它属于相当因果关系，这会招致混乱。又如，认为在正犯行为终了后，还存在实行着手，因而正犯的实行行为可以存在于正犯行为终了之后。[②]

除了上述介绍的理论体系，理论上也还存在各种其他的新体系，如沃尔特的实质的犯罪阶层体系、施密特霍伊泽尔的目的论体系、毛拉赫的行为责任阶层体系等。

三、德日犯罪论体系演进之特点与启示

任何一种体系的正确性都是暂时的，而不是永久的。由于人类社会具有无限大的复合性，而这种无限大的复合性迄今不曾被社会科学以实证的方式测定，对这种无限大的复合性而言，将控制系统“法律”予以定理化几乎不可能。正如日本学者平野龙一所言，“并不存在唯一‘正确’的体系。”[③]刑法理论中的犯罪论体系类似于语言学中的“语法”。要建构思维以及相互交流，“语法”是必不可少的工具，正如世界上存在多种语言一样，不可能存在一种完全“正确的语法”。同样，由于彼此的关注点与历史背景不同，也可能存在数种犯罪论体系，探讨哪一种体系才是“正确的体系”，这是毫无意义的。但是，犯罪论体系最好能够做到：就体系内部而言，理论上不矛盾，具备尽可能地将思维过程予以可视化，且可加以验证的明晰性；对体系外部而言，能更好地反映属于社会事实的犯罪的实质，

---

① Hans-Heinrich Jescheck, Thomas Weigend, Lehrbuch des Strafrechts Allgemeiner Teil, Drucker & Humblot, 1996, 5. Aufl., S. 217.

② 参见[日]山中敬一：《刑法总论》(第2版)，成文堂2008年版，第132页。

③ 张明楷：《犯罪构成体系与构成要件要素》，北京大学出版社2010年版，第9页。

有助于解释与适用刑法,并有利于发现刑法理论上的问题。[①] 德日犯罪论体系正是通过研究具体问题、排除体系矛盾而不断演进的。考察其外部关系和内部矛盾,不难发现其演进的动因与特点。

(一)哲学思潮对犯罪论体系的发展起着指导作用

德日犯罪论发端于"客观、主观"的二元论体系,发展为"行为、构成要件符合性、违法性、有责性"四阶层体系,形成为"构成要件符合性、违法性、有责性"的三阶层体系。在三阶层形成之后,德日刑法理论还产生了目的行为论体系、新古典与目的论结合的体系以及目的理性犯罪论体系等。可以说,犯罪论体系的每一次发展,背后都隐藏着哲学与刑法上的理论依据。例如,实证主义在法学领域内被法学家打造为实证主义法学。实证主义法学抵制自然法的思考方式,试图将价值考虑排除在法学研究的范围之外,"将思想性的学术工作置于自然科学的精确性理想下。""刑法体系要被引导到可以计量的、从经验上可以证明的现实的构成部分上去。这种标准,要么只能是客观的外部世界的要素,要么只能是主观的内在心理上的过程"。[②] 前古典时期将犯罪行为分解成客观的外部活动与主观的内在心理,以客观与主观为支柱建构刑法体系,便是实证主义法学的产物。而新康德主义试图复兴和重新解释康德的有关理论来建立自己的学科体系。这一哲学思潮流派众多,后来分为两个主要的不同学派:马堡学派和弗莱堡学派。弗莱堡学派反对实证主义对事实的过分强调,注重价值归宿,并倡导事实和价值的严格二分。在新康德主义的笼罩下,刑法学的研究对象不仅是事实命题,还包括价值命题,研究的方法不仅是对事实的判断,更是对价值的评价。具体到犯罪论上,新康德主义在贝林晚期的古典四阶层体系中已有影响,并在新古典三阶层体系中被彻底贯彻。

(二)体系性思考与问题性思考的结合推动着犯罪论体系的发展

德日犯罪论体系由二元论,发展到四阶层、三阶层,三阶层之后还在

---

① 参见[日]松原芳博:《刑法总论专题研究(二)》,王昭武译,载《河南省政法管理干部学院学报》2010年第4期。

② Vgl. Claus Roxin, Strafrecht Allgemeiner Teil Band I, Verlag C. H. Beck, 2006, 4. Aufl., S. 203.

不断地修正,并不仅仅从内部由刑法学推动,它同样受到外部因素即哲学和政治的影响。或许还可以探讨其他因素,例如在德国,犯罪论体系也受到司法的影响。[①] 德国学者主张体系性思考的同时,也强调问题性思考。问题性思考就是直接从被提出的问题着手,而且直接以解答这些问题作为目标,问题的答案并不需要从某种体系当中推导出来。问题性思考对于解决具体问题、检验刑法体系并完善刑法体系,具有重要的作用。期待可能性理论是从"癖马案"中推导出来的,是问题性思考的典范,它"对在强有力的国家法规范面前喘息不已的国民的脆弱人性倾注刑法的同情之泪"[②]。但是,问题性思考也存在危险,即对于这个问题的决定,可能会和先前作出的其他决定相冲突,对于那些已经(通过概念的确定及运用)定义成标准上相同的事物,作出不平等的处理,不能实现法律适用的一个重要诉求——平等意义下的正义。[③] 过分强调问题性思考也会丧失体系性思考的优点,如简化案件审理工作,一目了然地选择法律材料和寻找适用的法律,同时能够保证法官裁判的平等性和可预见性等。根据罪刑法定主义的要求,刑法比其他法律更加强调法的明确性,所以刑法学者大多追求刑法理论的体系性思考,而问题性思考主要在于提醒学者不要"为了体系而体系"。体系性思考倾向于对刑法法理的思考,而问题性思考则偏重于对具体个案的反思,它们都是刑法解释学的内容。正如罗克辛所言,"体系性思考和问题性思考的综合是富有成果的,并且在一定程度上是可能的。"[④]同样,"相较于精巧的犯罪论体系,日本刑法教义学更偏好于对具体问题的解决,将刑事政策融入刑法教义学之中。"[⑤]

---

① 参见[德]托马斯·李旭特:《德国犯罪理论体系概述》,赵阳译,载《政法论坛》2004年第4期。

② [日]大塚仁:《刑法论集》,有斐阁1978年版,第240-241页。转引自冯军:《刑事责任论》,法律出版社1996年版,第245页。

③ 参见[德]英格博格·普珀:《法学思维小学堂》,蔡圣伟译,北京大学出版社2011年版,第80-81页。

④ Claus Roxin, Strafrecht Allgemeiner Teil Band I, Verlag C. H. Beck, 2006, 4. Aufl., S. 220.

⑤ 黎宏:《论中国特色刑法教义学话语体系的建构》,载《上海政法学院学报(法治论丛)》2023年第3期。

（三）犯罪成立要件之判断与解释由形式走向实质

古典犯罪论体系认为，刑法上的行为是自然行为；构成要件是客观、中立的行为类型；违法是客观的、形式违法；责任是主观的、心理责任。如前所述，随后的三阶层体系对其进行修正，主张刑法上的行为是社会行为，具有社会意义；构成要件是包含主观要素、规范要素的违法类型，后来发展为违法、有责类型；违法性是实质违法性；责任是规范责任。犯罪论体系的所有要件都出现了从形式判断向实质判断转变的趋势。

违法性的本质从形式违法转变为实质违法，违法性的判断标准由与实证法相冲突的状态转向与实证法冲突的本质即法益侵害性，出现了超法规的违法阻却事由。超法规的违法阻却事由是指虽然刑法没有明文规定，但为其他法律或习惯等所允许，缺乏实质违法性，因而排除行为违法性的情形。“由于对合法化事由来源的领域不加限制，所以，若想对能够考虑到的全部合法化事由无一遗漏地加以列举，这无论在法律上还是在理论上都是不可能的。……从根本上看，作为允许规范的源泉，除了制定法以外，还应当考虑到国际法、习惯法以及社会的最高价值观所指向的超实定法。”[①]违法阻却事由除了法律通常规定的正当防卫、紧急避险，还包括法令行为、正当业务行为、被害人承诺、推定的承诺、安乐死、尊严死、自救行为、义务冲突，甚至习惯[②]等。

同样，有责性的本质从心理责任演变到规范责任[③]，有责性的判断标准由外在的事实对象与行为人的心理关系转向对心理状态的规范评价即

---

① Hans-Heinrich Jescheck, Thomas Weigend, Lehrbuch des Strafrechts Allgemeiner Teil, Drucker & Humblot, 1996, 5. Aufl., S. 327.

② 参见杜宇：《作为超法规违法阻却事由的习惯法——刑法视域下习惯法违法性判断机能之开辟》，载《法律科学》2005 年第 6 期。

③ 有学者认为，责任观念经历了先从结果责任论到心理责任论、后从心理责任论到规范责任论、再从规范责任论到功能责任论的演变历程，功能责任论是其他责任理论的扬弃，更值得提倡。但功能责任论的批评者认为，功能责任论中的责任不是行为人个人的问题，而是为了实现对法的忠诚的训练、对秩序的信赖的安定化而需要追究的东西。为了一般预防，使个人成为服务于社会稳定的工具，将个人当作手段，违背人的尊严。所以，德日通说坚持规范责任论。参见冯军：《刑法中的责任原则：兼与张明楷教授商榷》，载《中外法学》2012 年第 1 期；[日]山中敬一：《刑法总论》（第 2 版），成文堂 2008 年版，第 587 页。

非难可能性(或谴责可能性),出现了超法规的责任阻却事由。“采取规范责任论,就会采取实质责任论。与实质违法论一样,实质责任论认为,若没有谴责可能性,就没有责任,也没有可罚性。为此,即使实定法上并无规定,也应肯定存在超法规的责任阻却(事由)。”[①]超法规的责任阻却事由通常是无期待可能性。例如,纳粹德国期间,当时在精神病院里工作的医务人员面临不可回避的选择:要么是挑选出少数几个精神病人(将他们列入所谓的迁转名单),参与希特勒命令的“安乐死行动”,而由此拯救其他的大多数精神病人;要么是拒绝参与这个违法的秘密行动,造成的后果可能是纳粹政权的追随者将取代他们,使消灭行动为所欲为。一部分医务人员带着极大的良心责备选择了第一种方式。这种行为虽然具有违法性,但处于“超法律的免除责任紧急状态”,因而不具有可谴责性。[②]

犯罪论体系中,违法性与有责性的判断由形式化走向实质化,已为刑法学界所认可。然而,关于构成要件的判断是否出现实质化倾向,则存在争议。笔者认为,构成要件符合性的判断由单纯的形式解释嬗变为形式解释与实质解释相结合。

贝林认为,构成要件是客观的、记述的、无价值的东西,是与违法性、有责性这种规范的、价值的东西相独立的犯罪成立条件。贝林试图排除法官的任意性,对罪刑法定原则进行形式理解。但是,实践证明,立法者不可能通过法律规范对每个案件都预先定出完整、终局的想法。法律使用的概念往往是抽象的、不精确的、不完整的。再加上社会生活总是复杂多变的,法律适用过程中发生的不特定情况是立法者在立法时无法考虑到的,所以,法官在适用法律解决具体个案的时候,必须根据需要适时地解释法律。于是黎宏教授提出,德日犯罪论体系的根本缺陷在于构成要件该当性的判断上存在现状与其初衷相背离的问题。[③] 诚然,构成要件该当性的判断现状与贝林提出构成要件理论的初衷不同,但这促使后来的

---

① [日]西田典之:《日本刑法总论》(第2版),王昭武、刘明祥译,法律出版社2013年版,第179页。

② Vgl. Wessels/Beulke, Strafrecht Allgemeiner Teil, Die Straftat und ihr Aufbau, C. F. Müller, 2010, 40. Aufl., S. 165.

③ 参见黎宏:《刑法学》,法律出版社2012年版,第62-63页。

学说改造贝林的理论,使古典犯罪论体系的缺陷得以修正。

主观解释论主张探寻和忠实于立法者的立法原意,而客观解释论则着重发现法律文本应有的客观意思。事实上,立法原意并非十分明确,因为立法者不是单个的个体,既不是从事法律起草工作的专家,也不是立法机关中的个别成员,而是由众多人组成的庞大的集体。随着时间的推移,影响法律适用的事实越来越多,对法律文本意义的挑战越来越大,立法者原意在法律适用中的作用会越来越弱。试想一百年后的人们,是难以寻找今天立法的本意的。而所谓法律文本应有的客观意思,实际上没有一个确定的答案,往往是解释者自己赋予法律的意义,这就是法律解释学的魅力所在。“你所说的各个时代的精神,其实只是作者自己的精神,在那精神里面,反映了各个时代的虚影。”客观解释论在今日被视为“解释的王冠”,已完全占据主导地位。依据哈塞默(Hassemer)的推测,今日对客观目的方法如此推崇的原因在于,这种解释方法给予法律人最大的自由空间,让“自己的理性”得以发挥作用。为了让客观解释变得“客观”确定,德国学者提出了三重检验标准,“1. 必须确认所要追求的目的本身是正义的、理性的,以及有益的;2. 对于完整实现这个目的而言,规范必须是一个适当的手段;3. 实现这个规范目的不得引起超乎规范目的价值的不利附属后果。”①有学者认为,在中国,无论是理论还是实践,通行的做法是采取客观解释论。②

现在争议较大的还有,刑法解释到底是采取形式解释论还是实质解释论。在国外,形式解释论主张,只要根据刑法条文对构成要件进行形式解释即可;实质解释论主张,只能将值得科处刑罚的法益侵害行为解释为符合构成要件的刑法规定。③ 形式解释论与实质解释论之争,背后反映了形式法治与实质法治的分歧。形式法治关注法律颁布的方式(是否由合

---

① [德]英格博格·普珀:《法学思维小学堂》,蔡圣伟译,北京大学出版社 2011 年版,第 69-70 页。

② 参见陈兴良:《形式解释论的再宣示》,载《中国法学》2010 年第 4 期;赵秉志、肖中华、左坚卫:《刑法问题对谈录》,北京大学出版社 2007 年版,第 7 页;张明楷:《刑法学》(第 6 版),法律出版社 2021 年版,第 34-35 页。

③ 参见[日]前田雅英:《现代社会与实质的犯罪论》,东京大学出版会 1992 年版,第 23 页。

格的被授权者颁布,是否以合适的被授权方式颁布等)、规范的清晰性(是否足够清晰指引个人行为,使之可规划其生活等)以及规范的时间维度(面向未来或者溯及既往等)。形式法治关心它们是否符合法治的形式规范,并不关心法律是善法还是恶法。实质法治认为法治除了要具有上述的形式特质外,还应构成特定的实质性权利的基础,这些权利区分了合于自身的善法与并不合于自身的恶法。现在西方学者正在寻找一条介于纯粹形式法治与实质法治的中间道路。[①] 刑法学界在“二战”后初期因检讨战前恣意运用刑事法体系所生之弊端,强调重视刑法解释的形式性。然而,倘若仅贯彻实行形式解释论,并不一定能真正实现宪法理念,所以在刑法解释论上,除采取形式解释论外,也加以实质判断,形成形式与实质并重的二元解释论。[②]

在中国,形式解释论与实质解释论争论的焦点不在于是否只严格遵循刑法条文的字面含义进行形式解释。主张形式解释论的陈兴良教授“并不反对实质判断,更不反对通过处罚必要性的实质判断,将那些缺乏处罚必要性的行为予以出罪”。他认为,“形式解释论与实质解释论的根本区分仅仅在于:在对刑法进行解释的时候,是否先进行形式判断,然后再进行实质判断。换言之,在形式判断与实质解释判断之间形成逻辑上的位阶关系。尤其是在刑法没有所谓的形式规定的情况下,能否通过实质解释将其入罪?”[③]而主张实质解释的张明楷教授则认为,“实质解释论并非不讲形式,也并非反对形式的解释,而是反对在任何场合单纯由形式的解释起决定作用”,只是“在实质解释论来看,既不是绝对的形式优先,也不是绝对的实质优先,而是取决于冲突的内容”。“在行为不能被构成要件的表述所包含(不处于刑法用语可能具有的含义内)时,当然形式优于实质,即不得违反罪刑法定原则;在构成要件的表述包含了不值得科处刑罚的行为时,当然实质优于形式,即不得处罚不当罚的行为。”[④]从二者

① 参见[英]保罗·克雷格:《形式法治与实质法治的分析框架》,王东楠译,载姜明安主编:《行政法论丛》第13卷,法律出版社2011年版。

② 参见余振华:《刑法深思·深思刑法》,台北,元照出版有限公司2005年版,第9-10页。

③ 陈兴良:《形式解释论的再宣示》,载《中国法学》2010年第4期。

④ 张明楷:《实质解释论的再提倡》,载《中国法学》2010年第4期。

的观点来看，形式解释论与实质解释论并没有太大的区别。形式解释论认为形式解释与实质解释具有位阶关系，这是就判断的过程而言的。对此，实质解释论也认为，“刑法解释的对象是刑法规定，刑法又是以文字做出规定的，故刑法解释不能超出刑法用语可能具有的含义，否则便有违反罪刑法定原则之嫌。”①至于能否通过实质解释将值得刑罚处罚但又缺乏形式规定的行为入罪？陈兴良教授认为，“形式解释论是持坚决否定态度的，但实质解释论对此却持肯定的态度”②。张明楷教授承认，“各个国家都是在通过实质侧面克服形式侧面的缺陷。但是对形式侧面的克服具有一定的限度，即对法条的解释不能损害国民的预测可能性，否则便侵犯了国民的自由。”“在近十多年来才开始推行法治、实行罪刑法定的中国，不能强调以实质侧面克服形式侧面的局限。”对于这个冲突，“还是应当以形式的合理性优先”③。实质解释论认为形式或实质不是绝对优先，而是取决于冲突的内容，这是从判断的结果来看的。形式解释论也赞同对于刑法条文可能包含的不值得科处刑罚的行为，通过实质解释予以出罪。④

中国形式解释论与实质解释论都主张形式解释与实质解释相结合，实际上都是形式与实质并重的二元解释论，形式解释与实质解释有先后之别，但无主次之分。“当行为不具有形式违法性时，应以形式的违法性为根据将其排除在犯罪之外；当行为不具有实质的违法性时，应以实质的违法性为根据将其排除在犯罪之外。于是，任何犯罪都是同时具有形式的违法性与实质的违法性的行为；对犯罪的处罚也便同时具有形式的合理性与实质的合理性。”⑤

（四）犯罪论体系之构造由平面走向阶层

前古典犯罪论体系主张客观与主观的二分，但客观与主观只是对行为构成的描述，而不是对行为性质的评价，它是一种平面的结构。自古典

① 张明楷：《刑法学》（第6版），法律出版社2021年版，第35页。

② 陈兴良：《形式解释论的再宣示》，载《中国法学》2010年第4期。

③ 张明楷：《罪刑法定与刑法解释》，北京大学出版社2009年版，第71页。

④ 参见陈兴良：《形式解释论的再宣示》，载《中国法学》2010年第4期。

⑤ 张明楷：《罪刑法定与刑法解释》，北京大学出版社2009年版，第72-73页。

犯罪论体系始,德日犯罪论体系迈入阶层体系阶段,并衍生出多种阶层体系。不过无论是哪种阶层体系,其基本构造均为构成要件符合性、违法性和有责性三个阶层。从构成要件符合性到违法性最后到有责性的排列次序,也反映了成立犯罪的判断顺序,由形式到实质,层层递进,步步限缩。首先,要判断行为是否符合(该当于)构成要件,这是第一阶层;其次,在判断行为符合构成要件的基础上,进一步判断行为是否具备违法性,是否存在违法性阻却事由,违法性的判断是第二阶层的判断;最后,对于符合构成要件的且违法的行为,还要判断是否具备有责性,是否免责或者减轻责任,有责性的判断是第三层次的判断。经过三个阶层的判断,才能确定行为是否构成犯罪;符合构成要件的违法且有责的行为才成立犯罪。可见,阶层式犯罪论体系不仅是一种描述行为构成的体系,而且也是一种评价体系,其功能在于为行为是否构成犯罪以及为什么构成犯罪提供判断依据。回答什么行为是犯罪、该种行为为什么是犯罪,实际上是从形式上和实质上对犯罪进行解释。

有学者认为,在三阶层犯罪论体系中,“对于不法有决定性意义的事实,将会在犯罪构造里的构成要件与‘违法性’这两个评价阶层进行分配。从某种程度上说,违法性本身只是构成要件该当性与缺乏违法阻却事由的结果。”[①]换句话说,构成要件该当性与违法阻却事由都是判断行为的不法,二者的区分仅具有启发性与技术性的意义,出于正当防卫杀人与打死一只蚊子同样不具有社会损害性。构成要件该当性和违法性只表明行为违反了法律秩序,却不能说明适用刑罚的正当性,或者对行为的非难可能性。构成要件该当性和违法性根据法益侵害的危险性和社会损害性来说明[②],而罪责则根据非难可能性来说明。所以,不法与责任才是构筑刑法体系与众不同的材料,是犯罪概念的二大支柱。“犯罪论体系的支柱是

① Günter Stratenwerth, Lothar Kuhlen, Strafrecht Allgemeiner Teil, Die straftat, Verlag Franz Vahlen, 2011, 6. Aufl., S. 67.

② 西田典之将违法性定义为行为的社会危害性,并且认为社会危害性就是法益侵害及其危险。参见[日]西田典之:《日本刑法总论》(第2版),王昭武、刘明祥译,法律出版社2013年版,第107页。

不法与责任两个范畴。”[①]美国学者弗莱彻甚至认为，所有的刑法文化都形成了违法行为和归责的理论。它们可以不使用这种精确的术语，但是，这些理论都暗含在它们适用的信条中。普通法所依赖的格言是：“没有危害行为和罪过的结合，就不能存在刑事责任。”在这个公式中，危害行为代表了违法行为，罪过代表了归责的标准。换句话说，没有应受谴责的（或者没有罪责的）违法行为，就不能存在刑事责任。[②]

张明楷教授以违法与责任为支柱构建犯罪论体系，采取由违法要件和责任要件构成的两阶层体系。两阶层与三阶层的分歧主要在于，是否使违法类型说彻底化以及如何处理假想防卫之类的案件。两阶层犯罪论体系说认为，既然构成要件是违法类型，构成要件符合性与不存在违法阻却事由，属于同一层次的刑法评价，构成要件符合性的判断，只不过是违法性判断的一部分；而且认为，对于假想防卫，三阶层犯罪论体系要么承认假想防卫是故意犯罪这种不合理的结论，要么不得不在承认假想防卫具有构成要件故意的前提下，再通过其他途径认为假想防卫只具有过失责任。两阶层可以克服三阶层体系难以解决正当化事由的认识错误（容许性构成要件错误）的缺陷。[③]

一般认为，构成要件是指刑罚法规规定的犯罪类型，就是在刑罚法规中除去法律效果（法定刑）之外的部分。刑法分则条文规定的各个犯罪类型，都是当罚行为即违法、有责且值得处罚的行为的类型。[④] “把构成要件理解为违法、责任类型，故意、过失也包含于作为责任类型的构成要件中。”[⑤]构成要件并不限于客观的、记述的东西，规范的、主观的内容也应

① ［日］井田良：《刑法总论的理论构造》，秦一禾译，中国政法大学出版社 2021 年版，第 1 页。

② 参见［美］乔治·P. 弗莱彻：《刑法的基本概念》，蔡爱惠、陈巧燕、江溯译，中国政法大学出版社 2004 年版，第 108 页。这是强调，违法是客观的，关注的是行为；而归责是主观的，关注的是行为人对其违法的个人责任承担。参见［美］乔治·弗莱彻：《反思刑法》，邓子滨译，华夏出版社 2008 年版，第 371 页。

③ 参见张明楷：《行为无价值论与结果无价值论》，北京大学出版社 2012 年版，第 4 页。

④ 参见［日］大谷实：《刑法讲义总论》（新版第 2 版），黎宏译，中国人民大学出版社 2008 年版，第 100 页。

⑤ ［日］佐伯仁志：《刑法总论的思之道·乐之道》，于佳佳译，中国政法大学出版社 2017 年版，第 37 页。

包含于构成要件之中，如此才能在构成要件阶段区分故意杀人、故意伤害致死与过失致人死亡等在客观上造成他人死亡这一同样结果的犯罪。虽然倾向犯的“倾向”、表现犯的“表现”，并不是构成要件要素，也不是主观的违法要素，但是目的犯的目的作为构成要件要素且是主观的违法要素，通常没有疑问。德国目前的理论学说和司法实践的主流都倾向于这种观点。[①] 日本的通说也将目的犯的目的作为构成要件的特殊主观要素，即主观超过要素。[②] 张明楷教授主张彻底的客观违法论，认为故意、过失、目的都是责任要素。“在个别场合，离开行为人的故意内容，仅能判断行为是符合哪几个犯罪的构成要件的行为。例如，在致人死亡的案件（危害公共安全的除外）中，离开行为人的故意内容，只能认定行为符合故意杀人罪、故意伤害（致死罪）、过失致人死亡罪的构成要件。至于行为人应当承担什么责任，则取决于其故意、过失的内容。”[③]同理，对于目的犯，离开行为人的特定目的，无法判断行为是符合构成要件的行为还是法律不应介入的行为。比如，甲拿走乙的电脑，离开甲的目的，无法认定甲的举动是盗窃行为，还是一般的借用行为，甚至是帮乙拿走电脑的帮助行为。可见，此种做法会导致构成要件符合性、违法性阶段的判断无法确定是否应该适用刑法分则的条文以及具体适用分则的哪一条文，只有等到有责性阶段才能定型，思考过程过于复杂，易于混乱，太不经济。因而，不能坚持彻底的客观违法论，应承认主观的构成要件要素以及故意的犯罪个别化机能。正如小野清一郎所言，“构成要件在将行为的违法性加以类型化的同时，也要将行为人的道义责任类型化，还要将违法并且有责的行为中具有可罚性的行为用法律概念加以规定……这种被刑法分则相应条款规定的特殊的、类型性违法的有责行为，即是构成要件。出现在前面的是构成要

① 参见陈璇：《德国刑法学中结果无价值与行为无价值的流变、现状与趋势》，载《中外法学》2011 年第 2 期。

② 参见［日］大谷实：《刑法总论》（新版第 2 版），黎宏译，中国人民大学出版社 2008 年版，第 119 页；［日］山口厚：《刑法总论》（第 2 版），付立庆译，中国人民大学出版社 2011 年版，第 96 页。

③ 张明楷：《行为无价值论与结果无价值论》，北京大学出版社 2012 年版，第 59 页。

件,站在它后面的,是具有实体意义的违法性及道义责任。”[①]构成要件既推定违法性,又推定有责性。德国学者格拉斯也持这种观点。[②]

不少学者认为,构成要件与违法性具有不同的性质。“构成要件到底只不过是犯罪的大框架,对构成要件符合性的有无这个第一犯罪成立要件问题的回答,只有符合或者不符合的答案,不能回答符合到什么程度的问题。但是,关于违法性,不仅要解决是否违法的问题,在违法问题解决之后,还要解决违法性的程度问题。所以,构成要件符合性的判断只是是否符合法律规定的类型的所谓的类型性判断,而违法性判断则具有更实质意义的非类型性判断的性质。这样,既然构成要件符合性与违法性是异质的东西,在作为犯罪成立的要件来把握时,就有必要充分考虑到二者的不同。使用把二者合一的‘不法’这种概念是不妥当的,将它们加以区别的立场才是正当的。”[③]

当然,正如中国台湾地区学者林钰雄所言,二阶层犯罪论体系发现了一种介于构成要件错误与禁止错误之间的常见错误类型(容许性构成要件错误)并赋予其特别处理的理论基础,有其历史贡献。但是,三阶层体系并不存在“难以解决正当化事由的认识错误(容许性构成要件错误)的缺陷”。[④] 而且,在司法实践中,法官在判决说理时也是按照构成要件符合性、违法性和有责性的顺序进行阐述的。可见,三阶层仍是德日阶层体系的核心。其后的学说无论怎样发展,基本上还是以三阶层为基础的适度变形,可以说仍然是三阶层的适当展开。因而,本书以三阶层犯罪论体系之构造为考察对象展开研究。

---

① [日]小野清一郎:《犯罪构成要件理论》,王泰译,中国人民公安大学出版社 2004 年版,第 28-29 页。

② Vgl. Wilhelm Gallas, Beiträge zur Verbrechenslehre, De Gruyter, 1968, S. 34.

③ [日]大塚仁:《犯罪论的基本问题》,冯军译,中国政法大学出版社 1993 年版,第 38-39 页。

④ 参见林钰雄:《新刑法总则》,中国人民大学出版社 2009 年版,第 103-104 页。

第二章

三阶层犯罪论体系之要件与原理

第一节 德日犯罪论体系之三阶层构造

一、三阶层构造之要件

现代刑法的三项基本原则可以表述为“没有法律就没有犯罪”“没有被害就没有刑罚”“没有责任就没有刑罚”。[①] 前文已论及,德日犯罪论体系除前古典犯罪论体系为平面构造之外,其后的犯罪论体系无论多么纷繁复杂,均为阶层式犯罪论体系,且其基本构造均为构成要件符合性(该当性)、违法性和有责性(责任)。可见,阶层模式的内容或者说犯罪成立的要件是:①构成要件符合性(该当性);②违法性;③有责性(责任)。理论上和实务中,都是从构成要件符合性、违法性和有责性这三个逐步递进的层次来判断犯罪成立与否的,即按照①→②→③的顺序阶段性地进行判断。也就是说,符合构成要件的违法而且有责的行为即成立犯罪。

那么,犯罪论体系为何要以构成要件符合性(该当性)、违法性和有责性(责任)为要件,而且要遵循上述顺序进行判断呢?西田典之教授认为,其原因是上述构成有利于保证警官、检察官和裁判官作出正确、适当的判断,以保障刑法的正确适用。[②] 本书将在阶层体系之构造原理和整序机理

① 参见[日]平野龙一:《刑法的基础》,黎宏译,中国政法大学出版社 2016 年版,第 196 页。

② 参见[日]西田典之:《日本刑法总论》(第 2 版),王昭武、刘明祥译,法律出版社 2013 年版,第 50-51 页。

部分予以讨论。

二、三阶层构造之基本模式与修正模式

根据犯罪形态的不同,刑法学界将构成要件区分为基本的构成要件和修正的构成要件。所谓基本的构成要件,是指刑法分则或各刑罚法规所规定的具体的犯罪构成,一般是以单独犯的既遂犯的形式所表示的构成要件。所谓修正的构成要件,是指以基本的构成要件为前提,就预备犯、未遂犯以及共犯等问题,在行为的发展阶段或复数行为人的参与形态方面,对基本构成要件进行修正以后形成的构成要件。修正的构成要件通常是在刑法总则中作一般规定,对于分则条文所规定的具体犯罪,需要根据解释来适用。以杀人罪为例,杀人未遂并不符合"杀人"这一基本构成要件,但根据总则中处罚未遂犯的一般规定,就可以对分则规定的杀人罪的构成要件进行修正,即已经着手实行杀人行为而未得逞,杀人未遂即因符合这一构成要件而得以处罚。

在日本,基本的构成要件和修正的构成要件的划分方式经小野清一郎提出以后,得到团藤重光、大塚仁、大谷实等的赞同。但是也存在不同的意见:"修正的构成要件"概念容易使人误认为只有未遂犯、共犯的构成要件是"正确的构成要件"①;也容易使人只通过对通常的构成要件理论的部分修正来处理未遂与共犯问题;更没有说明处罚未遂犯、共犯的实质根据②。

在德国,多将未遂犯与共犯作为犯罪的现象形态或犯罪形态或刑罚扩张事由来认识,而不认为存在修正的构成要件。不过,日本有学者对此持不同意见,犯罪的现象形态乃至犯罪形态并不限于未遂犯和共犯。比如,作为犯和不作为犯、故意犯和过失犯,以及杀人罪和盗窃罪等各个犯罪,都是犯罪的形态。刑罚扩张事由只着眼于处罚一方面论述犯罪的性质,并不妥当。作为处罚扩张的前提,必须首先明确其犯罪本身的性质。未遂犯、共犯,也和既遂犯、单独犯一样,其成立首先要符合各自被修正的

---

① 参见[日]平野龙一:《刑法总论Ⅱ》,有斐阁1975年版,第307页。

② 参见[日]前田雅英:《刑法总论讲义》(第5版),东京大学出版会2011年版,第90页。

构成要件。①

笔者认为,修正的构成要件概念是妥当的。刑法并非仅处罚单独犯的既遂犯,未遂犯与共犯同样因为其对法益的侵害与危险而应受到刑罚处罚。但对未遂犯与共犯仅在刑法总则中有一般性规定,对于分则中的具体犯罪适用总则中的一般规定时存在问题,必须对分则中的犯罪构成要件进行解释,在对基本构成要件进行某些方面的修正的基础上而适用未遂犯与共犯的规定,从而使处罚得以成立。修正的构成要件概念正是对这一过程的概括,因而是合理的。

鉴于刑法学界将构成要件区分为基本的构成要件和修正的构成要件,本书亦将德日犯罪论体系之阶层模式区分为基本模式和修正模式。基本模式的构造为:构成要件(基本的构成要件)符合性、违法性、有责性。基本的构成要件要求单个行为人的行为达到既遂形态(在德国,还强调是故意的作为犯)。修正模式的构造为:构成要件(修正的构成要件)符合性、违法性、有责性。修正的构成要件将行为的既遂状态修正为预备和未遂,将单个行为人实施修正为复数行为人参与,即共犯形态。考虑到两种模式对于考察三阶层犯罪论体系之构造并无原则性差异,故后文仅从基本模式入手进行探讨。

第二节　三阶层内部要素之考察

构成要件符合性、违法性和有责性这三个阶层,各自包含哪些要素?不同学者作出了不同的回答,可谓观点林立,歧义纷呈。下面逐一进行考察。

一、构成要件符合性

(一)构成要件符合性的概念和内容

构成要件是刑法分则所规定的具体犯罪类型的抽象化概念,至于何

① 参见[日]大塚仁:《刑法概说(总论)》(第3版),冯军译,中国人民大学出版社2003年版,第117页。

谓构成要件，乌尔斯·金德霍伊泽尔认为，“构成要件是人们用以甄别可罚举止的（‘类型化的’）要素之总和。”[①]西田典之认为，“要给出一个严格的定义，确实不太容易，姑且可以定义为，在刑罚法规中除去法律效果（法定刑）之外的部分”[②]。前田雅英认为，“构成要件是指值得处罚的违法且有责的行为的类型”[③]。构成要件符合性则是指具体事实符合法律上的个别犯罪构成要件，它是与违法性及责任并列的犯罪成立条件之一。成立犯罪，首先必须具有符合构成要件的行为。而符合构成要件的行为，只要不存在特别的违法阻却事由，便认定行为的违法性。在此意义上，构成要件被认为具有推定违法性的机能（构成要件的违法性推定机能）。[④]

那么，构成要件要素有哪些？众所周知，具体的构成要件要素是刑法各论的任务，不同的罪名，它们的构成要件要素不尽相同；而刑法总论中所要说明的是不同构成要件要素所共通的一般要素。我们这里仅讨论一般要素。本书基于客观的构成要件要素与主观的构成要件要素之分类进行讨论。需要说明的是，只有承认主观的构成要件要素的学者才承认这种分类，否认主观的构成要件要素的学者，必然否认这种分类。[⑤] 构成要件中，规定行为外观的、客观的方面的要素就是客观的构成要件要素，诸如行为主体、行为客体（对象）、（实行）行为、行为状况、结果、行为和结果之间的因果关系等都是客观的构成要件要素；而构成要件中表现行为人内心的、主观的要素则是主观的构成要件要素，如故意、过失、目的等都属于这一类。

（二）客观的构成要件要素

客观的构成要件要素是记述表现在外的现象的要素，其存在在外观

---

① ［德］乌尔斯·金德霍伊泽尔：《刑法总论教科书》（第6版），蔡桂生译，北京大学出版社2015年版，第61页。

② ［日］西田典之：《日本刑法总论》（第2版），王昭武、刘明祥译，法律出版社2013年版，第56页。

③ ［日］前田雅英：《刑法总论讲义》（第6版），曾文科译，北京大学出版社2017年版，第34页。

④ 参见［日］松宫孝明：《刑法总论讲义》（第4版补正版），钱叶六译，中国人民大学出版社2013年版，第41页。

⑤ 参见贾济东：《外国刑法学原理（大陆法系）》，科学出版社2013年版，第150页。

上，可以认识，包括行为主体、行为客体（对象）、（实行）行为、行为状况、结果、行为和结果之间的因果关系等。

1. 行为主体

所谓行为主体，又称犯罪主体、行为人或犯罪人，是指实施构成要件行为的行为人。行为上的行为主体原则上只要求是自然人，不再作其他的限制。但在构成要件上，有的犯罪必须具备一定的身份才能构成，这种犯罪被称为身份犯（Sonderdelikte）。行为主体不作限制的犯罪在日本刑法理论中并没有特殊的称谓，但德国刑法理论将其称为一般犯（Allgemeindelikte）①。

2. 行为客体

所谓行为客体，是指行为所指向的、体现合法权益的具体的人和物。它不同于刑罚法规中的保护客体，后者是刑罚法规根据其构成要件所保护的利益即法益。如杀人罪的行为客体是“人”，而保护客体是人的“生命”；妨害执行公务罪的行为客体是“公务员”，而保护客体是“公务”。

3. 行为状况

所谓行为状况，又称构成要件状况，是指成立构成要件中所规定的行为必须具备的一定状况。如日本《刑法》第94条违反中立命令罪中的“和外国交战之际”、第114条妨害灭火罪中的“火灾之际”等就相当于行为状况。在这些犯罪中，由于行为状况成为构成要件要素，因此，欠缺与此相当的犯罪事实，就不符合构成要件。

4. 行为与实行行为

刑法上的行为需根据具体的情形来判断其内涵。本书所论述之行为系广义的行为，是在外界能够引起社会重要性结果的人类举止。正如大谷实所说：“行为论中所讲述的行为，是指能够受意思支配的具有社会意义的人的外部态度，是作为刑法上的构成要件符合性的对象的社会事实

---

① 参见［德］乌尔斯·金德霍伊泽尔：《刑法总论教科书》（第6版），蔡桂生译，北京大学出版社2015年版，第66页。

的行为。”[①]行为概念是否有存在的必要，取决于它对犯罪的认定是否有所帮助。[②] 在现代刑法中，“行为”无论是在“构成要件”之前讨论还是在构成要件中讨论，都被置于犯罪体系的起点。[③]

刑法中的实行行为是指符合构成要件的行为，即作为构成要件中所规定的构成要件要素的行为，它是在外界能够引起法益侵害危险的人类举止。实行行为不仅包括符合基本的构成要件的行为，也包括符合修正的构成要件的行为。因此，应当把符合未遂犯、既遂犯、共犯、预备罪、阴谋罪的构成要件的行为都称为实行行为，本书将在“修正形态”部分予以讨论。构成要件的核心是行为，把行为当成法律的构成要件的评价之前的东西来考虑的，就是“纯粹”行为论（“赤裸”行为论）。行为只有作为“该当构成要件的行为”，才能成为犯罪成立的构成要件。在这个意义上，构成要件该当性，是第一位的犯罪要件，行为是其中的一个要素。[④] 把行为独立地放在构成要件符合性之前讨论是不符合逻辑的，也是没有任何意义的。[⑤]

5. 结果

结果在成立犯罪中的地位，不同学者有不同的理解。有学者认为，“没有结果就没有犯罪”，所有犯罪的成立都以结果发生为必要，即使是所谓的仅有行为就能成立的犯罪，也不过是结果与行为同时（或几乎同时）发生。[⑥] 李斯特也认为，任何一种犯罪均以某种结果为前提，在刑事不法中区分“结果犯”和“行为犯”是不正确的。[⑦] 另有学者认为，结果只是结

---

① ［日］大谷实：《刑法讲义总论》（新版第 2 版），黎宏译，中国人民大学出版社 2008 年版，第 113 页。

② 参见贾济东：《外国刑法学原理（大陆法系）》，科学出版社 2013 年版，第 129 页。

③ 参见［日］松宫孝明：《刑法总论讲义》（第 4 版补正版），钱叶六译，中国人民大学出版社 2013 年版，第 37 页。

④ 参见［日］井田良：《刑法总论的理论构造》，秦一禾译，中国政法大学出版社 2021 年版，第 17 页。

⑤ 参见贾济东：《外国刑法学原理（大陆法系）》，科学出版社 2013 年版，第 126 页。

⑥ 参见［日］山口厚：《刑法总论》（第 2 版），有斐阁 2007 年版，第 45 页。

⑦ 参见［德］李斯特：《德国刑法教科书》（修订译本），徐久生译，法律出版社 2006 年版，第 180 页。

果犯的成立要件,行为犯的成立并不以结果为必要。[1]

前述意见分歧主要在于学者对结果的概念有不同的理解。犯罪是对法益造成侵害、危险的行为,是引起结果的行为,从这个意义上说,结果是所有犯罪成立的必要要件。在此意义上,结果是指由行为引起的外界变化,它在构成要件中处于被类型化的限度之内。结果在多数场合都意味着对作为保护客体的法益的侵害,有时也可以只是危险。根据法益侵害、危险的形态,可将犯罪形态分为结果犯与行为犯,形式犯与实质犯,侵害犯与危险犯,以及即成犯、继续犯与状态犯等。在构成要件中,一般以行为的主观方面与客观方面及结果相对应为原则。但有例外,一方面有的构成要件含有超主观要素(目的犯);另一方面有的构成要件还有超过行为主观方面的结果存在(结果加重犯)。[2]

6. 行为与结果之间的因果关系

刑法中的因果关系,是实行行为与构成要件结果之间具有相当性的原因结果关系。[3] 它是探讨在什么范围内可将结果归于实行行为的类型性的构成要件符合性问题,是对结果进行个别的、具体的违法性、有责性判断的前提。构成要件的行为与结果之间必须要有因果关系;只有肯定二者之间的因果关系,才能认定行为引起了结果。因此,因果关系是构成要件的必要要素。

(三)主观的构成要件要素

1. 故意

故意是对构成要件事实的认识,不具有此认识就不成立故意。[4] 故意的成立,需要对客观的构成要件要素的事实有所认识,这包括记述要素事

---

① 参见[日]大塚仁:《刑法概说(总论)》(第3版),冯军译,中国人民大学出版社2003年版,第120页。

② 参见[日]小野清一郎:《犯罪构成要件理论》,王泰译,中国人民公安大学出版社2004年版,第187-189页。

③ 参见黎宏:《刑法因果关系论考察》,载《清华法学》2022年第3期。

④ 我国有学者提出,故意、过失属于责任要素。参见张明楷:《论故意的体系地位》,载《法商研究》2022年第2期。郑超:《论故意与过失的犯罪论体系性地位 古典立场的坚持与修正》,载《中外法学》2021年第5期。

实与规范要素事实的整体。对于记述要素事实的认识,一般来说是没有争议的,但对于规范要素事实的认识需达到何种程度才成立故意则发生问题。对于事实的认识,通常可分为三种层级,即物体的认识、意义的认识以及违法的认识。① 在记述要素的场合,只要有物体的认识,也就能够产生对意义和违法的认识。但在规范要素的场合,物体的认识与意义的认识是分离的,有物体的认识并不一定就具有意义的认识,而成立故意,必须对社会的、规范的意义有认识。② 不过,不能要求一般人与裁判官一样具有严密的法的认识。所谓意义的认识,通常只要明白一般人所理解程度的社会意义就够了。也就是梅茨格尔所谓的"常人领域中的平行性评价",韦尔策尔所谓的"行为人意识中的平行性判断"。③

2. 过失

关于什么是过失,有些国家如意大利、瑞士等国的刑法典对此作了概括性规定。德日等很多国家的刑法典没有对过失下定义,而是交由理论研究去解决。笔者认为,过失是指没有实现犯罪的认识、意欲而实现犯罪的行为的、主观的构成要件要素,是一种心理态度,这是积极意义的过失概念;消极意义的过失概念与故意概念相对应,是指没有故意但又需要承担责任的一种心理状态。

关于过失理论的争论,是刑法理论上争论最激烈的领域之一。比较有影响的过失理论主要有旧过失论、新过失论、超新过失论等。旧过失论又称为预见可能性说,以结果预见义务为中心,认为过失犯的非难根据正是行为人本该能够预见到犯罪事实却因不注意而没有预见,因而未采取避免措施导致结果发生。新过失论又称为基准行为说,以结果避免义务为中心,认为过失的中心并不在于结果预见可能性,而在于结果避免义务。超新过失论,又称不安感说或危惧感说,是在 20 世纪 60 年代后期公害、药害、企业灾害等日益严重的社会背景下、基于新过失论过于限制过

---

① 参见陈子平:《刑法总论》(2008 年增修版),中国人民大学出版社 2009 年版,第 130 页。

② 参见[日]大谷实:《刑法讲义总论》(新版第 2 版),黎宏译,中国人民大学出版社 2008 年版,第 151 页。

③ 参见[日]大塚仁:《刑法概说(总论)》(第 3 版),冯军译,中国人民大学出版社 2003 年版,第 181-182 页。

失犯的成立而主张的;[①]其认为过失作为结果避免义务的前提,不要求具体的结果预见可能性,只要求有某种不安感、危惧感。

比较而言,旧过失论强调结果预见义务,没有考虑结果避免义务,这在现代社会生活中,会造成过失犯成立范围的扩大。而超新过失论的危惧感说所谓"不安感"是十分模糊的,司法实践中难以认定,更难以统一认识。站在构成要件是违法有责行为类型的立场,从将过失作为主观的构成要件要素来把握的角度出发,新过失论是恰当的。[②] 行为人对结果的预见义务是重要的,但仅有预见可能性不能成立过失,还需行为人没有履行结果避免义务。

3. 主观的超过要素

关于主观的超过要素,所熟知的是梅茨格尔所提出的目的犯的目的、倾向犯的内心倾向以及表现犯的内心表现。松宫孝明认为,这些主观要素具有超过客观的意义,被称作超过的内心倾向。[③]

目的犯,是指以一定目的为主观的构成要件要素的犯罪。所谓目的犯中的"目的",是指实现一定事项的意欲,是行为人实施行为时所持有的一种主观态度,只要在行为时具有就可以了。例如,日本《刑法》中规定的伪造货币罪(第 148 条)及伪造文书罪(第 155 条),犯罪的成立以"行使的目的"为必要。

倾向犯,是指只有当行为表现出行为人的主观内心倾向时才肯定构成要件符合性的犯罪。例如,日本《刑法》中规定的强制猥亵罪(第 176 条),犯罪的成立不仅要求使用暴力或者威胁手段使被害人产生羞耻心,还要求这一行为能够表现出行为人具有满足性欲这一"倾向"。[④] 日本判

---

① 司法判例的出现引起理论的关注,进而衍生出新的理论学说,可以说过失论的演变是在社会发展过程中日渐凸显的问题推进下发生的。这与判例法国家的做法具有一致性——美国刑法严格责任原则的产生与发展,即是在判例的促成下完成的。

② 参见贾济东:《外国刑法学原理(大陆法系)》,科学出版社 2013 年版,第 193 页。

③ 参见[日]松宫孝明:《刑法总论讲义》(第 4 版补正版),钱叶六译,中国人民大学出版社 2013 年版,第 47 页。

④ 参见[日]松宫孝明:《刑法总论讲义》(第 4 版补正版),钱叶六译,中国人民大学出版社 2013 年版,第 47 页。

例肯定了只有在“刺激或者满足行为人的性冲动的倾向下”进行时，才视为犯罪，外表上虽然是同样的行为，以诊断和治疗的目的进行的行为等则不包含在内。[①]

表现犯是指只有当行为作为行为人心理过程或状态而表现出来时才成立的犯罪。梅茨格尔对此列举的是伪证罪中的“虚假陈述”问题。对“虚假陈述”的认定，理论上有三种见解：一是客观说，认为当陈述的内容与客观事实不一致时，陈述为虚假；二是主观说，认为当陈述的内容与陈述者的记忆不一致时，陈述为虚假；三是义务说，认为当陈述者言辞违反他根据程序法的规定应负有的真实陈述义务时，陈述为虚假。

根据上面的论述，目的犯中的目的作为构成要件要素且是主观的违法要素，通常没有疑问。但是倾向犯中的“倾向”、表现犯中的“表现”，应该说并不是构成要件要素，也不是主观的违法要素。德国目前的理论学说和司法实践的主流都倾向于这种观点。[②]

二、违法性

（一）违法性的概念及程度

违法性（Rechtswidrigkeit），是指行为违反法规范，即符合构成要件的行为与整体法秩序存在矛盾或者冲突。所谓违法，意指“从法的角度来看，不得为”这种对行为的否定评价；所谓合法，意指“从法的角度来看，可以为”这种对行为的肯定的评价。[③] 违法性是继构成要件符合性之后的第二阶层的犯罪成立要件。“违法性判断的核心是对行为规范违反的评价。”[④]笔者主张行为无价值二元论，认为违法性的本质在于脱离社会相

---

① 参见［日］大塚仁：《刑法概说（总论）》（第3版），冯军译，中国人民大学出版社2003年版，第124-125页。

② 参见陈璇：《德国刑法学中结果无价值与行为无价值的流变、现状与趋势》，载《中外法学》2011年第2期。

③ 参见［日］松宫孝明：《刑法总论讲义》（第4版补正版），钱叶六译，中国人民大学出版社2013年版，第75页。

④ ［日］井田良：《刑法总论的理论构造》，秦一禾译，中国政法大学出版社2021年版，第17页。

当性或违反社会伦理规范的手段惹起法益侵害或侵害危险的行为，主张违法性的本质内涵不仅含有行为无价值，而且同时含有结果无价值。犯罪行为的违法性根据它的结果无价值（对保护客体的侵害和危险）和行为无价值（在行为实施中使用的方式和形式）来确定。[①] 正如日本学者所言，"不可以认为行为无价值论或结果无价值论中的某一个是正确的，从而选择它并将其贯彻到底……现实中的解释论所做的工作是，在各个坐标轴中，在彻底化了的两个极端之间寻找妥当的点。而这个'妥当的点'是随着时代变动的。"[②]"用结果无价值和行为无价值这对概念分析违法论，有助于理解违法论的基本框架。但是，在实际解释违法阻却事由的要件时，对单个的违法阻却事由逐个进行更加细致的探讨是不可缺少的。"[③]

不少学者认为，构成要件是违法行为的类型，符合构成要件的行为，原则上具有违法性；只有存在违法阻却事由时，才例外阻却违法性而成为合法。从某种程度上说，违法性本身只是构成要件符合性与缺乏违法阻却事由的结果。[④] 许迺曼甚至认为，在确定刑事不法以及适格的社会损害性行为的目的之下，构成要件符合性与违法阻却事由的区分仅有启发性与技术性的意义而已。[⑤] 小野清一郎认为，构成要件在将行为的违法性加以类型化的同时，也要将行为人的道义责任类型化；构成要件是违法有责

---

① 参见贾济东：《犯罪论争议问题研究》，法律出版社 2021 年版，第 19-21 页。

② ［日］前田雅英：《刑法总论讲义》（第 6 版），曾文科译，北京大学出版社 2017 年版，第 28 页。

③ ［日］佐伯仁志：《刑法总论的思之道 · 乐之道》，于佳佳译，中国政法大学出版社 2017 年版，第 94-95 页。

④ Vgl. Günter Stratenwerth, Lothar Kuhlen, Strafrecht Allgemeiner Teil, Die Straftat, Verlag Franz Vahlen, 2011, 6. Aufl., S. 114.［日］大塚仁：《刑法概说（总论）》（第 3 版），冯军译，中国人民大学出版社 2003 年版，第 300 页；［韩］金日秀、徐辅鹤：《韩国刑法总论》（第 11 版），郑军男译，武汉大学出版社 2008 年版，第 255 页。

⑤ 参见［德］许迺曼：《区分不法与罪责的功能》，彭文茂译，载许玉秀、陈志辉合编：《不移不惑献身法与正义——许迺曼教授刑事法论文选辑》，台北，公益信托春风煦日学术基金 2006 年版，第 433 页。

行为类型。[①]

德、日刑法理论中的违法性论一般只论及违法性的存在与否问题，即是否存在违法阻却事由，但大塚仁认为："存在违法性时，有必要进而一并论及其存在的程度（wie）问题。"[②]解决这一问题的理论被称为可罚的违法性理论。所谓可罚的违法性理论，是指刑法中的违法性应当是具有值得科处刑罚程度的实质的违法性的理论。根据这一理论，行为除了在形式上符合构成要件之外，还必须在量上达到一定的严重程度，在质上值得科处刑罚，如此才属于刑法上的违法。[③] 松宫孝明肯定可罚的违法性，进而将"法益侵害的危险本身因轻微而不予处罚的场合"称为"绝对轻微"，将"有些场合，未必是轻微的，但通过与所要保护的法益进行比较衡量，相抵之后负值轻微的"称为"相对的轻微"。[④]

那么，如何判断可罚的违法性呢？由于违法性的判断对象是符合构成要件的主客观事实，违法性的判断基准是可罚的违法性，因而，首先应以包含刑罚法规在内的全体法秩序为准，判断有无违法性。其次应以该行为对于保护法益来说，是否具有刑法上不能放任不管的质和量的违法性为标准，判断有无可罚的违法性。鉴于违法性的判断具有具体的、非类型性的性质，故除了判断其存在与否之外，还得判断其强弱，该强弱在表示违法性程度的同时，也反映责任的量甚至是刑罚的量。

（二）违法性的要素

违法性的要素，是指判断违法性成立与否的条件。下面从积极的违法性要素和消极的违法性要素两个方面进行阐述。

1. 积极的违法性要素

积极的违法性要素是指符合构成要件的主客观事实。由于行为符合

---

① 参见［日］小野清一郎：《犯罪构成要件理论》，王泰译，中国人民公安大学出版社 2004 年版，第 28 页。

② ［日］大塚仁：《刑法概说（总论）》（第 3 版），冯军译，中国人民大学出版社 2003 年版，第 300 页。

③ 参见［日］高桥则夫：《刑法总论讲义案》，成文堂 2006 年版，第 107 页。

④ 参见［日］松宫孝明：《刑法总论讲义》（第 4 版补正版），钱叶六译，中国人民大学出版社 2013 年版，第 78-79 页。

构成要件原则上即被推定为违法，即从正面肯定违法性的成立，因而符合构成要件的主客观事实即为积极的违法性要素。

(1)客观要素

所谓客观要素，是指能对行为人法益侵害性或规范违反性产生影响的客观事实，如行为、结果、因果关系、行为主体、行为客体、环境等。但是，由于违法性的判断与构成要件符合性的判断性质不同(前者属于抽象的、类型化的判断，后者属于具体的、非类型化的判断)，构成要素以外的事实不少可以作为违法性的要素来考虑，如侵害法益、危险的程度，行为的手段、方法，行为的形态等。

另外，关于客观的处罚条件，有的人认为它是客观违法性要素或责任要素。如破产罪中，一般认为，破产宣告，对于债务人隐匿财产行为的违法性具有影响，但是，客观的处罚条件是以国家的政策理由为条件的，和犯罪成立要件的违法性、责任之间没有直接关系。因此，客观的处罚条件，不是客观违法性要素。①

(2)主观要素

所谓主观要素，是指能对行为人法益侵害性或规范违反性(即脱离社会相当性)产生影响的主观事实。主观要素涉及的范围包括：①一般的主观违法要素。这是指具有与其相对应的犯罪客观要素的主观违法要素，包括故意和过失。②特殊的主观违法要素。这是指没有与其相对应的犯罪客观要素的主观违法要素，所以也叫作超过的主观违法要素，如目的犯中的目的、倾向犯中行为人的内心倾向、表现犯中行为人的心理过程及状态。③主观的正当化要素。这是指有关正当化事由是否成立的主观要素，如正当防卫中的防卫意思、紧急避险中的避险意思等。②

德、日学者对主观的正当化要素存在意见分歧。正当防卫的防卫意思、紧急避险的避险意思，就是主观的正当化要素。但是，正当化事由的成立，是否以行为人主观上具有正当化要素为前提，存在争论。德国通说

---

① 参见[日]大谷实：《刑法讲义总论》(新版第2版)，黎宏译，中国人民大学出版社2008年版，第217页。

② 参见[日]野村稔：《刑法总论》，全理其、何力译，法律出版社2001年版，第107-111页。

肯定主观的正当化要素。德国学者指出，“如今关于不法概念的探讨涉及的是避免极端的立场（仅以行为不法或仅以结果不法为基础来建构不法的概念），并且承认行为不法与结果不法是不法中具有同等地位、相互并存的两个要素”。[①] 行为人以犯罪故意实施的行为符合正当防卫、紧急避险的客观条件时（如偶然防卫），至少存在行为无价值，所以不能正当化。Spendel、Rohrer 等少数人否定主观的正当化要素。在日本，一般来说，行为无价值论者主张必要说，必要说主要是结果无价值论者的主张。还有学者基于跛行结果反价值论的立场，部分肯定主观违法要素。[②] 本书则将正当化事由纳入消极的违法性要素予以讨论。

2. 消极的违法性要素

消极的违法性要素是指否定违法性成立的要素。由于违法阻却事由是从反面否定违法性的成立的，因而，在消极的意义上，违法阻却事由也是违法要素。

所谓违法阻却事由，是指排除符合构成要件的行为的违法性的事由。由于构成要件是违法、有责行为类型，所以，在通常情况下，如果某种行为具有构成要件符合性，就意味着发生了作为违法性实质的法益侵害或危险，因而该行为具有违法性。但在某些情况下，某种特殊理由、根据的存在，否定了符合构成要件行为的违法性，这种特殊理由、根据就是违法性阻却事由，也称为正当化事由。

德国、日本刑法理论通常将违法性阻却事由分为法定的违法性阻却事由与超法规的违法性阻却事由。之所以出现超法规的违法性阻却事由的概念，是因为刑法不可能将阻却违法性的所有事由都规定下来，在刑法规定之外必然存在事实上被公认的违法性阻却事由，即超法规的违法性阻却事由。下文重点讨论正当防卫、紧急避险以及超法规的违法阻却事由。

（1）正当防卫

正当防卫又称紧急防卫（Notwehr），是指为了防卫自己或第三人的权

---

① Maurach/Zipf, Strafrecht Allgemeiner Teil Band I, C. F. Müller, 1992, 8. Aufl., S. 215.

② 参见［日］日高义博：《违法性的基础理论》，张光云译，法律出版社 2015 年版，第 61 页。

利,而针对正在进行中的违法侵害行为或攻击行为所做的具有紧急性的必要防卫。刑法中规定的“正当防卫”,只有行为符合某种构成要件,才有意义。[①] 例如,德国《刑法典》第 32 条第 2 款规定:“为使自己或他人免受正在发生的不法侵害而实施的必要的防卫行为,是正当防卫。”日本《刑法》第 36 条第 1 款规定:“为了防卫自己或者他人的权利,对于急迫的不正当侵害不得已所实施的行为,不处罚。”正当防卫制度是法治国家原则上禁止私力救济的例外,该制度本身具备严进宽出的刑事政策功能。[②] 从立法规定来看,正当防卫的成立需要具备以下几个要件:一是必须存在紧急防卫的情形,二是实施紧急防卫行为,三是出于防卫意思而为防卫行为。

(2)紧急避险

紧急避险,是指为了避免对自己或者他人的生命、身体、自由或财产的紧急危险,不得已损害其他利益的行为。紧急避险与正当防卫都属于紧急行为的类型。业务上负有特别义务的人,不适用紧急避险的规定。例如,警察、消防队员、船长等,在执行职务时具有承担危险的义务。义务的根据,有法令、契约、习惯等。[③] 现在世界各国大多对紧急避险作了明确规定。德国《刑法典》不仅规定了“阻却违法性的紧急避险”,而且规定了“阻却责任的紧急避险”。德国《刑法典》在“阻却违法性的紧急避险”中,明确要求保护的法益“应明显大于”损害的法益,而日本《刑法》的规定则是所造成的损害“不超过”所欲避免的损害程度。紧急避险的成立需要具备以下几个要件:一是存在对法益的现实危险,二是为了避险不得已实施,三是避险行为所产生的损害不能超过所要避免的损害。紧急避险利益衡量难以形成一个统一的衡量公式,但可以确定一定的衡量标准。[④]

---

① 参见[日]松宫孝明:《刑法总论讲义》(第 4 版补正版),钱叶六译,中国人民大学出版社 2013 年版,第 101 页。

② 参见李世阳:《正当防卫中法益侵害急迫性的存立根据与司法认定》,载《中外法学》2021 年第 1 期。

③ 参见[日]大谷实:《刑法讲义总论》(新版第 2 版),黎宏译,中国人民大学出版社 2008 年版,第 278-279 页。

④ 参见贾济东:《犯罪论争议问题研究》,法律出版社 2021 年版,第 109 页。

(3)超法规的违法阻却事由

正如木村龟二所言,刑法上所规定的违法阻却事由,不是限制违法阻却事由的范围,而是限于规定违法阻却事由的典型情况。[①] 除了正当防卫和紧急避险以外,还有其他一些超法规的违法性阻却事由。所谓超法规的违法阻却事由,是指在刑法中没有明文规定,但缺乏实质违法性,因而排除行为违法性的情形。超法规的违法阻却事由虽然在刑法中没有明文规定,但可能被其他法律或者习惯允许,因而不是超越一切法规。[②] 超法规的违法阻却事由主要有:法令行为、正当业务行为、被害人承诺、自救行为、义务冲突、自损行为等。

三、有责性

(一)有责性的概念和要素

所谓有责性,或称责任(Schuld;culpabilité;culpability),是指对于实施了符合构成要件的违法行为之行为人,进行道义上的谴责或者非难的可能性。根据目前通说规范责任论,责任是指行为人认识到行为引起的结果及其违法性,且根据法的期待想要放弃该行为的话就能放弃的心理状态。[③] 德国联邦最高法院于 1952 年就在判例中确定了"责任就是非难可能性"(Schuld ist Vorwerfbarkeit)这一要义。[④] 有责性是继构成要件符合性和违法性之后的第三阶层的犯罪成立要件。

有责性的要素,或称责任要素,是责任成立必须具备的条件。责任包括哪些要素,理论上有不同看法。第一种观点认为,责任能力、故意、过失与期待可能性是责任的要素,违法性的意识则是故意、过失所包含的内容。[⑤] 第二种观点认为,责任能力、故意、过失、违法性的意识与期待可能

---

① 参见[日]木村龟二:《刑法总论》(增补版),有斐阁 1984 年版,第 236 页。

② 参见陈兴良:《教义刑法学》,中国人民大学出版社 2010 年版,第 376 页。

③ 参见[日]松宫孝明:《刑法总论讲义》(第 4 版补正版),钱叶六译,中国人民大学出版社 2013 年版,第 125 页。

④ BHGSt 2, 194(200).

⑤ 参见[日]浅田和茂:《刑法总论》(补正版),成文堂 2007 年版,第 281-361 页。

性是责任的要素。[①] 第三种观点认为,责任能力、期待可能性和违法性意识为责任要素;故意与过失为构成要件要素,在责任判断中仅作为责任评价的对象,并非责任本身的内容。[②] 第四种观点认为,责任要素可以分为主观的责任要素和客观的责任要素。责任能力、故意、过失、违法性意识的可能性、行为的目的、动机、性格、人格等都是主观的责任要素。客观的责任要素则指的是对合法的期待可能性有影响的客观事实。此外,行为人的成长经历等人格形成环境,只要对行为人的决定具有影响,也是客观的责任要素。[③] 第五种观点认为,责任要素可以分为狭义的责任要素和可罚的责任要素。狭义的责任要素是指人基于自己内心的意思作出符合法律规范要求的意思决定的可能性(适合规范的意思决定可能性)。狭义的责任以意思自由为前提,当然这种意思自由是一种法律拟制的自由。它包括责任能力、过失犯中的注意义务违反、违法性意识的可能性。可罚的责任要素指的是"附随情况的正常性"。[④] 它探讨的是,在利益冲突状况下,从处罚必要性的观点来看法律能够在何种程度上期待行为人实施合法行为。可罚的责任论实质上是将传统上作为规范责任论核心的期待可能性问题定位为可罚的责任问题,与规范责任论并不存在本质的差别。

现在日本不少学者支持可罚的责任论。因为在他们看来,既然规范的违法需要考虑可罚的违法性,那么责任同样存在质与量的问题。因此,如果缺乏可罚的责任,就不能判处刑罚;而如果可罚的责任减轻,也就可以相应减轻刑罚。这样,可罚的责任概念就只是对否定或减轻刑罚起作用的概念,而非加重刑罚的根据。可罚的责任的有无、程度,应根据各个具体的责任要件加以判断。[⑤]

笔者认为,第三种观点较为可取。将故意与过失作为主观的构成要件要素放在构成要件中论述,体系上更有利于确定犯罪的类型,并在此基础上探讨主观的违法性,使该当性、违法性判断能够在主、客观上保持一

---

① 参见[日]山口厚:《刑法总论》(第2版),有斐阁2007年版,第181页以下。

② 参见[日]井田良:《讲义刑法学·总论》,有斐阁2008年版,第364-365页。

③ 参见[日]川端博:《刑法总论讲义》(第2版),成文堂2006年版,第397页。

④ [日]山中敬一:《刑法总论》(第2版),成文堂2008年版,第590页。

⑤ 参见[日]浅田和茂:《刑法总论》(补正版),成文堂2007年版,第279页。

致。将故意、过失等心理事实作为责任判断的对象,而不作为责任评价的标准和内容,厘清了规范责任要素与心理事实之间的逻辑关系。[①]

（二）责任能力

1. 责任能力的概念与存在时期

责任能力(Schuldfähigkeit)是责任判断的第一要素,指"负责地实施行为的能力,也就是作为承担责任谴责的前提的人格能力"[②]。要对该当构成要件的违法行为加以法或社会伦理的非难,就要求行为人在行为之时具备对法规范的禁止、命令的理解能力(Einsichtsfähigkeit),以及依据此理解而控制自己行动的能力(Steuerungsfähigkeit)。只有具备责任能力,才可能对产生行为决意的法律意识欠缺进行非难。达到一定的年龄,且没有患重度的心理障碍者,才具备刑法上的责任最低限度的自我决定能力。如果没有责任能力,行为人的反射性运动(例如,因电刺激的反射运动等)或者丧失意识(梦游病人)这一类无行为能力的情形,则不具有刑法意义上行为的意义,而且因为行为不是建立在被法律否定的心理之上,故行为人不需要对此承担刑法上的责任。[③]

"行为与责任能力同在"是责任能力存在时期的基本原则,行为人是否具有责任能力,依行为时的状况[④]来确定。但该行为(Begehung)是不是实行行为?例如,若A想杀B,将自己灌得酩酊大醉,在酒醉处于无责任能力之际,A将B杀死。那么,A是否应对B的死亡负故意杀人的刑事责任?围绕行为和责任能力在何种时期必须同时具备的问题,理论上有两种观点:(1)实行行为时说,认为行为人在实行行为之时应当具有责任能力,而结果发生时行为人是否有责任能力并不重要。持此说的有团藤重光、福田平、大塚仁、平川、曾根威彦等。(2)原因行为时说,认为行为人

① 参见贾济东:《外国刑法学原理(大陆法系)》,科学出版社2013年版,第285页。

② [日]大谷实:《刑法讲义总论》(新版第2版),黎宏译,中国人民大学出版社2008年版,第290页。

③ 对于企业合规与单位刑事责任,参见贾济东:《犯罪论争议问题研究》,法律出版社2021年版,第177-189页。

④ 如德国《刑法典》第19条"儿童无责任能力"和第20条"由于精神障碍而无责任能力"的规定中都强调"行为人在行为之时"(bei Begehung der Tat)。

只要在实施成为实行行为的原因行为时有责任能力就足矣。持此说的有罗克辛、鲍曼、佐伯千仞、平野龙一、西原春夫、大谷实等。

所谓原因自由行为(actio libera in causa),是指行为人在具备责任能力的状态下决意的行为,或者在该状态下能够预见的、但在丧失行为能力或责任能力之时才实现的行为。也就是说,即使在实施犯罪行为(结果行为)的时候责任能力已经低下,只要在实施饮酒行为(原因行为)之时具有完全的责任能力,那么,便应该就该犯罪追究其责任。原因自由行为理论对责任能力存在时期的原则提出了挑战。但由于原因中的自由行为在德、日刑法理论中已得到普遍承认,因而责任能力虽然通常要求在实行行为时具有,但特定情况下在实施原因行为时具有亦无不可。因此在上述案例中,根据原因行为时说,A 应该承担故意杀人的刑事责任。

2. 责任能力的判断方法

责任能力实质上包含生物学和心理学两个方面的要素:生物学要素是指行为人的精神是否正常,如是否存在病理性心理障碍、深度的意识错乱、智力低下或其他严重的精神反常等情况;心理学要素是指行为人是否具有认识自己行为的性质并控制自己行为的能力。在判断责任能力的有无及大小时,是否应同时考虑这两个方面的要素,理论上和立法上有三种标准:以行为人的精神病为基础的生物学方法(biologische Methode)、以行为人在行为时的认识能力和控制能力为基础的心理学的方法(psychologische Methode)、将生物学和心理学的方法并用的混合方法(gemischte Methode)。目前,德、日均采用混合方法,如德国《刑法典》第 20 条①、日本《刑法》第 39 条②的规定。

需要注意的是,在过去,对责任能力的判定,仅属于精神医学者的工作范围。成问题的是存在数个不一致的鉴定结论的情形。日本的判例认为,被告人的精神状态是否属于心神丧失或心神耗弱,这是一种法律判断,完全应当由法官来判断,所以,即使有心神丧失或心神耗弱这样的鉴

---

① 《德国刑法典》第 20 条规定:"行为人行为时,由于病理性精神障碍、深度的意识错乱、智力低下或其他严重的精神病态,不能认识其行为的违法性,或依其认识而行为的,不负责任。"

② 《日本刑法》第 39 条规定:"心神丧失的行为,不处罚。心神耗弱人的行为,减轻处罚。"

定，也不受该结论制约。[①] 刑事责任能力的概念毕竟属于法律概念，因此最终必须由法院来对行为人生物学的要素以及心理学的要素进行判断。[②] 可见，虽然责任能力的判定必须依赖于医生的鉴定，不可能仅由不懂医学的法官进行，但是医学机构的鉴定结论对法院没有强制约束力，是否采用取决于法院的合理裁量。[③]

3. 无责任能力与限制责任能力

责任能力可以分为无责任能力与限制责任能力。所谓无责任能力，指责任能力欠缺的情况；所谓限制责任能力，指责任能力减低的情况。因为关于责任能力的行为人的精神状态具有多样性与阶段性，所以认定责任能力存在时，进而还有其"程度"问题，因而刑法将责任能力程度低到一定阶段，设立作为独立范畴的限制责任能力（减低责任能力）的观念[④]。

无责任能力的情形主要有两种：一是由于精神障碍而导致无责任能力的情况，也就是日本所称的心神丧失。在日本判例中，心神丧失指"由于精神障碍没有能力辨别事物的是非善恶，或者没有能力来根据该辨别来行动。"[⑤]理论上一般也采用这种定义。二是刑事未成年人。各国刑法都规定了刑事责任年龄的起点。大多数国家规定 14 周岁是刑事责任年龄的起点，如德国、意大利、日本等；有些国家的刑事责任年龄超过 14 周岁，如瑞士规定为 15 周岁，巴西和西班牙规定为 18 周岁；但也有比一般界限低，英美法系国家则普遍对刑事责任年龄起点规定较低，如英国规定为 10 周岁，加拿大规定为 12 周岁。刑事责任起点年龄的规定是立法中的一种刚性规定，不允许反证。

限制责任能力一般包括三种：一是心神耗弱。具体而言，是指因为精神障碍，行为人辨别事物的是非善恶或者照此行动的能力显著减弱的情况。日本判例认为，心神耗弱是指"精神障碍尚未达到缺乏上述能力的程

---

① 最决昭 59・7・3 集 38・8・2783；最决昭 58・9・13 判时 1100・156。

② 参见贾济东：《外国刑法学原理（大陆法系）》，科学出版社 2013 年版，第 292 页。

③ 参见［日］山中敬一：《刑法总论》（第 2 版），成文堂 2008 年版，第 597 页。

④ 参见［日］川端博：《刑法总论讲义》，成文堂 1994 年版，第 394 页。

⑤ 大判昭 6・12・3 集 10・682；大判昭 7・11・21 集 11・1644。

度,但是,使其能力显著减退的状态”①。它和心神丧失只是在程度上有区别。二是喑哑人。喑哑人指先天或幼儿期丧失听觉和语言功能的人,即又聋又哑的人。对于这类人,有些国家的刑法规定应减轻刑事责任,如韩国《刑法》第11条就规定对聋哑人的行为应减轻处罚。可见喑哑人可能被视为限制责任能力者,至于是否处罚他们,要考虑他们具备的认识能力和控制能力。三是限制刑事责任年龄。世界上规定相对刑事责任年龄的立法,主要有如下情形:(1)对某些严重的犯罪负责。如蒙古《刑法典》第6条第2款规定:“14岁以上16岁以下的犯罪人实施杀人、故意重伤和故意伤害他人而导致健康损害的行为,强奸、盗窃、抢劫……应当负刑事责任。”(2)减轻其刑。如意大利《刑法典》第98条规定:“在实施行为时已满14岁,但尚不满18岁的,如果具有理解和意思能力,则是可归罪的;但是,刑罚予以减轻。”(3)具备一定的条件时不构成犯罪。如新加坡《刑法》第83条规定:“7岁以上12岁以下的儿童,在实施行为时对行为的性质和后果缺乏足够理解判断能力的,不构成犯罪。”②

与辨认能力、控制能力相关的另一个问题是部分责任能力。所谓部分责任能力,是指单一人格者仅在某一方面具有责任能力。例如,具有好诉妄想症的癔病患者,即便在诬告陷害罪方面没有责任能力,但在其他罪,如盗窃罪方面,还是有责任能力的。德、日刑法没有关于部分责任能力的明文规定,日本判例对此则持肯定态度。是否承认部分责任能力,学术界也有不同的观点。不过,即使持肯定态度的学者也多认为,对部分责任能力的认定在实务中应非常慎重。③

(三)违法性意识及其可能性

违法性意识,又称不法意识,是指行为人认识到自己的行为是违法的。违法性意识的可能性,是指意识到自己之行为不为法所允许的可能性。

违法性意识或违法性意识的可能性是独立于故意、过失的规范责任

---

① 大判昭6·12·3集10·682。

② 马克昌:《比较刑法原理——外国刑法学总论》,武汉大学出版社2002年版,第458页。

③ 参见[日]山中敬一:《刑法总论》(第2版),成文堂2008年版,第597-598页。

要素;故意与过失作为心理事实是构成要件要素,是违法性意识及其可能性、期待可能性等责任评价的对象。违法性意识的可能性是责任非难的核心,因为它对于不符合规范的行为可以发挥反对动机的作用,而对符合规范的行为可以赋予动机,所以,当有违法性意识而决意实行违法的行为时,就可以给予严厉的责任非难。

关于违法性意识的内容,现在的通说认为,违法性意识是指认识到自己的行为不为法律所允许。这里的法律指的是实定法,即包括刑法在内的所有法律。此说是德、日的通说。日本学者大谷实、川端博、山中敬一等均持此说。[①]

(四)期待可能性

所谓期待可能性(Zumutbarkeit),是指在行为时的具体情况下,能够期待行为人避免实施犯罪行为而实施合法行为。在行为人没有期待可能性的时候,即便其对犯罪事实具有认识,也具有违法性意识的可能性,但不承担故意责任或过失责任的学说,就是期待可能性的理论。期待可能性的理论是规范责任论的核心理论。

期待可能性理论源于1897年3月德国帝国法院第四刑事部对"癖马案"的判决。该判决的主旨是:要确定基于违反义务的过失责任,不仅要依据行为人当时已经认识到"驾驭有癖害之马可能伤害行人",还要求被告人处于当时的境遇无拒绝驾车之可能。1928年木村龟二教授发表论文《关于刑事责任的规范主义的批判》,率先将德国的期待可能性理论介绍到日本。1933年11月21日,日本大审院对"第五柏岛丸事件"所作的判决,最先肯定了期待可能性理论。在过失的有无上,期待可能性理论发挥了重要作用。

从实践中看,目前德国已禁止滥用期待可能性理论。德国学者耶赛克等指出,该理论现在在德国未被接受,已经变得无足轻重。因为"不具有期待可能性"这一超法规的免责事由,无论是从主观上还是客观上,均

---

① 参见[日]大谷实:《刑法讲义总论》(新版第2版),黎宏译,中国人民大学出版社2008年版,第308-309页。

会削弱刑法的一般预防效果,并导致法适用不平等的现象。① 然而,期待可能性理论在日本却备受青睐,仍为许多学者所承认,并进行着广泛深入的研究。正如山中敬一所说:“现在虽然被认为‘期待可能性的理论的实践作用相对低下’,但在学说中,位于规范的责任论的核心,给予作为阻却责任论的理论以支柱的作用,并且认为期待可能性的不存在是超法规的阻却责任事由,是压倒的通说。”②从上述情况可以看出,期待可能性理论虽然起源和构建于德国,但德国当前对期待可能性作为超法规的免责事由持否定态度;日本从德国引进期待可能性理论后有很大发展,并且当前在日本刑法学界已得到广泛的认可。不过,判例虽然认同期待可能性的理论,但似乎并不积极,现在日本法院适用期待可能性的情况已大为减少③。

(五)免除、减轻责任事由

1. 免责事由

(1)免责的紧急避险

免除责任的紧急避险(entschuldigender Notstand),是指为使自己、亲属或其他与自己关系密切者免受正在发生的危险,不得已而实施的犯罪行为。因此,法秩序的宽容度也涉及以牺牲被刑法保护的第三者的利益保全自己的意图者。日本以前一直有倡导将紧急避险看作责任阻却事由的见解。④ 与合法化的紧急避险(德国《刑法典》第 34 条⑤)不同,德国《刑

---

① Vgl. Hans-Heinrich Jescheck, Thomas Weigend, Lehrbuch des Strafrechts Allgemeiner Teil, Drucker & Humblot, 1996, 5. Aufl., S. 504.

② 参见《西原春夫先生古稀祝贺论文》(第 2 卷),成文堂 1998 年版,第 149-150 页。

③ 参见[日]前田雅英:《刑法总论讲义》(第 6 版),曾文科译,北京大学出版社 2017 年版,第 263 页。

④ 参见[日]松宫孝明:《刑法总论讲义》(第 4 版补正版),钱叶六译,中国人民大学出版社 2013 年版,第 116 页。

⑤ 德国《刑法典》第 34 条规定:为使自己或他人的生命、身体、自由、名誉、财产或其他法益免受正在发生的危险,不得已而采取的紧急避险行为不违法,但所要保护的法益应明显大于所造成危害的法益。仅在行为属于避免该危险的适当的措施的情况下,方可适用本条的规定。

法典》第35条[①]规定的紧急避险，只不过是单纯的免责事由。[②] 尽管法律条文称之为"不负责任的行为"，但该紧急避险表明了基于行为不法的减少和行为责任内容的双重减低的免责事由。该条第2款，根据可期待性条款作出了限制。在德国，免责的紧急避险要件被严格规定，且法官不得任意将其扩张，因为立法者只有在法律规定的条件下才能够放弃责任非难。

（2）防卫过当

德国《刑法典》第33条规定，因迷惘、恐惧或者惊愕而超过正当防卫界限时，对行为人"不处罚"。通说认为，在质的防卫过当（超越防卫程度）情况下，第33条应当既适用于有意识的过当也适用于无意识的过当。相反，在量的防卫过当（超越防卫时间）的场合，排除适用第33条的规定，因为在这种场合，不存在正当防卫的不法的减轻效果。行为人有意识地防卫过当的，依照故意构成要件处罚。日本《刑法》第36条第2款规定："超出防卫限度的行为，可以根据情节减轻或者免除刑罚。"日本的判例就防卫过当采取的是责任减少说的观点。[③] 日本的判例认为，即便是在防卫过当之中，法的确认效果也并未被全面否定，因此，不能否定其具有减少违法性的一面，另外，对紧迫不法的侵害进行反击的人在心理上的动摇也必须加以考虑。[④]

（3）根据职务指示的行为

作为下级的公务员和士兵，他们遵照上级的要求做出违反刑法的举止，而当该要求本是无约束力的指示（unverbindliche Weisung）（布置、命

---

① 如德国《刑法典》第35条第1款规定："为了使自己、亲属或其他与自己关系密切者的生命、身体或自由免受正在发生的危险，不得已而采取的违法行为不负刑事责任。在因行为人自己引起危险或因其处在特定的法律关系中而须容忍该危险的限度内，不适用该规定；但是，如果不顾及某一特定的法律关系行为人也须容忍该危险，则可依第49条第1款减轻处罚。"

② Vgl. Hans-Heinrich Jescheck, Thomas Weigend, Lehrbuch des Strafrechts Allgemeiner Teil, Drucker & Humblot, 1996, 5. Aufl., S. 480.

③ 参见［日］松宫孝明：《刑法总论讲义》（第4版补正版），钱叶六译，中国人民大学出版社2013年版，第111页。

④ 参见［日］大谷实：《刑法讲义总论》（新版第2版），黎宏译，中国人民大学出版社2008年版，第268页。

令）时，其行为违法，但可以免除责任（比较德国《联邦公务员法》第56条第2款第3项，《公务员权利框架法》第38条第2款第2项，《军事刑法》第5条第1款）。一个无约束力的指示，只有在接受指示的下级将它视为具有约束力的情况下才可以作为免除责任事由（Entschuldigungsgrund）进行考虑，因为对该下级而言，指示的无约束性不能被充分认识。

（4）作为超法规免责事由的不可期待性

德国学者认为，期待可能性是由法律严格限制的，不能由法律适用者作主观评价，但“依照绝大多数论者的观点，在某些特别不同寻常的冲突情况中超法律的免除责任事由也有予以认可的空间……在非常特别、几乎不可解脱的义务冲突中，行为人如果依据最善的良知作出了决定，他的由拯救目的决定的行为在当时情形下也是对最高价值法益阻止其遭受更大灾难的唯一手段的，法制秩序不能对他提起责任谴责。”①

2. 减轻责任事由

（1）限定责任能力人

对于心神耗弱，日本刑法规定“减轻刑罚”。德国《刑法典》第21条规定：“行为人认识行为违法性的能力，或者依其认识而行为的能力因第20条②规定的原因而显著减弱的，可依第49条第1款减轻其刑罚。”

（2）期待可能性的程度

期待可能性不仅存在有无的问题（是否阻却责任），而且还存在程度问题（是否减轻责任）。如果认定期待可能性低或小，则是减轻责任的事由。一般认为，刑法规定对防卫过当、避险过当以及亲属实施的藏匿犯人、隐灭证据行为（日本《刑法》第105条）等减免刑罚，这就是以期待可能性的理论为依据的。某些国家刑法规定行为人对在不能抵抗的强制状态下实施的侵害行为不负责任（如法国旧《刑法典》第64条、奥地利《刑法典》第114条），也可以解释为缺乏期待可能性。日本刑法没有就此作

---

① Vgl. Wessels/Beulke, Strafrecht Allgemeiner Teil, Die Straftat und ihr Aufbau, C. F. Müller, 2010, 40. Aufl., S. 144-145.

② 《德国刑法典》第20条规定：“行为人行为时，由于病理性精神障碍、深度的意识错乱、智力低下或其他严重的精神病态，不能认识其行为的违法性，或依其认识而行动的，不负责任。”

出规定,但多数学者将其解释为缺乏期待可能性,因而阻却责任。

(3)故意犯的责任程度

在故意犯中,作为其成立要件的犯罪事实的表象、关于违法性的事实的表象以及违法性的意识程度,都具有作为决定责任程度的标准的意义。行为人明确认识到犯罪事实、关于违法性的事实,与漠然忽视它们的场合相比,其责任更重;明确意识到违法性,与模糊意识到它的场合相比,从其观点本身来看,也必须说责任更重。另外,也必须论及犯罪的动机。从国家、社会的伦理规范的观点来看,犯罪行为出于恶劣的动机时责任就重,基于应予宽恕的动机时责任就轻。在大陆法系国家,不乏区别二者的立法例,如德国《刑法典》第 211 条、第 212 条,法国《刑法典》第 221-1 条等。基于值得尊敬的动机时,责任当然变轻,如瑞士《刑法典》第 64 条的规定。[①]

(4)过失犯的责任程度

在过失犯中,必须论及注意义务的违反程度。它虽然在违法性方面也必须予以考虑,但是,在与具体行为人的关系上,注意义务也是责任方面的问题。需要从构成要件和有责性这两个阶层,展开对过失犯的过失行为与过失心理的研究。[②]

结果预见义务特别是犯罪事实和关于违法性的事实的预见义务以及意识违法性的义务,应该与基于它而给实施避免结果的相当行为提供动机的义务相结合,研讨其违反程度的轻重。在测定注意义务的违反程度时,应该论及行为人的具体的注意能力。如果行为人具有远远高于通常人的注意义务,却没有充分地发挥它而违反了注意义务,就可以说其违反的程度较高。对于行为人的具体的注意能力,在判断其是否违反注意义务时,应该考虑其最小限度;在论及其违反注意义务的程度时,可以论及

---

① 参见[日]大塚仁:《刑法概说(总论)》(第 3 版),冯军译,中国人民大学出版社 2003 年版,第 410 页。

② 参见陈兴良:《过失犯的规范构造:以朱平书等危险物品肇事案为线索》,载《比较法研究》2020 年第 5 期。

其最大限度。①

(5)防卫过当与假想防卫

防卫过当,是指防卫行为超越了防卫的必要性或相当性。防卫过当因不符合正当防卫的必要性或者相当性而成立,主要表现为手段明显不均衡与结果明显不均衡。防卫过当的成立必须具备以下要件:第一,具有正当防卫状况(急迫不法侵害)。第二,防卫行为(或结果)存在质或者量的显著过剩。第三,有对正当防卫状况的认识。第四,对于过当,行为人具有故意或者过失。

假想防卫,是指客观上不具备正当防卫的要件,但防卫人误以为具备正当防卫条件的情形。假想防卫的一种情形是,客观上不存在紧迫的不法侵害,但行为人误认为存在这种侵害,进而实施正当防卫,即对正当防卫状况的误认;假想防卫的另一种情形是,防卫行为超过了防卫限度,但防卫人误以为没有超过防卫限度,或者防卫人误以为防卫的手段相当,但实际并不相当,即对防卫行为的误认。

(6)避险过当与假想避险

所谓避险过当,是指避险行为超过其限度。避险过当包括两种情况:一是违反补充性原则;二是违反法益权衡原则。对于避险过当,日本《刑法》第37条第1款的规定是"可以根据情节减轻或者免除处罚。"但在其根据上,则有责任减少说和违法、责任减少说之间的对立。大谷实认为:"作为紧急状态下的行为,避险过当也大致满足紧急避险的其他要件,因此,可以说其违法性在减少,同时,又由于避险行为是瞬息之间所实施的行为,因此,其期待可能性也在减少。"②由此可以看出,他是主张违法性、责任双重减少说的。笔者赞成此说。

所谓假想避险,就是尽管不存在需要紧急避险的事实,却误以为存在而实施的避险行为。关于假想避险的处理,德国《刑法典》第35条第2款

---

① 参见[日]大塚仁:《刑法概说(总论)》(第3版),冯军译,中国人民大学出版社2003年版,第411页。

② [日]大谷实:《刑法讲义总论》(新版第2版),黎宏译,中国人民大学出版社2008年版,第280页。

作了明确规定："行为人行为时，误认为有第 1 款规定不负责任的情况，仅在他能够避免该错误时，才予处罚。并可依第 49 条第 1 款减轻处罚。"日本刑法没有假想避险的规定，日本学者关于假想避险的立场，与假想防卫场合的处理意见基本相同。

3. 关于政策性预防的免除、减轻刑罚

刑法上对行为人刑罚的减轻或免除规定，也可能与不法以及期待可能性概念没有关系，而是基于其他任何可能的刑罚价值考量而来的，纯粹是在刑事政策上鼓励行为人自新或弥补错误。

上述减轻或免除刑罚的事由，有一些是在行为人行为时就已经存在的事实。例如，不能犯的未遂以及近亲间财产犯罪得免除其刑的情形即是，学说上称为个人之阻却刑罚事由，意思是说自始排除其刑罚的必要性。至于其他减轻或免除刑罚的事由，是在行为人不法行为之后才存在的事由，学说上称为个人之解除刑罚事由，意思是说依行为时之行为事实来看，本来是应该科处刑罚的，但是因为后来发生的事由，才排除其刑罚的必要性。[①] 不过，无论是哪种情况，都是基于刑事政策考量的结果，所以对于这些规定，我们不妨视为广义的责任概念上的减轻规定。例如，中止犯就是一个特定的刑事政策问题。基于自愿的概念，有些国家的刑法从政策性预防的角度免除了对中止犯的处罚。

第三节　三阶层犯罪论体系之构造原理与整序机理

一、构造原理

为什么需要阶层式犯罪论体系？阶层体系如何保障刑法的正确适用？这有赖于对阶层体系构造原理的探讨。阶层体系的构造原理涉及刑法的政策基础，或者说与刑法的原则和机能息息相关。刑法基本原则作

---

① 参见黄荣坚：《基础刑法学》(下)，台北，元照出版有限公司 2006 年版，第 711-712 页。

为刑法学说与立法的“璀璨明珠”，是指导刑事司法实践的主题曲与“灵魂”。[①] 山口厚认为：“在规定犯罪的刑法的基础之上，有选择地存在着一定的政策原理。可以说，刑法就是在这样的政策原理上所构筑的法律体系。从而，刑法的诸种规定、诸多规则，就必须依照这些政策原理加以理解和解释。”[②]他认为，在日本刑法中居于基础地位的政策原理有法益保护主义、责任主义和罪刑法定主义。其中，法益保护主义和责任主义是和成为处罚对象的犯罪之实质相关的原理，分别应该成为违法性论和责任论的指导原理；而罪刑法定主义是从民主主义和自由主义的观点出发对犯罪从外部加以限定、制约的原理，就其本身来说，成为构成要件论的理念支撑。[③]

刑法的目的，至少其主要目的不在于保护国家自身或维持伦理秩序，而在于保护个人的生命、身体、自由、财产。[④] 平野龙一认为，刑法适用面临三大危险，而罪刑法定原则、法益保护原则和责任原则与之对应。[⑤] 阶层体系的三要件系从刑法三原则导出，以防止三大危险。因此，运用三要件对行为事实和性质进行层进式的判断，能够保证司法判断的正确性和刑法适用的恰当性。也就是说，阶层体系的构造原理是应对刑法适用风险的刑法三原则及其逻辑关系。

（一）刑法适用面临的三大危险及其应对政策

平野龙一认为，刑法的适用面临三个主要危险：其一，一旦发生引起人心冲动的案件，人们要求科处刑罚的感情强烈，便存在法律虽无明文规定也科处刑罚的危险；其二，一旦发现行为人的内心恶劣，便存在不考虑其行为是否侵犯法益而科处刑罚的危险；其三，一旦造成严重结果，便存在不过问行为人的主观心态即科处刑罚的危险。与之相对应，刑法存在

① 参见高铭暄：《刑法基本原则的司法实践与完善》，载《国家检察官学院学报》2019 年第 5 期。

② ［日］山口厚：《刑法总论》（第 2 版），付立庆译，中国人民大学出版社 2011 年版，第 3 页。

③ 参见［日］山口厚：《刑法总论》（第 2 版），付立庆译，中国人民大学出版社 2011 年版，第 4 页。

④ 参见［日］平野龙一：《刑法的基础》，黎宏译，中国政法大学出版社 2016 年版，第 90 页。

⑤ 参见［日］平野龙一：《刑法总论Ⅰ》，有斐阁 1972 年版，第 90 页。

三个原则：罪刑法定原则、法益保护原则和责任原则。[①]

对于上述三大危险，西田典之作了进一步的阐述。他认为：其一，一旦发生有害于社会、给社会以巨大打击的事件，社会舆论就会涌现强烈的处罚情感，为此，尽管并无处罚此行为的法律规定，仍存在裁判官（为满足民众的处罚情感而）通过类推解释加以处罚的危险。判断是否具有构成要件符合性，正是为了对此加以确证。其二，在行为人性质恶劣，其行为形态有违社会伦理之时，便存在未经充分探讨该行为客观上究竟给他人带来多大危害（是否侵害了作为刑罚法规之保护对象的法益）的情况下予以处罚的危险。判断是否具有违法性，就是为了对此加以确证。其三，一旦发生受害程度巨大的事件，便具有在未经充分探讨能否谴责该行为人的情况下予以处罚的危险。判断是否具有有责性，就是为了对此加以确证。[②]

三阶层犯罪论体系的构成要件符合性、违法性和有责性正好与罪刑法定原则、法益保护原则和责任原则相对应，蕴含着法律保留、比例原则和人格尊严三大宪法理念。[③] 可见，德、日三阶层犯罪论体系，正是为了避免上述刑法适用的三大风险而进行的精美设计。

（二）三阶层与应对危险的刑法三原则之逻辑联系

构成要件符合性、违法性和有责性三个阶层，与上文讨论的三大风险和刑法三原则之间存在必然的逻辑联系。首先，构成要件符合性是由第一个刑法原则即罪刑法定主义所导出的要件。罪刑法定原则具有人权保障机能和秩序维持机能：罪刑法定原则的保障人权机能应以保证和保障人们自由和快乐的生活为内容，而此机能正是假借预测可能性才得以发挥；预测可能性不仅关联着“人们独立地规划自己的未来”所体现的自由保障，而且关联着“在规划中及行动的考虑中纳入法律秩序”所体现出来的秩序，社会活动的可预测性或预测可能性直接事关社会秩序问题，并且

---

① 参见［日］平野龙一：《刑法总论Ⅰ》，有斐阁1972年版，第90页。

② 参见［日］西田典之：《日本刑法总论》（第2版），王昭武、刘明祥译，法律出版社2013年版，第50页。

③ 参见李晴：《犯罪论体系对应受行政处罚行为的可参照性》，载《法学》2022年第4期。

此可预测性或预测可能性可渗透到社会的可控性、稳定性和互动性之中。[①] 要保证国民的预测可能性，必须事先告知哪种行为作为犯罪具有可罚性，而该当于作为可罚性行为类型的构成要件，就是犯罪成立的第一个要件，它的目的是防卫第一个风险。其次，现代各国的通说都认为，犯罪的本质是对法益的侵害，而刑法则是解决犯罪问题最基本的手段，保护法益乃是刑法的主要机能，[②]违法性要件则是基于刑法这一机能的要求。即使某行为符合构成要件，仍有必要考虑该行为是否真正属于有害于社会的行为。例如，若能判定某行为具有高于其有害性的有益性，则有可能进行价值判断，看处罚该行为是否真正妥当。违法性判断正式进行这种价值判断，具体看是否阻却违法。违法性作为犯罪成立的第二个要件，其目的是防卫第二个风险。最后，有责性要件是作为刑法自由保障机能之一部分的责任主义的要求。责任主义（或罪过原则）实际上反映了一种对刑罚的预防作用进行限制的要求，它代表的是一种与刑罚的预防功能相反但在现代的自由民主制度中却居于不可侵犯地位的基本价值，即对人的尊重。[③] 责任主义要求刑法不能仅以威慑、隔离或矫正作为追求的目标，而同时应兼顾对人权的保障。刑法是通过预告刑罚这种制裁而从心理上控制人的行动，即便是有害于社会的行为，也必须能就该行为谴责行为人。有责性的判断正是进行这种评价。[④] 有责性作为犯罪成立的第三个要件，其目的是防卫第三个风险。

上述讨论表明，构成要件符合性对应罪刑法定原则，以防止第一个危险；违法性对应法益保护原则，以防止第二个危险；有责性对应责任原则，以防止第三个危险。[⑤] 应对刑法适用风险的政策原理就是刑法基本原则，刑法基本原则推导出的应对方略就是阶层式犯罪论体系。犯罪论的目的就在于“通过明确犯罪成立要件，控制裁判官以及涉及搜查、追诉活动的

---

① 参见马荣春：《刑法的可能性：预测可能性》，载《法律科学》2013 年第 1 期。

② 参见张苏：《以法益保护为目的的刑法解释论》，载《政治与法律》2011 年第 4 期。

③ 参见劳东燕：《责任主义与违法性认识问题》，载《中国法学》2008 年第 3 期。

④ 参见［日］西田典之：《日本刑法总论》（第 2 版），王昭武、刘明祥译，法律出版社 2013 年版，第 49-50 页。

⑤ 参见张明楷：《犯罪构成理论的课题》，载《环球法律评论》2003 年第 3 期。

警官、检察官的判断，进而保证刑法得以正确适用”。[①] 从这个意义上讲，阶层体系的构造有利于避免刑法适用的危险。当然，这并不意味着平面的体系就不能避免刑法适用的危险。正如本书后面所论及的，不同的犯罪论体系虽然呈现出各自的特色，但并不能简单地评判孰优孰劣。事实上，在不同体系下，成立犯罪的要素以及犯罪论的基本功能都是大致相同的，只不过阶层体系的层次性更强、逻辑性更明显罢了。

二、整序机理

前文已讨论，德、日阶层体系由三个逐步递进的阶层构成：①构成要件符合性（该当性）；②违法性；③有责性（责任）。认定行为是否成立犯罪，必须按照①→②→③的顺序阶段性地进行判断。[②] 也就是说，阶层体系不仅政策原理清晰，要件明确，而且各要件的排列也是有不容改变的顺序的。认定行为的事实和性质，必须遵循上述顺序进行判断。那么，阶层体系整序的机理何在？笔者认为，其理想层面的机理有二：一是体系的机能；二是裁判官的认识规律。当然，随着理论体系的不断发展，理想与现实渐行渐远，值得反思。

（一）体系的机能

体系的机能，即通过层层递进、步步限缩的阶层判断，以保证对行为判断的正确性，保障刑法适用的妥当性。例如，西田典之认为，是否符合构成要件的判断，在某种程度上具有形式性、明确性，因此，首先设定一个限制性的框架，即使其后对违法性、有责性进行实质性判断，也不会扩大处罚范围。第二个阶层的违法性判断是一种实质性判断，由于原则上是基于客观性要素所作的判断，仍有可能相对明确地进行判断。相反，由于有责性判断考虑的是行为人的主观，因而认定时含有使其归于不明确的要素。正是出于这种考虑，犯罪论体系通过阶段性的深入，即由形式性判

---

① 参见[日]西田典之：《日本刑法总论》（第2版），王昭武、刘明祥译，法律出版社2013年版，第50页。

② 参见[日]西田典之：《日本刑法总论》（第2版），王昭武、刘明祥译，法律出版社2013年版，第49页。

断进入实质性判断、由对客观性要素的判断进入对主观性要素的判断,从而力图确保裁判官的判断正确、适当。因而,构成要件该当性、违法性、有责性这种犯罪论体系,对于控制裁判官的思考过程,进而将刑法的适用限定于适当、正确的范围之内,是一种行之有效的做法。① 张明楷教授认为:"德日的犯罪成立条件为阶层型(或阶梯型甚至立体型),对行为是否成立犯罪的判断,是由形式(外部)到实质(内部)、由抽象(一般)到具体(个别)、由定型到非定型、由客观到主观的逐层递进判断。构成要件符合性是形式的判断(如后所述,构成要件并不只是形式,相反具有实质内容)、一般的判断、定型的判断;违法性是实质的判断、具体的判断、非定型的判断、客观的判断;有责性是个别的判断、内部的判断、主观的判断。根据阶层的体系,判断顺序绝对不可颠倒。"②不过,随着理论的发展,形式与实质、客观与主观之间的界限日渐模糊,甚至存在某种交融,从而损害了体系的机能。

(二)认识规律

西田典之所谓的由形式性判断进入实质性判断、由对客观性要素的判断进入对主观性要素的判断,这种进程体现了人类的认识规律。正如山口厚所言:"是否成立犯罪,按照由客观到主观、由事实到评价、由形式到实质这样的顺序进行判断,这一点是重要的。这是因为,这样的判断顺序,就赋予了原本困难的犯罪成立与否的判断以安定性。"③当然,阶层体系的构造并没有充分反映人类的认识规律。关于这一点,我们在下文讨论。

(三)存在的问题

在阶层体系创建之初,为了避免法官在犯罪认定上的恣意性和任意性,贝林将构成要件的内容限定为客观、中性的,构成要件符合性的判断是形式的、一般性的,而违法性、有责性阶段则对行为进行实质的、价值上

① 参见[日]西田典之:《日本刑法总论》(第2版),王昭武、刘明祥译,法律出版社2013年版,第50-51页。

② 张明楷:《犯罪构成理论的课题》,载《环球法律评论》2003年第3期。

③ [日]山口厚:《刑法总论》(第2版),付立庆译,中国人民大学出版社2011年版,第25页。

的判断。学者们在评论阶层体系的优点时,也不约而同地指出从客观到主观、由事实到评价、由形式到实质的判断顺序,并强调客观与主观、事实与评价、形式与实质的二分。然而,从德日犯罪论体系的演进历程不难发现,它正朝着相反的方向发展,回顾最初的理想,已渐行渐远。

一是三阶层之间的界限日渐模糊。尽管阶层体系力图分割犯罪成立的事实判断与价值判断,划清构成要件该当性与违法性和有责性的界限,然而,其后的理论将主观要素与评价要素纳入构成要件,从而形成主客观相统一、事实判断与价值判断并存的完整的构成要件理论,犯罪论体系的三要件已然紧密结合。例如,按照当前德日通说,构成要件是违法、有责类型,行为只要符合构成要件,原则上就可以推定其具有违法性和有责性。在尚未说明什么是违法和有责之前,符合构成要件的行为即被推定是违法、有责的,这无疑使得构成要件该当性阶段具备了价值判断的职能,有违阶层体系的原意。可见,通过塑造中性无色的构成要件以限定犯罪成立范围的理想早已破灭,而阶层体系所谓严密的逻辑性只是体系构造的表象和假象。因此,有学者指出:"古典犯罪论体系之后的每一次重大的发展,都可以看作是通过修正贝林理论而向费尔巴哈的统一的构成要件概念的复归。"①

二是三阶层的要素排列并未完全遵循知识论的基本原理。从认识的逻辑规则上讲,对于阶层体系中构成要件符合性、违法性、有责性的探讨,均应从是与否两个维度进行,然而,在违法性阶层,仅致力于研究违法阻却事由,对于入罪条件和违法程度则研究不足,不利于深入探讨违法性的本质内涵。

关于上述问题,第三章将深入讨论,此处不予赘述。

---

① 何秉松:《全球化视野下的中俄与德日犯罪论体系》,载《国家检察官学院学报》2009 年第 1 期。

第三章

三阶层犯罪论体系之评价

第一节　三阶层犯罪论体系之特点

正如前文所言，哲学思潮对学术研究的引领，是犯罪论体系发展的一条基本线索。从实证主义向新康德主义的转变，导致德日犯罪论体系从前古典过渡到古典，由平面转变为阶层。自古典犯罪论体系形成以来，德日犯罪论体系有三阶层、四阶层、五阶层等诸多变化，但现今处于通说地位的依然是三阶层犯罪论体系，即构成要件符合性、违法性、有责性犯罪论体系。换言之，研究德日阶层式犯罪论体系主要是研究三阶层犯罪论体系。通过梳理德日的立法规定、司法判例以及理论学说，笔者认为，三阶层犯罪论体系表现出以下特点。

一、体系开放兼具稳定性

德日犯罪论体系在发展之初受到自然实证主义的影响，强调尊重事物本身的客观性与规律性，因而习惯于推崇形式的、客观的规定。而罪刑法定主义理念更是深入人心，在犯罪认定上更多地从法律形式上确定犯罪的观念形象、犯罪的诸多特征等，并依此评价行为性质。简言之，即此一体系重视法律规范的作用，并尽可能详尽地以法律手段明确犯罪。因而，只要是规范确定的要素，均属于犯罪成立的要素，为犯罪成立所必需。从规范设置的角度来说，无论是主观要素还是客观要素，甚至是不能涵盖于此二者之下的其他要素，都可以毫无障碍地存立于构成要件要素之中，具有更大的开放空间。[①] 在违法性和有责性阶段，形式违法性、心理责任论无法满足社会实践的需要，形成了以超法规违法阻却事由为内容的实质违法性和以期待可能性等超法规责任阻却事由为代表的规范责任论。犯罪论体系的判断不再仅仅是刑法内部的判断，还关乎整体法秩序的判断。三阶层犯罪论体系体现出开放性的特征，在司法实践不断出现新问题时得以在原有框架内进行解释和新增，最直接的体现即期待可能性理论的产生。期待可能性并非固有的刑法理论，而是源于 1897 年德意志帝国法院对“癖马案”的判决[②]，是对心理责任论的补充。除责任能力、故意、过失以外，附随情状对行为人的责任认定有着举足轻重的作用：附随情状正常（如生活自足而盗窃）则责任重，异常（如生活穷困，为生存而盗窃）则责任轻；而附随情状正常与否即意味着行为人实施合法行为的期待可能性[③]。这样，期待可能性理论伴随着规范责任论的兴起而发展演进，成为规范责任论的中心。应该说，正是司法实践中对将“不具有期待可能性”的行为认定为犯罪的不认可，才发展演变出作为超法规的免责事由的期待可能性理论。而在公害、药害等日益严重的社会背景下产生的新过失理论、因为社会生活复杂化而导致的危险问题严重进而产生的被允许的危险理论等，无不是由实践演化而来的理论。这都是三阶层犯罪论体系具有开放性的最好例证。

从另一角度来说，犯罪认定必须严格遵循规范，一旦规范确定了犯罪成立的各个要件，那么罪与非罪的界限即被划定，在具体操作中就仅需按部就班地进行判断；只要评价对象符合各要件，即可宣告犯罪成立，不再受其他任何因素的限制和评价。因而，此种体系在犯罪认定上对外又具

---

① 参见彭文华：《犯罪构成本原论及其本土化研究——立足于文化视角所展开的比较与诠释》，中国人民公安大学出版社 2010 年版，第 111-112 页。

② “肯定基于违反义务之过失责任（即不注意之责任），如仅凭被告曾认识驾驭有恶癖之马或将伤及行人一点者，则不能谓为得当；更应以被告当时是否得以基于其认识，而向雇主提出拒绝驾驭此有恶癖之马一点为必要条件。然而，吾人果能期待被告不顾自己职位之得失，而违反雇主之命令拒绝驾驭该有恶癖之马乎？此种期待，恐事实上不可能也。因此，本案被告不应负有过失之责任。”参见洪福增：《刑法之理论与实践》，台北，刑事法杂志社 1988 年版，第 93 页。

③ 参见［日］大谷实：《刑法讲义总论》（新版第 2 版），黎宏译，中国人民大学出版社 2008 年版，第 321 页。

有封闭性和稳定性。“从1907年至今,日本国内的政治、经济等形势发生了翻天覆地的变化,却一直没有通过新刑法典,其中的原因之一是,高素质的司法人员,能够在罪刑法定原则思想指导下,将现行刑法的作用发挥得淋漓尽致……从而使这部90年前制定的刑法典,仍然适用于现在的需要。”①在刑法理论上,三阶层总体框架没变,构成要件符合性、违法性、有责性仍然是构成德日犯罪论体系的三大要件。德日司法过程也充分体现了构成要件符合性、违法性、有责性层层递进的法律思维。由冯军教授翻译的《德国波恩州法院关于一起故意杀人未遂案的判决书》可知,对于个案的处理,通常是,法官在案件事实确认之后,按照事实是否符合特定犯罪成立的基本要素、是否具有违法阻却事由、是否存在责任阻却事由这一路径来认定行为人之行为是否构成犯罪,即仍然遵循构成要件符合性、违法性、有责性来认定犯罪,最后,根据法律规定和当事人的犯罪情节量刑。②

二、层次分明,逻辑性强

“德日的犯罪成立条件为阶层型(或阶梯型甚至立体型),对行为是否成立犯罪的判断,是由形式(外部)到实质(内部)、由抽象(一般)到具体(个别)、由定型到非定型、由客观到主观的逐层递进判断。”③它属于一种递进式的犯罪构成体系。④“阶层体系”的特征是将犯罪各阶层的要素进行层层考量。⑤理论研究中,学者们基本都是按照三个阶段逐一说明,无论是在德日学者的研究著作中,还是在中国学者有关德日三阶层犯罪

---

① 《日本刑法典》(第2版),张明楷译,法律出版社2006年版,“译者序”。

② 参见冯军主编:《比较刑法研究》,中国人民大学出版社2007年版,第443-454页。

③ 张明楷:《犯罪构成理论的课题》,载《环球法律评论》2003年第3期。

④ 参见陈兴良主编:《犯罪论体系研究》,清华大学出版社2005年版,第12页。但是有学者并不赞同这种观点,认为构成要件该当性、违法性、有责性实质上并非递进关系,因为在行为符合构成要件之后,违法性与有责性的判断是一种反向判断,行为通过违法阻却事由和责任阻却事由不断被排除,这绝非是递进式的,倒可称为递减式的犯罪论体系。参见彭文华:《犯罪构成本原论及其本土化研究——立足于文化视角所展开的比较与诠释》,中国人民公安大学出版社2010年版,第279页。

⑤ 参见[日]松宫孝明:《构成要件和犯罪体系》,赵新新译,载《交大法学》2021年第2期。

论体系的著述中，都明显地体现出了三阶层犯罪的阶层递进性。比如，大谷实在其《刑法讲义总论》中，于"犯罪"一编按照"构成要件—排除犯罪性事由（排除违法性事由—排除责任事由）"的顺序对犯罪认定进行说明；山口厚在其《刑法总论》一书中，按照"构成要件该当性—违法性—责任"三个连续章节来说明犯罪成立的要件。

三阶层犯罪论体系的阶层式犯罪构成在德日的刑事立法中也有体现，比如，在德国《刑法典》中，第34条、第35条分别规定了"阻却违法性的紧急避险"与"阻却责任的紧急避险"，对不同情形下的紧急避险作出区分，并在违法、责任阶段分别认定其性质。[①]

同样，三阶层犯罪论体系也体现在司法适用之时。首先是对行为进行一般的构成要件符合性的评价，若符合性被否定，则犯罪认定过程即时中断；只有当行为符合构成要件才能进行下一步。由于构成要件是违法有责类型，所以原则上符合构成要件的行为即具有违法性和有责性。但原则并不排除例外，所以此后仍需进行个别的判断——违法阻却事由。若行为符合构成要件且不存在违法阻却事由，则进入责任评价阶段，当存在责任阻却事由时，犯罪认定终止；若行为人存在主观、个人的责任，犯罪即可成立。其后才是根据具体情形进行量刑。这样的认定犯罪的模式，让司法机关在个案适用中明显地体现出三阶层犯罪论体系阶层式思维方式。[②] 如前所述，冯军教授翻译的《德国波恩州法院关于一起故意杀人未遂案的判决书》就是这样一步一步进行的。三阶层犯罪论体系对犯罪认定具有极强的逻辑顺序，是不可逆转的。

三、理论精细，灵活不足

三阶层犯罪论体系在罪与非罪的认定上表现为一种机器模式。从宏观层面来说，规范首先设定了运作方式——构成要件符合性、违法阻却事

---

① 参见《德国刑法典》（2002年修订），徐久生、庄敬华译，中国方正出版社2004年版，第13页。

② 参见孙运梁：《阶层式犯罪论体系的位阶关系及其实践优势》，载《华东政法大学学报》2018年第6期。

由、责任阻却事由判断,具体行为出现后,将其置于其中,逐步接受每个阶段的检测和评价,最终得出罪或者非罪的结论。一旦规范设定完成,犯罪的认定基本就是一个机器自动化运作的过程。就微观层面而言,三个阶层相当于一部机器的零件,每个零件都有其特定的作用,需要单独进行分析评价,“就好比寻找一台机器的机芯那样,只要将机器的其他部件分别拆卸下来,机芯自然显露出来”。三阶层犯罪论体系总是体现出由总到分的过程,“总是在宏观上确立一个犯罪的观念形象,然后再排除其中的非罪成分,最终确定犯罪这一模型”。① 三阶层的每一个部分的要件都相当精微,理论非常细致,对于中国刑法学的研究具有十分重要的借鉴意义。但是,由于是机器模式,三阶层难免表现为机械、不灵活,对于司法人员的自由裁量权设有限制。

四、理论、立法与司法实践的互动与冲突并存

从法理学角度看,刑事立法是将法律理念与将来可能发生的事实相对应而形成刑法规范;刑事司法是将现实发生的事实与刑法规范相对应而形成刑事判决。在犯罪认定的问题上,刑法理论应当根据刑法条文的规定演绎犯罪构成,而不是直接根据现实事实归纳犯罪构成。② “作为法律和司法实践的桥梁的刑法教义学,在对司法实践进行批判性检验、比较和总结的基础上,对现行法律进行解释,以便利法院适当地、逐渐翻新地适用刑法,从而达到在很大程度上实现法安全和法公正。”③可以明确的是,刑法理论与刑事立法、刑事司法实践之间存在紧密的关系,刑法理论解释刑事立法并指导司法实践,司法实践补充刑法理论进而推动刑事立法,而司法实践又以刑事立法为不可逾越的刑事规范,三者形成一个完整的互动链条,推动刑事法律体系的发展。

刑法理论归属于刑法教义学,教义学总是对立法所创设的规范进行

---

① 参见彭文华:《犯罪构成本原论及其本土化研究——立足于文化视角所展开的比较与诠释》,中国人民公安大学出版社 2010 年版,第 115 页。

② 参见张明楷:《犯罪构成理论的课题》,载《环球法律评论》2003 年第 3 期。

③ Hans-Heinrich Jescheck, Thomas Weigend, Lehrbuch des Strafrechts Allgemeiner Teil, Drucker & Humblot, 1996, 5. Aufl. S. 42.

解释,犯罪论体系理论作为刑法理论的关键部分,也是对刑法规范的理论概括,是对立法文本的实用性解释。所以说,刑事立法是刑法理论的基础。但是在立法与理论的互动中,理论同样发挥着能动作用,促进立法的完善,比如不真正不作为犯的相关立法,正是刑事立法对理论研究的回应。不作为犯原则上是真正不作为犯,是指那些不遵照法律命令规范的犯罪行为,但是诸如母亲意图杀死婴儿而不给其喂奶的行为,事实上与故意杀人的行为并无二致,理应受到处罚,但刑法规范中并无其处罚根据。"正如'杀'或'欺骗'一样,构成要件是以作为形式规定出来的,而法定的作为义务并没有在构成要件上明确规定出来,因此,在什么场合下是疏忽了防止措施而构成犯罪,并不明确,具有不能对国民指明行为基准之嫌。"①在德日刑事司法实践中,都承认不真正不作为犯的可罚性,刑法理论上亦对此持肯定态度,并以此立场进行规范解释,力图说明不真正不作为犯与作为犯的等价值性,以为处罚不真正不作为犯寻找合理依据。德国《刑法典》第 13 条规定,"(1)不防止属于刑法构成要件的结果发生的人,只有当其有依法必须保证该结果不发生的义务,且当其不作为与因作为而使法定构成要件的实现相当时,才依法受处罚。(2)可依第 49 条第 1 款减轻处罚",可谓是处罚不真正不作为犯的明文规定。

"对体系的考察,必须与对具体问题、实践中问题的研究结合起来,做到在体系中思考问题,通过问题的解决完善体系。"②三阶层犯罪论体系所塑造的构成要件该当性、违法性、有责性的阶层型犯罪构成体系,在司法实践处理个案时总是潜移默化地发挥着作用,个案中行为的定性也总是沿着这样一条路径进行的,这在德日的刑事司法判决中不难发现。正如前文所述,三阶层犯罪论体系并未将犯罪成立要素限制于主观层面与客观层面,具有相当的开放性,刑事司法实践可以对理论研究随时进行补充,推动理论发展。如山口厚所言,正是不断地从司法实务和判例中吸收

---

① ［日］大谷实:《刑法讲义总论》(新版第 2 版),黎宏译,中国人民大学出版社 2008 年版,第 129 页。

② 高铭暄:《论四要件犯罪构成理论的合理性暨对中国刑法学体系的坚持》,载《中国法学》2009 年第 2 期。

营养,才能使刑法理论不断地发展和创新,“以判例为基本线索,从刑法理论上予以展开,对裁判理由进行法理上的阐述与评论,从而实现了刑法理论与司法判例之间的良性互动:一方面从司法判例中抽象出某些法律规则,形成某些法理性的结论,以此充实与丰富刑法理论;另一方面,将刑法理论适用于司法判例的解释,对裁判理由进行法理审视,从而对司法实务具有指导意义。”①以过失理论的发展来看,过失论的确立实为从判例引申而来,其认为过失的本质在于行为人由于不注意而对结果没有预见,是理论对司法实践的认可;其后伴随汽车的普及带来的交通事故的增加,在风险社会发展的基础上兴起新过失论,将“从基准行为的逾越”作为过失犯的成立条件;而在公害、药害等日益严重的社会背景下,超新过失论又以不安感、畏惧感的标准认定结果遇见可能性。从过失论到新过失论再到新新过失论,司法实践自身表现出开放性,不断地发展更新,而理论上又对新的判例不断地承认,表现出良好的互动关系。

当然,德日刑法理论、立法、司法互动的同时,也存在冲突的地方。比如,德国的“盐酸”案中,X 携带盐酸泼洒于一名女会计的脸上,进而抢走她的钱包。在联邦法院的判决中,涉及的问题在于:X 是否违犯了加重抢劫罪。根据行为当时有效的德国《刑法典》第 250 条的规定,加重抢劫罪的构成在于:“当行为人……携带武器实施强盗行为,而以武力或以武力胁迫,防止或压制他人的反抗时”。因而必须判断的是:该案中使用的盐酸是否为一种“武器”。联邦法院肯定了这点。但在理论研究上,学者们并不认同这一判决,认为它是对立法的越权解释,并且多数人认为应该持否定态度;但是如此之类的问题,在司法实践中否认盐酸为法律所规定的“武器”,又显然有悖于人们的法感情。正因为理论、司法实践、立法在这一问题上的冲突,致使立法者修改了《刑法》第 250 条,现在的规定是:“携带武器或其他器械或方法实施强盗行为,而……”,合理解决了诸如此案

① [日]山口厚:《从新判例看刑法》(第 2 版),付立庆、刘隽译,中国人民大学出版社 2009 年版,“译序”第 2 页。

中的争论问题。[①] 这个案例说明，司法与理论、立法发生冲突，最终推动了立法与理论的发展。而理论对于司法判例所创设的新的概念、理念、方法等并不是只有回应与盲从，而是进行辩证地扬弃选择。仍以期待可能性理论为例，正是司法实践的推动，在理论上创设了这一理论，并在理论的深入研究之后，指导司法实践运用。综观期待可能性理论的产生与演变，德国可谓是期待可能性理论的发源地，但就目前的状况而言，这一理论在德国备受冷落，刑法理论与司法实践都不再认可和适用，这一理论变得无足轻重。[②] 甚至期待可能性理论随着罪责概念的客观化已经衰落。[③] "期待不可能性这一超法规的免责事由，不论从主观上还是从客观上加以理解，都会削弱刑法的一般预防效果，以致导致法适用的不平等现象，因为所谓的'不可期待性'不是可适用的标准。"[④]现今在德国，部分学者采用了预防责任论，有无一般预防的必要性就决定了行为人有无责任[⑤]，作为规范责任论核心的期待可能性理论即受到冷落。但在从德国继受这一理论的日本，期待可能性理论却得到学者的广泛承认，并得到深入的研究；而在司法实践中，判例虽然认同这一理论，但积极性并不高。[⑥] "虽然战后初期有下级裁判所的判例肯定了此理论，但作为一般理论而言，最高裁判所尽管认可缺少期待可能性属于超法规的责任阻却事由，但对此并不持积极肯定的态度。"[⑦]例如，在日本一起违反失业保险法案中，由于总公司汇款延迟，工厂未能按时缴纳职工失业保险金，以致工厂厂长被以不缴付罪提起公诉，原审（二审）认为并无期待可能性而宣判无罪，但最高裁判

---

① 参见［德］阿图尔·考夫曼：《法律哲学》（第2版），刘幸义等译，法律出版社2011年版，第86-87页。

② 参见陈兴良："期待可能性问题研究"，载《法律科学》2006年第3期。

③ 参见劳东燕："罪责的客观化与期待可能性理论的命运"，载《现代法学》2008年第5期。

④ Hans-Heinrich Jescheck, Thomas Weigend, Lehrbuch des Strafrechts Allgemeiner Teil, Drucker & Humblot, 1996, 5. Aufl., S. 504.

⑤ Vgl. G. Jakobs, Strafrecht Allgemeiner Teil, Walter de Gruyter 1993, 2. Aufl., S. 480ff.

⑥ 参见［日］大谷实：《刑法讲义总论》（新版第2版），黎宏译，中国人民大学出版社2008年版，第322页。

⑦ ［日］西田典之：《日本刑法总论》，刘明祥、王昭武译，中国人民大学出版社2007年版，第240页。

所则因并无构成要件该当性而维持原判判决。① 这出现司法实践与理论研究的背离。同样一种理论,在德日却有着完全不同的遭遇,这不得不说是理论、司法实践不同作用的结果。有学者指出:"犯罪构成理论在犯罪认定过程中并不具有实际作用,阶层犯罪论体系并不比传统四要件犯罪构成体系在实践的意义上更具优势。"②

第二节　三阶层犯罪论体系之优点

一、体系逻辑严谨

大陆法系犯罪论体系在自然科学实证主义的影响下建立起来,并在新康德主义的影响下不断发展,进而形成三阶层体系。自然科学实证主义偏重对逻辑分析的认识论,这也不可避免地渗透到犯罪论体系的构建中。在形式逻辑上,按照犯罪本身的发展经过,构筑认识它的体系,或者考虑刑事裁判中犯罪事实的认定过程建立与其相适应的理论体系,都并非不可能。③ 而新康德主义注重价值评价,使犯罪论体系从注重事实的平面模式走向事实与价值二分的阶层模式。在犯罪论体系的逻辑性、层次方面,德日遵循严格的从总到分、从外部到内部、从客观到主观、从事实到价值的顺序,各构成要件内部也严格区分概念的不同内容,小心地处理主客观之间的关系。有学者指出,德国刑法学说的国际影响很大程度上是基于"犯罪构成符合性——违法性——有责性"这一"标准模式"的清晰性和一致性。犯罪分析的结构化和高度差异化的构造迫使法律从业者勤勉尽责,刑法的适用变得透明并可控。这样一来,德国刑法教义学就特别

① 参见[日]西田典之:《日本刑法总论》,刘明祥、王昭武译,中国人民大学出版社 2007 年版,第 240 页;[日]山口厚:《刑法总论》(第 2 版),付立庆译,中国人民大学出版社 2011 年版,第 253 页。

② 王充:《犯罪构成理论与犯罪事实认定关系考察》,载《法律科学》2020 年第 1 期。

③ 参见[日]大塚仁:《刑法概说(总论)》(第 3 版),冯军译,中国人民大学出版社 2003 年版,第 107 页。

符合法治原则的要求，特别是让法律适用者受法律的有效约束。[①]

在认定犯罪的过程中，三阶层的逻辑顺序十分清晰。评价某一行为是否构成犯罪，首先要判断该行为是否符合刑法规定的构成要件，然后判断是否具有违法阻却事由，如果该行为具有违法性，最后考察该行为是否具备责任阻却事由。如果该行为同时具备构成要件符合性、违法性、有责性三个要件，就可以判断该行为构成犯罪；相反，则不构成犯罪。显然，这是一种递进式的思维过程，三阶层的位阶关系明确，即构成要件该当性判断先于违法性判断，违法性判断先于有责性判断，这个顺序不能作任何调整；这一顺序符合客观判断先于主观判断、形式判断先于实质判断、事实判断先于价值判断、抽象判断先于具体判断、积极判断先于消极判断的人类认识规律。[②] 这种严密的逻辑分析方法，有利于建立犯罪认定的理性规则，避免非理性的情感因素困扰。

三阶层的体系从结构上来看相对完整，内在逻辑也较为严谨。三个层次之间存在一种纵向的、逐步递进的、不断向前发展的关系，而且具有一定的因果性，整体上逻辑严密而规范；在应对疑难案件之时，能发挥其最大推理优势。正如西田典之所言，构成要件最为重要的机能便在于"没有构成要件该当性则无犯罪"这种保障机能。并且，既然犯罪属于具有可罚性的违法行为、有责行为的类型，构成要件也当然必须是由违法构成要件、责任构成要件组合而成的违法、有责行为类型。通过将构成要件限定于具有可罚性的违法、有责类型，得以坚持其最重要的机能即保障机能。[③]

犯罪论体系的构建，需要一定的组织结构、层次排列和逻辑分析。没有合理的逻辑结构和规范的层次排列，只是采取平铺直叙的概括方法，理论体系的发展走向完整和成熟之途必将更加艰辛。对于逻辑分析方法的价值，美国著名逻辑学家塔斯基认为，"我并不幻想逻辑思想的发展，将对

---

① Vgl. Eric Hilgendorf, in: Susanne Beck, , et al. Handbuch des Strafrechts: Band 2: Strafrecht Allgemeiner Teil I, C. F. Müller Verlag, 2019, § 27, Rn. 3.

② 参见王政勋：《犯罪构成与犯罪成立条件》，载陈明华、郎胜、吴振兴主编：《犯罪构成与犯罪成立基本理论研究》，中国政法大学出版社 2003 年版，第 3 页。

③ 参见［日］西田典之：《日本刑法总论》（第 2 版），王昭武、刘明祥译，法律出版社 2013 年版，第 60 页。

人类关系的正常化进程有特别的根本性影响。但是我相信广泛使用逻辑学的知识将对加速这一进程作出积极的贡献。一方面,通过我们自己的领域使逻辑的意义精确和一致,通过强调这种精确性和一致性在其他领域的必要性,逻辑会导致更好地理解我们期望去做的那些事情的可能性。另一方面,通过完善和分享这一思想工具,它使得人们更富有批判性,因而,使得人们更少地被那些虚假推理引导,而这些虚假推理在当今世界的许多地方持续不断地出现。"①逻辑分析、层次推进的精确性和一致性,以及其所富有的批判性,对于犯罪论体系的构建而言,当然是大有裨益的。自德国犯罪论体系由平面走向阶层以来,各种以三阶层为基础的体系就层出不穷,足见立体的犯罪构成以及逻辑分析方法的强盛的生命力和创造力。"法律材料的体系化甚至使创造性地深化法律的工作成为可能,在这里,体系化能够帮助人们理解具体法律规范与体系化的目的论基础之间的内在关系。……在一种思想的引导下,对知识进行专门的体系化整理工作,就对这个领域中的法律发展发挥了十分重要的促进作用。"②

二、说明书和教科书功能明显

犯罪论体系是对成立犯罪(及排除犯罪成立)各要素进行系统的、有条理的整序而形成的,基于此,曲新久认为其具有作为定罪之说明书和教科书的功能。一般而言,各国的刑法典都有如一部复杂的机器,在这台机器中蕴含着大量的零部件,如何对这些零部件进行有效和合理的运用,是一项复杂而系统的工程。如果没有"说明书",司法官员在处理复杂的案情时,便无从下手;如果没有"教科书",学生在学习和思考时就会陷入混乱。上述所谓犯罪论体系的"说明书功能"是针对司法官员(特别是法官)而言的,而其"教科书功能"是针对学生而言的。犯罪论体系的说明书和教科书功能可以区分为以下两个方面:第一,犯罪论体系是对定罪之

---

① [美]道本周:《鲁滨逊——非标准分析创始人》,王前等译,科学出版社 2004 年版,第 123 页。

② Claus Roxin, Strafrecht Allgemeiner Teil Band I, Verlag C. H. Beck, 2006, 4. Aufl., S. 213-214.

既有知识的系统总结与提炼，将既有的犯罪论知识有机地组合在一起形成犯罪理论系统；第二，犯罪论体系与刑法关于犯罪的规定密切相关而又不是刑法之犯罪部分的直接拷贝，它总是直接或者间接地体现定罪活动的思维模式与习惯，蕴含着解决特殊问题的逻辑能力和逻辑倾向，为疑难问题的解决提供基本思路和大致方法。[①] 当然，犯罪论体系的功能远不止于此，但是“说明书和教科书”的功能在三阶层犯罪论体系中表现得非常明显。

对于三阶层犯罪论体系而言，首先判断行为是否符合构成要件，即行为是否符合作为犯罪所规定的类型；在构成要件符合性得以肯定之后，需要对阻却行为之违法事由存在与否进行判断（违法性判断），如果得出了肯定的结论即存在这样的特别事由，犯罪就不成立；如果违法阻却事由未被认定，下一步就需要对有责性进行判断，即能否对行为人的违法行为加以非难。如果存在责任阻却事由（如行为人为无刑事责任能力人等），则犯罪不能成立，否则就可以认定犯罪。这种认定的顺序并非从相对难以判断的实质的、主观的要素出发加以讨论、判断，而是首先进行构成要件符合性这一主要是客观的并且是形式的、事实上可能的判断，接着推进到客观的并且是实质的、评价的判断（违法性），再进而进行主观的、实质的判断（责任）。采用此种判断顺序，在先前的阶段就将能够明确否定犯罪之成立的行为予以排除，然后在所划定的限定的范围、框架内再进行相对困难的判断，为司法实践提供了一种重要的说明作用，因而具有重要的实践意义。[②]

诚如德国学者罗克辛所言：“如果大量的法律材料分散规定在数量巨大、体系杂乱的具体条文中，或者必须从法院在类似案件中所作的大量具有先例效力的判决中寻找问题的答案，那么，这种工作就会是必要的。”[③] 三阶层犯罪论体系除了遵循犯罪认定的层次结构，还崇尚逻辑分析，对于

---

① 参见曲新久：《刑法的逻辑与经验》，北京大学出版社 2008 年版，第 122-123 页。

② 参见［日］山口厚：《犯罪论体系的意义与机能》，付立庆译，载《中外法学》2010 年第 1 期。

③ Claus Roxin, Strafrecht Allgemeiner Teil Band I, Verlag C. H. Beck, 2006, 4. Aufl., S. 212-213.

细节和技术问题的解决具有重要的作用。这种体系性的思考方式不仅简化了法律的运用，还为学生的学习和思考提供了范本，同时指明了方向。因而，三阶层犯罪论体系具有明显的说明书和教科书的功能。

三、出罪事由的体系地位明确

在三阶层犯罪论体系中，构成要件符合性是一种积极要件，是从正向作出的积极判断，主要体现的是入罪功能；由于构成要件是违法性的存在根据，所以一般认为一个行为符合构成要件，原则上可以推定其违法性，除非例外存在违法阻却事由。因此，违法性判断实际上是违法阻却事由存否的判断，是一种消极的判断、反向的判断，具有出罪功能。有责性的判断包括责任能力的判断和责任心态以及期待可能性的判断，由于有责性与构成要件的关系尚有不同的意见，对于有责性的判断是积极的判断还是消极的判断，认识不统一。但由于其包含无刑事责任能力和期待可能性等责任阻却事由，而责任阻却事由的判断则是一种消极的、反向的判断，所以有责性判断也具有出罪功能。这样，三阶层犯罪论体系在功能上，一正一反，一入一出，互相配合，使得犯罪的认定避免了片面性，使司法更具有便利性和可操作性，有利于限制司法自由裁量权，防止司法腐败。犯罪构成要求犯罪构成要件尽可能明确、确定，有其深刻的哲理、社会基础，其核心目标在于防止司法的恣意性与保障公民的预测可能性。司法的恣意性是封建主义刑事法治的特征，是公民权利受到侵犯的根源之一。“唯有符合明确性原则而规定不法构成要件及法律效果，始能明确地显现出立法意旨以及刑罚权的界限，精确地区分罪与非罪的界限，以及准确地分辨各种不同的罪名，而使刑法具有保证功能；否则，刑法规定若违背明确性原则，则司法者适用这种不明确的条款时，即可轻易以其主观的好恶而擅断。”[①]在充分明确犯罪是否成立的前提下，法官肆意解释法律的机会就非常有限，司法的恣意性得到了遏制，这对保护公民权利是十分有利的。与此同时，由于规范含义相对明确，根据犯罪构成要件判断犯罪成立比较清晰，不容易产生理解上的分歧，这样就降低了判断的难度，

---

① 林山田：《刑法通论》（上册）（增订10版），台北，元照出版有限公司2008年版，第76-77页。

司法人员认定犯罪就相对容易、确定,可操作性自然就强。

在三阶层体系中,出罪事由的体系地位极为明确,这主要表现在以下两个方面:第一,违法性阶层以具有违法阻却事由出罪,其中超法规违法阻却事由(例如,正当业务行为、被害人承诺、义务冲突和自救行为等)在理论上具有无限性,甚至一些行为的社会危害性已达到犯罪程度,也可能因为具有超法规违法阻却事由而被豁免犯罪。[①] 法官出罪的自由裁量权较大。三阶层犯罪论体系可能具有更大的解释力,因为法官在超法规违法阻却事由和超法规责任阻却事由无期待可能性两方面具有无法律限制的解释力,对属于犯罪豁免范畴的情况可直接解释为无罪。第二,三阶层犯罪论体系在有责性阶层以无期待可能性这一超法规责任阻却事由出罪,而这一超法规责任阻却事由在法律上是无明确规定的,从理论上看,其出罪具有无限性、随意性。在行为具备了构成要件符合性、违法性以及有责性中除了期待可能性以外的其他要件后,司法者可以根据期待可能性的有无确定是否出罪,而期待可能性无法律规定的判断标准(曾有的各种理论标准均无明确性,且无法律约束力),是否有期待可能性全由法官自由裁量,出罪因而具有随意性。其实,在许多情况下,期待可能性问题应属于犯罪豁免问题,即行为已构成犯罪,根据政策的考虑豁免其犯罪,它与赦免一样属于犯罪豁免范畴,而不是犯罪成立的问题。在对于刑法规定与情理冲突而产生的疑难案件中,三阶层犯罪论体系具有更大的解释力,因为法官在超法规违法阻却事由和超法规责任阻却事由无期待可能性两方面具有无法律限制的解释力,对属于犯罪豁免范畴的情况可直接解释为无罪。

第三节 三阶层犯罪论体系之不足

三阶层犯罪论体系历来是各国刑法学者研究的重点,在全世界范围

---

① 参见欧锦雄:《复杂疑难案件下犯罪构成理论的优劣对决——犯罪构成四要件说与德日犯罪三阶层论的对决》,载《中国刑事法杂志》2011 年第 3 期。

内拥有诸多拥护者，许多学者将其奉若瑰宝。然而，三阶层犯罪论体系果真如此完美、无懈可击吗？至少德国学者罗克辛并不这样认为，他指出德国犯罪论体系存在以下不足：一是忽略具体案件中的正义性；二是减少解决问题的可能性；三是不能在刑事政策上确认为合法的体系性引导；四是对抽象概念的使用会忽视和歪曲法律材料的不同结构。[①] 中国学者黎宏也指出其存在体系前后冲突、现状与初衷背离、唯体系化等缺陷。[②] 欧锦雄认为，德日三阶层犯罪论体系存在诸多问题：第一，它是一个体现定罪过程的、仅适用于司法的阶层理论，而不是一个立法指导理论；第二，它的阶层划分方法是否科学，值得质疑；第三，它存在违背"以刑法分则规定的基本原型确定构成要件该当性"的初衷的情形；第四，它在位阶上并不绝对是先客观判断后主观判断的顺序；第五，它并非绝对地将事实和价值相分离，并让事实判断都先于价值判断；第六，它的不法判断先于责任判断的位阶存在不符合司法实际的情况；第七，它的位阶安排妨害了对犯罪客体（法益）的细化研究；第八，它将超法规违法阻却事由和超法规责任阻却事由纳入犯罪构成体系之中，存在司法不公的危险；第九，它的每一个阶层里也存在平面化的情形；第十，它非常烦琐、深奥，无法平民化、大众化。[③] 笔者认为，德日阶层式犯罪论体系至少存在以下几个方面的不足。

一、体系纷繁复杂

德日犯罪论体系起源于费尔巴哈的"违法行为中所包含各个行为的或事实的诸要件的总和"的主客观要件相统一的构成要件理论。贝林继承了此理论，创造了德国古典犯罪论体系，但他分割了费尔巴哈的构成要件，主张构成要件是中性无涉的，自然不包括主观要素、规范要素，构成要件该当性是一个可以脱离违法性与有责性的纯粹的事实判断，由此形成了构成要件该当性、违法性、有责性三阶层犯罪论体系。然而，随后的学

---

① Vgl. Claus Roxin, Strafrecht Allgemeiner Teil Band I, Verlag C. H. Beck, 2006, 4. Aufl., S. 128-131.

② 参见黎宏：《刑法总论问题思考》，中国人民大学出版社 2007 年版，第 52-61 页。

③ 参见欧锦雄：《中国犯罪构成理论的现代展开》，中国人民公安大学出版社 2021 年版，第 197-206 页。

者们很快发现，构成要件中不加入主观要素、规范要素，难以实现其对行为客观印证的“模型化”作用，于是学者们不断试图纠正贝林理论中所存在的错误。20 世纪 20 年代，以 M. E. 迈尔及梅茨格尔的观点为代表的新古典体系开始兴起。M. E. 迈尔提出构成要件中亦存在规范要素，构成要件中价值判断的观念得以确立。M. E. 迈尔还提出构成要件是违法性的认识根据，二者之间是烟与火的关系，即某种行为符合构成要件的话，就能推定该行为具有违法性。梅茨格尔则更进一步认为规范的、主观的要素均应存在于构成要件中，此种将价值判断引入构成要件之中的见解形成了新构成要件论，并成为德国通说。① 梅茨格尔还提出，构成要件是与违法性结合在一起的，构成要件是违法性的存在根据。符合构成要件的行为，只要没有特别的排除违法性事由，就具有违法性。他还将构成要件与违法性结合，进而提出“不法”的概念。犯罪论体系发展至此，已失去其原来之面目。20 世纪 30 年代至 60 年代，以韦尔策尔为代表的德国学者建立了目的行为论的犯罪论体系。韦尔策尔指出，主观的构成要件要素就是行为人的意志的类型化，行为的主客观方面是不可分割的统一体，构成要件中必须有故意、过失。换言之，构成要件由主观和客观的构成要件要素组成，故意是主观的构成要件要素。其后，现代新古典的犯罪论体系诞生。该犯罪论体系肯定构成要件的故意，承认故意及主观的违法要素对违法性的加重机能，认为责任论中也包含了故意。该犯罪论体系传到日本，得到了进一步发展。小野清一郎提出构成要件是违法、有责类型，构成要件在本质上就包含违法性和道义责任，行为只要符合构成要件就推定为违法，推定为有责任。其理由在于他认为犯罪的本质是违反道义，即：“行为从一开始就被认为和伦理道义有关，因此，构成要件包含有违法性以及道义责任。这从犯罪的本质来看，是理所当然的。”②团藤重光继承并发展了此理论，将故意、过失包含在作为违法、责任类型的构成要件之中，同时，将期待可能性或者行为人的属性也作为有责类型，看作独立

① 参见[日]大谷实：《刑法讲义总论》（新版第 2 版），黎宏译，中国人民大学出版社 2008 年版，第 98 页。

② [日]小野清一郎：《犯罪构成要件的理论》，有斐阁 1953 年版，第 19 页。

的构成要件要素。[①] 现在,这种观点已经成为日本通说。20 世纪 70 年代,以罗克辛为代表的学者创建了目的理性的犯罪论体系,该体系以抑止刑论即一般预防论这一刑事政策为核心,从经验科学的角度构建刑法体系。该体系重新提出并诠释了客观归责理论,并把责任概念扩大到“负责性”。罗克辛认为,故意应归属于主观的构成要件要素,但并不是为了强调行为的目的性,而是认为根据依法治国、罪刑法定原则、构成要件明确性的要求,故意即可发挥限制刑罚范围的作用。德国学者乌韦·穆尔曼提出,在三阶层这些要件之外还附加有其他的考察阶层。[②]

由于对同一概念的不同理解,以及对犯罪发展不同阶段各概念的不同认识,大陆法系国家的刑法学者极易在某一问题上产生分歧争论,由此形成各执一词、自成一派的现象。自贝林创立阶层式犯罪论体系以来,尽管大陆法系犯罪论体系始终以构成要件该当性、违法性和有责性三阶层为基础,构建、维持着一个不变的理论框架,但百年间大陆法系阶层式犯罪论体系却经历了古典犯罪论体系、新古典犯罪论体系、目的论的犯罪论体系以及目的理性犯罪论体系等各种理论体系的发展。理论体系的不断发展、衍生,使得阶层式犯罪论体系处于变动不居的状态,然而这一现状必然造成实践中犯罪认定的多样化与复杂化,使人产生无所适从之感。“即便是采取同一种体系的不同解释者,也可能对同一问题会有不同认识。”[③]有学者甚至认为,“德日犯罪构成理论多元化损害了法律权威,容易侵害人权,也不利于社会保护。”[④]

二、模糊了三要件的界限

按照德日阶层式犯罪论体系的理论原意,构成要件该当性阶段承担

---

① 参见[日]团藤重光:《刑法纲要总论》,创文社 1990 年版,第 134 页。转引自[日]大谷实:《刑法讲义总论》(新版第 2 版),黎宏译,中国人民大学出版社 2008 年版,第 122 页。

② 参见[德]乌韦·穆尔曼:《德国刑法基础课》(第 7 版),周子实译,北京大学出版社 2023 年版,第 83-84 页。

③ 刘明祥:《我国的犯罪构成体系及其完善路径》,载《政法论坛》2023 年第 3 期。

④ 欧锦雄:《德日犯罪构成理论多元化及其定罪结论的差异》,载《中国人民公安大学学报(社会科学版)》2019 年第 3 期。

检查行为是否符合刑法规定的犯罪构成要件的任务,此种判断是形式的、一般性的,而违法性、有责性阶段则对行为进行实质的、价值上的判断。但是,按照当前德日通行的违法、有责类型说,构成要件是违法、有责类型,构成要件符合性是认定违法性和有责性的事实依据,行为只要符合构成要件,原则上就可以推定其具有违法性和有责性。违法性阶段和有责性阶段的任务,只是消极地判定是否存在正当防卫、紧急避险等排除违法性事由和无期待可能性等排除责任事由。本来,在理论创建之初,为了避免法官在犯罪认定上的恣意性和任意性,贝林才将构成要件的内容限定为客观、中性的。尽管其后的理论将规范要素、主观要素纳入构成要件,但仍然无法改变构成要件客观纯粹的主色调。依照上述学说,在尚未说明什么是违法和有责之前,符合构成要件的行为即被认定是违法、有责的,这无疑使构成要件该当性阶段具备了价值判断的职能,与理论原意不符。总之,从德日阶层犯罪论体系的演变历程可以看出,虽然大陆法系的阶层式犯罪论体系原本力图分割犯罪成立的事实判断与价值判断,划清构成要件该当性与违法性和有责性的界限,但当我们深入考察这一体系的实质时,可以发现其后的犯罪论体系朝着相反的方向发展,其主要工作是将主观要素与评价要素重新纳入构成要件,从而形成主客观相统一、事实判断与价值判断并存的完整的构成要件理论,犯罪论体系的三要件已然紧密结合。这种通过塑造中性无涉的构成要件以限定犯罪成立范围的理想早已破灭,而所谓严密的逻辑性只是从犯罪论体系的表象而言,其实质内容已完全偏离当初的设想。因此,有学者提出:"古典犯罪论体系之后的每一次重大的发展,都可以看作是通过修正贝林理论而向费尔巴哈的统一的构成要件概念的复归。"[①]有学者甚至认为,德国学界将三阶层犯罪论体系中的行为构成与违法性合二为一,形成不法和罪责两个判断阶层,三阶层架构已名存实亡、阶层崩塌。[②]

---

① 何秉松:《全球化视野下的中俄与德日犯罪论体系》,载《国家检察官学院学报》2009 年第 1 期。

② 参见刘之雄:《阶层犯罪论的阶层崩塌与犯罪论的应然逻辑》,载《法商研究》2022 年第 5 期。

三、局部违反认识论的基本原理

在哲学上,认识论的基本原理是一个由“正、反、合”命题组成的系统。正题是自我设定自身;反题就是自我设定非我与自己对立;合题就是自我在自我之中对设一个可分割的非我与可分割的自我相对立,是一种自我的扬弃。[①] 换言之,对于一种知识的获得,首先是从正面认识,接着从反面认识,最后,通过正面和反面的对立统一,综合出事物的整体认识。这就是德国哲学家黑格尔提出的“正反合”定律。黑格尔在《逻辑学》中阐述了辩证法的三大规律,即对立统一规律、质量互变规律、否定之否定规律,这是哲学的基本规律。恩格斯将上述规律从《逻辑学》中总结和提炼出来,从而使辩证法的规律更加清晰明了。其实,这种“肯定→否定→否定之否定”(“正→反→合”)的认知路径,与中国传统文化中“我→非我→非非我”的思辨悟道路径如出一辙。东西方哲学不约而同地揭示了事物发展的规律不是直线前进的,而是螺旋式上升的,是前进性与曲折性的有机统一,只有在正面和反面的对立统一中,才能获得全面、科学、合理的认知结论。

回归到三阶层的构成要件符合性、违法性、有责性的逻辑顺序上,其不足是显而易见的。因为从认识论的逻辑规则来看,对于违法性与有责性的探讨应从是与否两个维度进行,然而上述理论却使违法性和有责性阶段仅致力于研究出罪事由,导致对于入罪条件以及违法程度和责任程度这种本属价值判断的问题的研究相对不足。对行为违法性、有责性的肯定判断和否定判断是两个有机组成部分,二者齐头并进才有助于我们更好地理解违法与有责的本质内涵。大陆法系犯罪论将违法性、有责性要件判断的两个方面割裂开来,足见其在认识论上具有较大的不合理性。

四、立法规范忽视了刑法的谦抑性原则

一般认为,刑法应当具有补充性、不完全性、宽容性,即刑法应具有谦抑性。[②] 大陆法系国家在犯罪认定上采取混合的犯罪概念,形成在立法上

---

① 参见邓晓芒、赵林:《西方哲学史》,高等教育出版社 2005 年版,第 235-236 页。

② 参见[日]平野龙一:《刑法的基础》,黎宏译,中国政法大学出版社 2016 年版,第 90 页。

定性、司法上定量的模式，从而导致法益侵害性和社会危害性程度不大的行为也被规定为犯罪行为，有违刑法的谦抑性原则。例如，德国《刑法典》对于盗窃行为，只要符合意图窃取他人财物非法占有的犯罪构成，无论其盗窃数额多少、情节严重与否，均规定为犯罪，不同之处仅在于处罚轻重。

刑法是允许或禁止公民实施特定行为的规范，某种行为是否需要犯罪化应以社会需要为标准。因为，刑罚通常是国家对罪犯人身进行的最严厉的干预，同药物一样伴有副作用，会限制犯罪人的资格并且打上犯罪的烙印，所以判断以什么作为刑法的对象时，必须慎重考察是否有必要对某种行为动用刑罚来抑止。刑罚是为了控制人的违法行为所采取的最后手段，因此刑法不应对社会的所有违法行为无差别地一律定罪处罚。刑法作为社会安全的最后一道“阀门”，要恪守自己的范围和程度边界。

三阶层犯罪论体系这种严格依循刑法规范认定行为性质的操作模式，使定罪的标尺明确，严格划定了犯罪的范围，具有一定可取之处。然而，刑法规范具有一定的稳定性，这种特性使其能够持续发挥作用，具有长久的生命力，却也导致其在某种程度上无法与时俱进，因而具有滞后性，从而无法保证刑法所规定的罪行都具有可谴责性。这种只定性不定量的立法模式无疑设置了较低的犯罪成立标准，使大量无实质危害的行为纳入刑法规制范围，导致刑法过于苛严，有违刑法的谦抑性原则。

五、烦琐的操作模式降低了司法效率

阶层式犯罪论体系保留了浓厚的形式逻辑的风格，遵循犯罪认定的层次结构，强调逻辑分析，其优点在于能够很好地解决细节和技术问题，有利于问题公正的解决，但是也容易陈规化，可能造成规则适用的教条主义，使解决问题的效率降低。阶层递进式犯罪论体系在处理案件时，按照构成要件该当性—违法性—有责性的顺序进行逻辑推理，由于推定符合构成要件的行为初步具有违法性、有责性，因而构成要件该当性作为第一道审查阶段，其审查范围宽广，具有极强的包容性。不具有违法性的行为、不具有非难可能性的行为、不具有可罚性的行为，都被纳入犯罪的范围，等待进一步审查。阶层式犯罪论体系，设置了一个宽泛的入罪模型，拓宽了“有罪”的含义。这种扩大有罪范畴的做法，将许多实质上并非犯罪的行为纳入犯罪的评价范围,与无罪推定的刑法原则相悖,不利于贯彻刑法的人权保障机能。同时,违法性的判断必须是在构成要件该当性判断之后进行,这使得即使可以直接根据违法阻却事由作出出罪判断,也必须等到构成要件该当性判断之后进行;有责性的判断必须是在构成要件该当性和违法性判断之后进行,即使可以直接根据责任阻却事由作出出罪判断,也必须等到构成要件该当性和违法性判断之后进行。违法性和有责性判断必须遵循这样的顺序,显然过于死板、曲折,降低了司法效率,同时也徒增了司法成本。"犯罪构成中主客观要件的内容在刑事立法上和现实生活中可以按照时间的一维性有一个固定的排序。但在司法实践过程中,犯罪主观方面的心理活动和犯罪客观方面的行为表现,哪有像数学方程题目一样,哪个在前哪个在后是一个固定模式始终不变的。"①

不可否认,在中国,主张从"要件体系"向"阶层体系"转型的见解十分强有力。与中国恰恰相反,在现代围绕犯罪体系的议论中,德国学者对"阶层体系"展开了强烈的新批判。② 正如高铭暄先生所言:"深入到德日刑法学理论内部便会发现,递进式的三阶层犯罪论体系并不是无懈可击的,其自身实际上也存在很多矛盾、冲突之处。……没有哪一种理论是绝对合理、完美无缺的。"③无论是四要件论体系还是阶层体系都只不过是犯罪构成原型的变体,在本原上具有同一性,也存在明显的差异。两种犯罪论体系的同一性提供了二者相互融通的可能性,其差异性决定了二者相互借鉴的必要性。④ 中国刑法学既要放眼世界,又要摆脱对国外理论的过分依赖,必须立足中国的立法规定,面向中国的司法实践,增强中国主体性,逐步完善中国特色、更加本土化的刑法学自主知识体系和犯罪论体系。

---

① 杨兴培:《"三阶层"犯罪构成模式的局限性》,载《检察风云》2023 年第 24 期。

② 参见[日]松宫孝明:《构成要件和犯罪体系》,赵新新译,载《交大法学》2021 年第 2 期。

③ 高铭暄:《论四要件犯罪构成理论的合理性暨对中国刑法学体系的坚持》,载《中国法学》2009 年第 2 期。

④ 参见洪求华:《三阶层论和四要件论之间的同源变异——以我国犯罪构成的重构为视角》,载赵秉志主编:《刑法论丛》总第 64 卷,法律出版社 2021 年版。

第四章

三阶层犯罪论体系与中国犯罪构成理论之异同

德日阶层式犯罪论体系通常是指构成要件符合性、违法性、有责性的三阶层体系。在三阶层的犯罪论体系中，构成要件符合性、违法性、有责性之间具有位阶关系。构成要件符合性推定违法性和有责性，三阶层犯罪论体系的实体或者支柱是不法与责任。

中国目前通说主张的是犯罪客体、犯罪客观方面、犯罪主体、犯罪主观方面四要件的犯罪论体系。在四要件体系中，犯罪客体、犯罪客观方面、犯罪主体、犯罪主观方面四个要件构成平面结构。

虽然中国在通说之外存在其他的犯罪论体系，且颇有影响，但往往是受德日阶层式犯罪论体系的影响甚至直接照搬而成，且仍处于少数派，所以，从这个角度上讲，德日阶层式犯罪论体系与中国犯罪论体系之比较不是三阶层与通说之外的犯罪论体系的比较，而是三阶层体系与通说的四要件体系之比较。下面，笔者分别从二者的共性与个性两方面进行比较。

第一节　共性考察

无论是在德日，还是在中国，犯罪论体系都是对犯罪成立的共通要素予以明确，并据此说明成立犯罪的一般要件的理论体系。德日三阶层犯罪论体系与中国四要件体系在理论来源、基本功能、价值取向与构成要素等方面具有共通性。

一、理论来源相同

19 世纪初,德国学者斯求贝尔、施蒂贝尔(Stübel)和费尔巴哈真正将构成要件赋予实体意义。斯求贝尔主张特殊预防理论,认为犯罪本质所要求的只是犯罪意志以一定的形式出现,而不需要出现符合构成要件的结果。他认为构成要件是用来确认作为科处一定刑罚的全部事实,反对将犯罪结果纳入构成要件之列。① 施蒂贝尔认为,“构成要件就是那些应当判处法律所规定的刑罚的一切情况的总和”,但是他也反对将犯罪结果纳入构成要件之列。② 费尔巴哈则从一般预防、客观主义出发,主张犯罪结果属于构成要件。费尔巴哈认为,“特定行为特征的整体,或者包含在特定种类的违法行为的法定概念中的事实,叫作犯罪的构成要件”(der Tatbestand des Verbrechens,Corpus delicti)。“通常情况下属于构成要件的有:Ⅰ.行为的特定的违法后果;Ⅱ.违法行为的特定的主观(存在于犯罪人的内心)根据;要么是 a. 特定的意图(目的),要么是 b. 特定的意思决定的种类;Ⅲ.属于犯罪构成要件的特定的外在行为的特征。”③所以,费尔巴哈所说的构成要件就是违法行为中所包含的各个行为的或事实的诸要件的总和,包括主观和客观的诸要件的总和。④

19 世纪中叶,俄国刑法学者将德语 Tatbestand 译为“犯罪构成”并移植到刑法理论中,自此,俄国的犯罪构成理论继承了费尔巴哈 Tatbestand 理论的完整性与统一性。⑤ 苏联学者特拉伊宁认为,“犯罪构成乃是苏维埃法律认为决定具体的、危害社会主义国家的作为(或不作为)犯罪的一

---

① 参见[日]泷川幸辰:《犯罪论序说》(上),王泰译,载高铭暄、赵秉志主编:《刑法论丛》第 3 卷,法律出版社 1999 年版。

② 参见马克昌、卢建平主编:《外国刑法学总论(大陆法系)》(第 3 版),中国人民大学出版社 2021 年版,第 57-58 页。

③ [德]安塞尔姆·里特尔·冯·费尔巴哈:《德国刑法教科书》(第 14 版),徐久生译,中国方正出版社 2010 年版,第 83、85-86 页。

④ 参见何秉松、[俄]科米萨罗夫、科罗别耶夫主编:《中国与俄罗斯犯罪构成理论比较研究》(中文版),庞冬梅、丛凤玲译,法律出版社 2008 年版,第 216 页。

⑤ 参见庞冬梅:《“四要件”与“三阶层”犯罪论体系评述》,载《北方法学》2012 年第 1 期。

切客观要件和主观要件(因素)的总和。”“每个犯罪构成本身都包含了下列特征:(1)犯罪客体;(2)犯罪构成的客观方面;(3)犯罪主体;(4)犯罪构成的主观方面。”[①]

苏俄的犯罪构成理论和德国的构成要件理论都是以费尔巴哈的Tatbestand理论为基础发展起来的,苏俄保持了费尔巴哈犯罪构成理论的完整性和统一性,而贝林为代表的德国学者则对它进行切割,将主观要素和评价要素从构成要件中切除。[②] 后来,德国的犯罪论体系为日本所引进,苏俄的犯罪构成理论又为中国所继受。

中国的犯罪构成理论源于苏俄,而苏俄犯罪论体系又源于德国;德国是犯罪论体系的“故乡”。中国犯罪论体系与德日三阶层犯罪论体系在理论来源上是相同的。

二、基本功能相同

犯罪论体系是指导司法定罪活动的实践体系,在民主政体和法治理念下,面对基本相同的具有刑事当罚性的行为,运用各种犯罪论体系指导定罪所获得的结论会大致相当,因此,各种犯罪论体系必然在功能上具有某种共性。有学者认为,犯罪论体系具有两个方面的功能——作为定罪的说明书和教科书的功能以及理论探索功能;[③]有学者认为,犯罪构成作为独立于刑法规范的理论形态,具有三个方面的功能——条件列示的功能、语言阐释的功能和路径导向的功能;[④]有学者认为,犯罪论体系具有人权保障机能、犯罪个别化机能、罪数区分机能和罪行评价机能。[⑤] 笔者认为,德日三阶层体系与中国四要件体系在司法实践与理论层面具有以下相同功能。

---

① [苏]A. H. 特拉伊宁:《犯罪构成的一般学说》,薛秉忠等译,中国人民大学出版社1958年版,第48-49、98页。

② 参见何秉松、[俄]科米萨罗夫、科罗别耶夫主编:《中国与俄罗斯犯罪构成理论比较研究》(中文版),庞冬梅、丛凤玲译,法律出版社2008年版,第217-218页。

③ 参见曲新久:《刑法的逻辑与经验》,北京大学出版社2008年版,第122-123页。

④ 参见冯亚东、胡东飞、邓君韬:《中国犯罪构成体系完善研究》,法律出版社2010年版,第63-81页。

⑤ 参见张明楷:《刑法学》(第6版),法律出版社2021年版,第130页。

从司法实践层面来说，犯罪论体系具有定罪模型的功能。犯罪具有社会意义和法律意义两个层面，所谓认定犯罪，就是把某一种社会事实用法律加以评价，使其从社会事实转化为法律上的犯罪事实的过程。犯罪是一种复杂的社会现象，为了使定罪活动法治化与规范化，就要提供一个统一的犯罪规格。犯罪构成理论就是在规范化基础上将法律规定的犯罪分解为若干要素或要件，以此为坐标系，从不同角度、不同侧面对犯罪的主客观方面进行衡量，从而确定罪与非罪、罪轻与罪重。犯罪论体系就是犯罪构成理论的特殊表现形式，它研究如何对犯罪加以公式化、条理化，从而使情况不同的犯罪统一于一个共同的定罪量刑规格之下，为司法实践提供一个统一的尺度和砝码。因此，在司法实践层面，犯罪论体系的功能在于为司法者提供一套判断犯罪的基本思维方法和步骤，为实践中认定犯罪提供指导，为实践中的罪与非罪判断提供一个抽象的、共通的标准。①

在理论层面，犯罪论体系除了研究客观的、外在的犯罪形态，它还着力探讨犯罪的本质与刑罚的意义等，并在此基础上努力构建犯罪构成内部体系。犯罪论体系的发展，促进了新型解释论的产生，以此为基础，立法者重新审视现有刑法，对其进行整理、修改，从而制定更为单纯且更具操作性的刑法。② 因此，从某种意义上说，犯罪论体系是一种刑法的认知体系，它起到的是一种刑法思维方法论的作用，具有认知功能与体系化的功能。

除了在司法层面和理论层面的功能外，笔者认为，犯罪构成体系还具有对公民遵守规范的价值培育功能。刑法的适用过程和结论应当获得民众的认同，同时还应当引导公民自觉遵守刑法的规定。强调犯罪构成体系的认同性，有助于提升公民对于刑法规范的认同③。

三、价值取向相同

在现代民主法治社会中，犯罪论体系要想发挥其定罪标准功能，有赖

---

① 参见唐稷尧：《犯罪论体系：功能、价值与实现途径辨析》，载《现代法学》2007 年第 4 期。

② 参见[日]松宫孝明：《日本的犯罪体系论》，冯军译，载《法学论坛》2006 年第 1 期。

③ 参见陈银珠：《论犯罪构成的结构与功能》，法律出版社 2019 年版，第 36-37 页。

于正确的价值取向的指导，因为价值取向是犯罪构成体系的灵魂，它决定着犯罪论体系的前进方向与内在追求；只有在正确观念和价值取向指导下的犯罪论体系，才能实现保障个体权利不被国家机器肆意践踏的功能。德国学者耶赛克从正反两个方面探讨了犯罪论体系的价值取向：从正面来看，犯罪论体系应当"将刑事政策的价值判断融入刑法体系，使得法律的基础、明确性和可预测性、无矛盾的相互配合和细节方面的影响出现于每一种可以想象的案件中"；[①]从反面而言，又必须对所构建的犯罪论体系心存警惕，防止人们落入"非常抽象的程式化的刑法解释学的危险。该危险源于法官机械地信赖理论上的概念，从而忽视具体案件的特殊性"。[②] 大谷实指出，犯罪论体系"必须有利于明确划分成为犯罪的行为和不成为犯罪的行为之间的界限；为认定犯罪提供统一的原理，并有利于防止在刑事司法中注入个人情感和任意性"[③]。

笔者认为，犯罪论体系的价值取向应当是现代民主法治社会的正义观，并且体现为秩序与自由的二元价值追求。秩序的要义在于，社会中存在明确的行为准则，何种行为构成犯罪以及如何对该犯罪处以刑罚均已明示，做出逾矩行为侵害无辜者的人必受惩处。为实现社会的良性运行，犯罪论体系应当以罪刑法定主义为依据，确定具体犯罪的成立条件，在一般意义上实现定罪的均衡性，实现刑罚的一般正义的需要，保障社会的安定有序。自由的内涵在于无辜者不受无妄之灾，即无罪的人不受刑事追究，犯罪的人不受法外制裁，这就要求犯罪论体系体现实质正义与个别正义。犯罪论体系所抽象出的犯罪成立一般条件应当在质与量上体现行为对社会的客观危害和行为人的主观可谴责性，因此，犯罪论体系所认定为犯罪的行为应当是值得动用刑罚处罚的行为，并且犯罪论体系应当能够将实质上不值得处罚的行为排除出去。

---

① Vgl. Hans-Heinrich Jescheck, Thomas Weigend, Lehrbuch des Strafrechts Allgemeiner Teil, Drucker & Humblot, 1996, 5. Aufl., S. 243.

② Vgl. Hans-Heinrich Jescheck, Thomas Weigend, Lehrbuch des Strafrechts Allgemeiner Teil, Drucker & Humblot, 1996, 5. Aufl., S. 242.

③ 参见[日]大谷实：《刑法讲义总论》（新版第2版），黎宏译，中国人民大学出版社2008年版，第85页。

尽管各个国家的法律传统与社会现实不同,但是民主与法治的观念却是共同的信仰,在此理念熏陶下的犯罪论体系存在基本相同的价值观。在德日犯罪论体系中,通过对构成要件符合性、违法性和有责性三个阶层的层层筛选,明确规定入罪和出罪。这一体系的各要素之间环环相接、层层递进。这种层层递进的犯罪论体系不仅具有法律技巧,而且蕴藏着价值追求——通过层层递进,其实就是层层排除犯罪,缩小犯罪圈,不仅要认定犯罪,还要充分地保障人权。中国的犯罪论体系,将行为的不同构成部分划分为各个构成要件,体系内部各要件相互依存,对犯罪成立与否进行综合评价,直接而明了,有助于我们严格按照刑法定罪,避免司法恣意;而且将犯罪的本质归结为其社会危害性,体现了实质的犯罪观。可见,德日的犯罪论体系与中国的犯罪构成理论都以"自由"和"秩序"为目的价值,都通过对犯罪的惩治来保护被害人并维持社会秩序,且通过给予犯罪人公正的惩罚以保障其人权和自由。

四、构成要素大致相同

德日阶层式犯罪论体系通说认为:犯罪是符合构成要件的、违法的、有责的行为。其中,构成要件符合性是指行为符合刑法分则所规定的某个具体犯罪的特征,包括行为主体、行为客体、行为、行为时的特别情状、行为结果等客观要件,以及构成要件的故意与过失之主观要件。违法性是指行为在形式上与法制的要求或禁止背道而驰,破坏或危害法益。[①] 成立不法的犯罪,就是对犯罪行为作出的客观的、法律上的否定评价。构成要件该当的行为是否违法,只需要检验是否存在违法阻却事由,违法阻却事由包括正当防卫、紧急避险等法定的违法阻却事由和法令行为、正当业务行为、自救行为和义务冲突等超法规的违法阻却事由。有责性是指行为在经过违法性判断而认定具有违法性后,就犯罪行为对行为人的非难,即行为人只有存在主观责任或过失责任时,其行为才成立犯罪。在有责

---

① 参见[德]李斯特:《德国刑法教科书》(修订译本),徐久生译,法律出版社 2006 年版,第 167 页。

性中，主要包括责任能力、责任故意和责任过失、期待可能性等要素。[①]

中俄刑法理论一般认为，任何一种犯罪的成立都必须具备四个方面的构成要件，即犯罪客体、犯罪客观方面、犯罪主体、犯罪主观方面的构成要件。[②] 犯罪客体即刑法所保护而为犯罪所侵犯的社会主义社会关系。犯罪客体是任何犯罪成立都不可或缺的要件。犯罪对象是指刑法分则条文规定的犯罪行为直接作用的具体的人或物。犯罪对象被认为是犯罪所侵犯客体的一个成分，但它仅仅是某些犯罪的必要构成要件。犯罪客观方面是指犯罪活动的客观外在表现，包括危害行为、危害结果、行为与结果之间的因果关系以及客观方面随意条件，如时间、地点、方法和手段等。犯罪主体是指达到法定刑事责任年龄、具有刑事责任能力实施危害行为者。犯罪主体包括一般主体和特殊主体。犯罪主观方面即犯罪人对于他所实施的危害社会的行为及其后果的内在的、心理上的态度，包括故意和过失及犯罪目的、动机。与罪过相关的问题有：不可抗力事件、意外事件、期待可能性等。错误也属于主观方面的问题，包括法律上的错误和事实上的错误。

通过对比不难发现，德日犯罪论体系与中国犯罪论体系存在一些相同的基本要素。

（一）客观要素与主观要素

在罪刑法定原则要求下，犯罪论体系为了实现其犯罪模型的功能，都将值得刑罚处罚行为进行抽象和类型化。所抽象出的可罚行为类型在基本组成要素上既包括行为的客观面，也包括行为的主观面。就客观要素而言，德日体系中构成要件该当性中的行为、危害结果、因果关系、行为的附随情状等，与中国犯罪论体系中的犯罪客体、犯罪客观方面相对应；就主观要素而言，德日阶层体系规定的罪过要件与中国犯罪构成理论中的

---

① 参见于改之、温登平：《比较、反思与重塑：犯罪构成理论再探》，载《法学评论》2002 年第 3 期。笔者主张，责任的要素主要包括责任能力、违法性意识的可能性以及期待可能性。

② 参见［俄］Л. В. 伊诺加莫娃-海格主编：《俄罗斯联邦刑法（总论）》（第 2 版），黄芳、刘阳、冯坤译，中国人民大学出版社 2010 年版，第 35 页；高铭暄、马克昌主编：《刑法学》（第 10 版），北京大学出版社 2022 年版，第 48 页。

犯罪主观方面,均体现了对行为人主观心理的评价。

(二)积极要素与消极要素

犯罪论体系对值得刑罚处罚的行为进行抽象和类型化,阐明了犯罪成立的一般性条件,在一般意义上实现了形式正义。但是,社会生活是复杂与特殊的,形式上满足犯罪条件的行为可能根本不具备违法性与可责性,因而恪守形式上的定罪条件可能导致实质上的不公。为了解决这一问题,在一般正义的前提下实现实质正义,各犯罪论体系都在正面入罪的同时,又运用“原则—例外”等方法反面出罪,将实质上不具备可罚性的行为排除出去,因而犯罪论体系中既存在积极要素又存在消极要素。德日犯罪论体系大体上从行为或者构成要件这样的犯罪成立要件和违法(严密地说是违法阻却)以及责任这种犯罪不成立的事由两部分进行研讨。[①]构成要件是从正面评价行为是否具有该当性,是积极的构成要素,而在违法性和有责性的判断中,该体系从整体法秩序和伦理的立场对行为进行价值评价,检查是否存在违法阻却事由和责任阻却事由。有观点认为,在中国犯罪构成理论中,排除犯罪性事由不属于犯罪构成要素,是在犯罪论体系之外讨论的,其理由在于:在中俄犯罪构成四要件体系中,犯罪构成中任何一个必要要素不存在都会导致犯罪不成立,因此,作为例外条件的排除犯罪性事由不是相对独立的犯罪成立条件,而是作为主观或客观构成要素的消极性条件而存在。无论如何理解,正当防卫、紧急避险等排除犯罪性事由作为一种消极的、例外的条件,否定了行为的犯罪性,实现了实质正义。

(三)事实要素与规范要素

犯罪论体系中所抽象出的一般性可罚行为并非价值中立的类型,而是具有价值判断的意涵,因而犯罪构成要素中既存在事实要素又存在规范要素。在德日阶层式犯罪论体系中,事实评价和规范评价的分置是非常明确的。无论在立法上还是在机能方面,构成要件都被视为客观的、记

---

① 参见[日]松宫孝明:《刑法总论讲义》(第4版补正版),钱叶六译,中国人民大学出版社2013年版,第30页。

述性的事实要素①；而其违法性和有责性则被视为规范要素，因为违法性是对行为的规范评价，而有责性是对行为人的规范评价。中国犯罪构成理论认为，犯罪构成不仅是对可罚行为的类型化，而且是“客观危害社会的行为的事实构成”，是“构成行为社会危害性的客观要件和主观要件的客观存在体系”②，是行为人承担刑事责任的根据。因此，这种犯罪构成体系对犯罪成立的要素也是事实与规范并存。

总之，在德日犯罪论体系与中国犯罪构成理论中，对于确定犯罪的性质，一些因素都是必不可少或者必然涉及的，而且对这些因素的界定和理解也是大同小异的。上述相通性表明，在现代刑法理念的基础上，关于什么样的社会现象应当受到刑事处罚，人们已达致基本共识。

第二节　个性比较

一、哲理基础

现代社会的犯罪论体系是一种法律文化的现象，它的存在绝不是偶然的，而是顺应时代发展而产生的，具有广泛的社会经济、政治和文化基础。虽然哲学是科学的科学这一判断存在疑问，但是哲学对具体科学的指导意义是公认的。在犯罪论体系的形成和发展史上，哲学扮演着重要的角色，犯罪论体系就是根植于肥沃的法律哲学土壤之中的一个知识体系。从某种意义上讲，不同犯罪论体系的理论气质和具体构造的迥异，源于不同哲学的影响。

德日三阶层犯罪论体系的变迁深受自然主义、新康德主义和现象学等的影响。在理论气质上，欧陆哲学崇尚思辨，注重体系构建，这令三阶

---

① 当然，有许多学者都将构成要件作为违法类型和有责类型，但至少在德日立法上和其机能上，构成要件依旧是一种事实要素。

② ［俄］Н. Ф. 库兹涅佐娃、И. М. 佳日科娃主编：《俄罗斯刑法教程（总论）》（上卷・犯罪论），黄道秀译，中国法制出版社 2002 年版，第 177 页。

层犯罪论体系极富思辨性、阶层性和体系性。欧陆哲学以精细的概念分析见长的特点,使大陆法系犯罪论体系在具体观点的构造上日趋精致。在此基础上,大陆法系的犯罪论体系经过费尔巴哈、李斯特、贝林、M. E. 迈尔、梅茨格尔、罗克辛、雅科布斯、牧野英一、小野清一郎、团藤重光、平野龙一等刑法学者不懈的努力经营,特色叠出,观点纷呈,形成一个五彩斑斓的画卷,在很多方面积累了厚实理论。如在刑法基点上,有行为刑法和行为人刑法之说;在刑法学派上,有刑事古典学派和刑事实证学派之分;在刑法解释上,有主观解释、客观解释和折中解释之别;在刑法机能上,有防卫社会和保障人权之分;在立法主义上,有主观主义和客观主义之争;在犯罪本质上,有法益侵害说和规范违反说、行为无价值和结果无价值之争;在刑罚目的上,有绝对主义、相对主义、并合主义之争;等等。正因为在原则问题、重大问题上的深入研究,并且出现了不同见解,形成了不同的学说,这就为解释犯罪论体系内部具体问题提供了不同的立场,为深入的理论探讨提供了广阔的空间,为形成丰厚的犯罪论体系奠定了理论基础。可以说,这些问题的提出以及诸多理论、观点、学说的涌现,形成了大陆法系博大、丰硕、厚实的犯罪论体系。

中国的犯罪构成理论是从苏俄引进的。自 19 世纪 30 年代起,俄国社会进入快速发展时期,当时的沙皇政府特别是尼古拉一世政府不愿让自己的臣民到法国去,因为法国被认为是一个经常发生革命、处于混乱和无政府状态的国家。政府鼓励青年人去德国的大学学习,因为那个国家相对平静地处于专制主义传统的影响下,俄国青年会在那里被训练成更加忠实于沙皇的奴仆①。另外,德国的大学、科学和黑格尔所称的“思想的王国”已享有盛誉,对俄国的青年学者具有吸引力。自此,黑格尔学说特别是他的辩证法思想对俄国的学术界产生了重大影响。在刑法学领域内,涌现出一大批“刑事黑格尔主义者”,如 A. 帕柳姆别茨基、P. 希什金等。② 黑格尔将主客观看作对立统一体,这种辩证法思想导致主观内容被纳入犯罪构成,使犯罪构成被视为主客观要素的总和。黑格尔哲学传入

---

① 参见姚海:《俄罗斯文化之路》,浙江人民出版社 1992 年版,第 127 页。

② 参见薛瑞麟:《对话〈刑法知识去苏俄化〉的作者》,载《政法论坛》2008 年第 6 期。

苏联后，为马克思主义吸收与发展。黑格尔辩证法为马克思的辩证唯物主义奠定了发展基础。马克思提出了关于物质和意识的原理、对立统一的规律、质量互变的规律、否定之否定的规律以及唯物辩证法的诸范畴等哲学原理，这些哲学理念都为社会主义犯罪构成理论的构建提供了思想根基。与此同时，马克思还提出了诸多刑法思想，如吸收黑格尔和贝卡利亚刑法思想中的合理成分主张犯罪与惩罚之间的尺度关系等，这些刑法思想也成为社会主义犯罪构成理论的指导思想与理论依据。① 基于黑格尔哲学和马克思主义哲学的基本原理，以特拉伊宁为代表的苏联刑法学家对德日犯罪论体系进行批判、改造，创立了全新的社会主义的犯罪构成学说。在政治与法律不可分离的观念指导下，苏联刑法学者提出犯罪的阶级性，揭示出犯罪的本质在于其社会危害性，提出"社会主义的刑法，不是建立在客观因素与主观因素的脱离或对立的基础上，而是以辩证地结合对主体和他的行为的评价为基础的"，②并因此得出，"犯罪构成乃是苏维埃法律认为决定具体的、危害社会主义国家的作为（或不作为）犯罪的一切客观要件和主观要件（因素）的总和。"③这种主客观相统一的犯罪构成理论随后传入中国。

二、逻辑结构

三阶层犯罪论体系具有动态性，在构成要件符合性、违法性、有责性这三个要件之间的关系上，呈现一种纵向递进的逻辑结构。作为第一阶层的构成要件符合性是一种事实判断，其旨在以抽象肯定的逻辑大体地框定犯罪成立的"典型事实构成要素"④，即在一般、典型的情形下，某行为很可能构成犯罪。该阶层反映出德日三阶层犯罪论体系结构对犯罪圈

---

① 参见中共中央马克思恩格斯列宁斯大林著作编译局编译：《马克思恩格斯全集》（第34卷），人民出版社2008年版，第140-141页。

② ［苏］A. H. 特拉伊宁：《犯罪构成的一般学说》，薛秉忠等译，中国人民大学出版社1958年版，第46页

③ ［苏］A. H. 特拉伊宁：《犯罪构成的一般学说》，薛秉忠等译，中国人民大学出版社1958年版，第48页。

④ ［意］杜里奥·帕多瓦尼：《意大利刑法学原理》（注评版），陈忠林译评，中国人民大学出版社2004年版，第36页。

的初步逻辑划定,它一方面以一种抽象肯定的逻辑对符合相应特征的行为予以纳入,另一方面又将其他不符合相应特征的诸多行为排除在犯罪圈以外。作为第二阶层的违法性(是否具有排除违法性的事由,如正当防卫、紧急避险、业务行为、执行命令等),其旨在从客观层面上考察具有构成要件符合性的行为是否符合优越利益保护原则,是否得以排除违法性或具有法律上的正当性。如是,则该行为得以出罪;如否,则进入下一阶层的逻辑考察。作为第三阶层的有责性(是否具有排除有责性的事由,如精神病态、意外事件、不可抗拒等),是一种具体的、以非难可能性为中心内容的价值判断,其旨在从主观层面上考察行为人是否不具有刑事责任能力,是否可以排除行为人在案件具体情境中的主观罪责。如是,则行为人的行为不构成犯罪;如否,则行为人的行为因具备了构成要件符合性、违法性和有责性三个层次的要件而成立犯罪。① 可见,从逻辑结构来看,德日犯罪构成理论结构是一种"抽象纳入+(双层)具体排除"的剥笋式的纵向递进的三阶层逻辑结构体系。

关于三阶层体系是否存在形式判断先于实质判断、客观判断先于主观判断,西田典之认为,在如何保持法官作出正确、适当的判断这一意义上,构成要件该当性→违法性→有责性这一判断顺序具有相应的作用。理由在于,是否该当于可罚性行为类型这一构成要件该当性的判断在某种程度上具有形式性、明确性,正因如此,若由此首先设定一个限制性框架,即便其后对违法性、有责性进行实质性判断,也不会扩大处罚范围。正是出于这种考虑,犯罪论体系通过阶段性的深入,即由形式性判断进入实质性判断、由对客观性要素的判断进入对主观性要素的判断,从而力图确保法官判断正确、适当。②

三阶层体系中,违法性与有责性判断是实质化的判断,已成为刑法学界的共识。然而,关于构成要件符合性是否仅仅为形式化判断,则存在争议。形式解释论主张,只要根据刑法条文对构成要件进行形式解释即可;

---

① 参见储槐植、高维俭:《犯罪构成理论结构比较论略》,载《现代法学》2009 年第 6 期。

② 参见[日]西田典之:《日本刑法总论》(第 2 版),王昭武、刘明祥译,法律出版社 2013 年版,第 61 页。

实质解释论主张，只能将值得科处刑罚的法益侵害行为解释为符合构成要件的刑法。[①] 形式解释论与实质解释论之争，背后反映了形式法治与实质法治的分歧。形式法治关注法律颁布的方式（是否由合格的被授权者颁布，是否以合适的被授权方式颁布等）、规范的清晰性（是否足够清晰以指引个人行为，使之可规划其生活等）以及规范的时间维度（面向未来或者溯及既往等）。形式法治关心法律是否符合法治的形式规范，并不关心法律是善法还是恶法。实质法治认为法治除了要具有上述的形式特质外，还应构成特定的实质性权利的基础，这些权利区分了合于这些权利的善法与并不合于这些权利的恶法。西方学者正在寻找一条介于纯粹形式法治与实质法治的中间道路。[②] 刑法学界在“二战”后初期因检讨战前恣意运用刑事法体系所生之弊端，强调重视刑法解释的形式性。然而，倘若仅贯彻实行形式解释论，并不一定能真正实现宪法理念，所以在刑法解释论上，除采取形式解释论外，也加以实质判断，形成形式与实质并重的二元解释论。[③] 构成要件符合性的判断是形式判断与实质判断相结合，三阶层犯罪论体系的各个阶层均呈现出实质化趋势。

在中国犯罪构成理论中，犯罪构成是成立犯罪所必需的各种主客观因素的集合。该理论预先根据经验，将作为判断行为是否符合犯罪标准的犯罪构成分成犯罪客体、犯罪客观要件、犯罪主体和犯罪主观要件四大块，四要件密不可分。在具体思路上，与德日正面认定案件事实加反面认定阻却事由的思路不同，中国模式中的全部要件都是需要从正面加以认定的。在中国犯罪论体系中，理论上把预定的“犯罪”分割为四个要件，依此理论的实践分别填充、一一对号入座并综合认定犯罪。四个要件是一存俱存、一损俱损的共存关系，当某个行为同时符合四个方面的要件时，便综合得出行为成立犯罪的结果。对于四要件的排列顺序，学者们各持己见，有的学者主张应该按照犯罪主体、犯罪主观方面、犯罪客观方面、犯

---

① 参见[日]前田雅英：《现代社会与实质的犯罪论》，东京大学出版会1992年版，第23页。

② 参见[英]保罗·克雷格：《形式法治与实质法治的分析框架》，王东楠译，载姜明安主编：《行政法论丛》第13卷，法律出版社2011年版。

③ 参见余振华：《刑法深思·深思刑法》，台北，元照出版有限公司2005年版，第9-10页。

罪客体的顺序排列[①];有的学者认为应该按照犯罪主体、犯罪客体、犯罪主观方面、犯罪客观方面的顺序[②];还有的学者则认为四要件的犯罪构成理论各要件之间没有位阶关系,只是一种排列顺序,可以随意变动,四要件是一种互相依存关系。[③] 通说认为,犯罪构成的四个要件应按照以下顺序排列:犯罪客体、犯罪客观方面、犯罪主体、犯罪主观方面。总之,从逻辑结构来看,中国犯罪构成理论是从客观层面入手,通过对具体要素的实际形象的直观抽象,横向地划定犯罪成立要素的基本方面。[④]

不过,在具体运用四要件理论的时候,中国通说在个别情况下却没有按照从客观到主观的顺序。比如,通说认为,"具体的犯罪对象不存在,行为人误以为存在而实施犯罪行为,因而致使犯罪未得逞的,应定为犯罪未遂。如行为人误以野兽、牲畜、物品、尸体为人而开枪射杀的,应令其负故意杀人罪未遂的刑事责任。"[⑤]如果严格按照从客观到主观的顺序,既然具体的犯罪对象不存在,犯罪客体和客观方面就不存在,行为就不符合犯罪构成的四要件,属于不能犯,因而无罪。这表明,中国刑法理论在体系性思考方面还有待加强。

值得注意的是,还有学者指出:"基于犯罪的认定与犯罪行为本体的关系,对于犯罪构成要件的逻辑顺序按照哪个标准排列都有其合理性。以行为自身形成过程与发展规律为依据,犯罪构成要件应当按照犯罪主体要件——犯罪主观要件——犯罪客观要件——犯罪客体要件进行排列。"[⑥]这种基于行为发生的顺序而构建的犯罪论体系,不仅符合犯罪发生的情况,而且为人们充分理解犯罪提供了一个新的思考视角,是值得肯定的。探讨行为发生的顺序有助于复原案情,司法官在认定犯罪时的思

---

① 参见赵秉志:《犯罪主体论》,中国人民大学出版社 1989 年版,第 47-50 页;赵秉志、吴振兴主编:《刑法学通论》,高等教育出版社 1993 年版,第 84-85 页。

② 参见何秉松:《犯罪构成系统论》,中国法制出版社 1995 年版,第 113-119 页。

③ 参见陈兴良:《犯罪论体系的位阶性研究》,载《法学研究》2010 年第 4 期。

④ 参见储槐植、高维俭:《犯罪构成理论结构比较论略》,载《现代法学》2009 年第 6 期。

⑤ 高铭暄、马克昌主编:《刑法学》(第 10 版),北京大学出版社 2022 年版,第 121 页。

⑥ 赵秉志、吴振兴主编:《刑法学通论》,高等教育出版社 1993 年版,第 84 页;赵秉志主编:《刑法总论》(第 2 版),中国人民大学出版社 2012 年版,第 109 页。

维逻辑并不是单向的，司法人员在刑事司法实践中，会从主观到客观，再从客观到主观不断反复往返，分析研究，相互印证，最后加以确认①。只有进行正反两个方向的思考，才符合思维的逻辑，才能得出客观全面的结论。但是，考虑到本书系立足于通说对三阶层与四要件进行比较，故下文仍按照通说的顺序予以论述。

概言之，中国犯罪论体系与德日一样，遵循的是客观判断先于主观判断、形式判断与实质判断相结合的思维逻辑。

三、体系支柱

如前所述，有学者主张，构成要件符合性与违法阻却事由都是用以判断行为的不法，而罪责则根据非难可能性来说明。所以，不法与责任才是构筑刑法体系与众不同的材料，是犯罪概念的二大支柱。正如罗克辛所言，"违法性与责任的区别，这是过去 100 年间（德日）刑法学所获得的最重要的知识。"如果没有违法性与责任的区别，就难免向人们发出这样一种信息：所有的无罪判决均意味着允许实施该行为。也就是说，正是因为区别了违法性与责任，对于因阻却责任而作出的无罪判决，才可以在不将该行为视为正当行为的情况下，而对行为人不予处罚。不仅如此，另外还可以推导出以下效果：对于缺少违法性的行为不得实施正当防卫，而对于缺少有责性的行为则可以实施正当防卫；对于阻却违法性的行为不能成立共犯，而对于阻却责任的行为却有可能成立共犯（限制从属性说）。②

于是，张明楷教授认为，在中国传统的四要件体系中，"所有的要件综合起来说明一个综合的社会危害性，难以进一步细分为不法和责任。由于犯罪构成的四个要件只能综合起来发挥作用，否认'没有责任的不法'，便产生了诸多难以解决的问题。例如，不能说明对 13 周岁或者精神病患者的杀人行为能否制止或者防卫；不能合理地解决共同犯罪问题（如难以处理 17 周岁的甲为 15 周岁的乙入户盗窃望风的案件）；不能合理地说明

---

① 参见杨兴培：《"三阶层"犯罪结构模式的中国语境批判》，载《东方法学》2021 年第 2 期。

② 参见［日］松原芳博：《刑法总论专题研究（二）》，王昭武译，载《河南省政法管理干部学院学报》2010 年第 4 期。

某些分则条文中的'犯罪'概念(如不能解释刑法第312条的'犯罪'含义);如此等等。"[①]那么,中国刑法是否真的由于没有区分不法与责任而存在这些"难以解决的问题"?下面我们逐一进行讨论。

1. 对无刑事责任能力人的正当防卫

中国《刑法》第20条第1款规定,"为了使国家、公共利益、本人或者他人的人身、财产和其他权利免受正在进行的不法侵害,而采取的制止不法侵害的行为,对不法侵害人造成损害的,属于正当防卫,不负刑事责任。"正当防卫的起因条件,是指必须有不法侵害的实际发生和客观存在。只要是不法侵害行为,并不要求它已经达到或者将要达到犯罪程度,防卫人都可以依法对不法侵害人实行正当防卫。正当防卫的对象是不法侵害人。

对于实施侵害行为的未达到刑事责任年龄的未成年人或无责任能力的精神病人,能否进行正当防卫?刑法学界意见不尽一致。否定论者认为,不法侵害人除其行为在客观上危害社会、违反法律外,还必须具备责任能力和主观罪过。换言之,精神病人和未成年人的侵害行为不属于不法侵害,对其一般不能进行正当防卫。肯定论者认为,不法侵害中的违法不包括行为人主观方面及其责任能力的内容,只要行为人的行为对法律所保护的权益有现实的危害性,就属于不法侵害,防卫人就有权对其进行正当防卫。总之,精神病人和未成年人的不法侵害,与有责任能力人的不法侵害并无本质区别,对之都可以进行正当防卫。通说认为:(1)从原则上讲,对无责任能力人的侵害行为是可以实行正当防卫的。因为,无责任能力者的侵害行为,客观上也是危害社会的行为,广义上属于不法侵害,因此,不能完全将其排除在正当防卫的对象之外。(2)对于无责任能力人的侵害行为实行正当防卫,需要加以一定的限制。从刑法精神来讲,无责任能力人的侵害行为明显不能等同于有责任能力人的故意侵害;从社会道义来讲,应当尽一切努力避免对精神病人、未成年人造成不应有的身体或精神的损害。因此,在遇到无责任能力人的侵害时,如果明知侵害者是无责任能力的人并有条件用躲避等其他方法避免侵害时,则不得实行正

① 张明楷:《刑法学》(第6版),法律出版社2021年版,第131页。

当防卫;如果不知道侵害者是无责任能力人,或者不能用躲避等其他方法避免侵害时,则可以实行正当防卫。[①]

因此,虽然没有区分不法与责任,但中国刑法理论通说也主张,对 13 周岁或精神病患者的杀人行为能够进行防卫,只是基于刑法精神、社会道义的需要,应对其加以一定的限制,即明知侵害者是无责任能力人并有条件用躲避等其他方法避免侵害时,则不得实行正当防卫。

关于"躲避的必要性"问题,英美刑法比中国走得还要远。普通法的传统观点认为,就整个社会来说,应当尽可能地减少不必要的损害,对于所有的防卫行为都应该采取"能躲避就不自卫"的态度。但美国主流观点认为,对侵犯者躲避无异于鼓励犯罪,是不光彩的丢脸做法,因此即使能够躲避也可以进行自卫。但也有极少数州采取传统的观点,不过又作了一些补充。例如,"在适用致命暴力之前,如果防卫人能安全地躲避,则应当躲避","但是安全躲避不意味着要离开住处或工作地"。[②]

2. 与无刑事责任能力人的共同参与行为

中国《刑法》第 29 条规定:"教唆他人犯罪的,应当按照他在共同犯罪中所起的作用处罚。教唆不满十八周岁的人犯罪的,应当从重处罚。如果被教唆的人没有犯被教唆的罪,对于教唆犯,可以从轻或者减轻处罚。"

对于"教唆不满十八周岁的人犯罪",通常可以分成三种情况进行理解:一是教唆已满 16 周岁不满 18 周岁的人犯任何罪,都应当依照《刑法》第 29 条第 1 款的规定从重处罚。因为《刑法》第 17 条第 1 款规定:"已满十六周岁的人犯罪,应当负刑事责任。"二是教唆已满 14 周岁不满 16 周岁的人犯故意杀人、故意伤害致人重伤或者死亡、强奸、抢劫、贩卖毒品、放火、爆炸、投放危险物质罪,或者教唆已满 12 周岁不满 14 周岁的人犯故意杀人、故意伤害罪,致人死亡或者以特别残忍手段致人重伤造成严重残疾,情节恶劣,经最高人民检察院核准追诉的,应当对教唆犯从重处罚。因为中国《刑法》第 17 条第 2 款、第 3 款规定:已满 14 周岁不满 16 周岁的

① 参见高铭暄、马克昌主编:《刑法学》(第 10 版),北京大学出版社 2022 年版,第 130 页。赵秉志主编:《刑法总论》(第 2 版),中国人民大学出版社 2012 年版,第 288 页。

② 储槐植、江溯:《美国刑法》(第 4 版),北京大学出版社 2012 年版,第 78 页。

人犯上列各罪的，以及已满12周岁不满14周岁的人犯故意杀人、故意伤害罪，在特定情形下经过特别程序核准的，应当负刑事责任。三是教唆已满12周岁不满16周岁的人犯中国《刑法》第17条第2款、第3款规定以外之罪，以及教唆不满12周岁的人犯任何罪，中国通说认为，由于被教唆人未达法定刑事责任年龄，缺乏成为犯罪主体的条件，他们实施的刑法规定为犯罪的行为则不构成犯罪，因而教唆者不能成为教唆犯，实际上他是把被教唆者当作犯罪工具来达到自己的犯罪目的，完全符合间接正犯的特征，应当按照间接正犯（实践中即按照实行犯）处理并从重处罚。[①] 同理，根据工具理论，教唆精神病人实行犯罪行为也构成间接正犯。

至于帮助无刑事责任能力人实施犯罪行为是否构成犯罪？中国司法实践中有这样一个案例：王某在盗窃一辆价值12万元的摩托车时，正好同厂工友关某路过，王某遂叫关某帮助望风，关某未推辞，并照王某的吩咐在附近望风，王某将摩托车顺利偷到手。案发后，经司法精神病鉴定，案发当时王某正处于精神病状态，依照刑法规定不负刑事责任。那么，该案是否构成共同犯罪？关某是否应承担刑事责任？按照德日刑法理论，关某系共犯，应承担帮助犯的刑事责任。但中国刑法规定，共同犯罪是指二人以上共同故意犯罪。成立共同犯罪除必须具备两个以上行为人外，还应同时具备以下几个条件：每一行为人都达到法定责任年龄、具有刑事责任能力；在主观方面必须具有共同犯罪故意；在客观方面，各犯罪主体必须具有围绕同一犯罪目的的共同犯罪行为。该案王某和关某具有共同盗窃行为，似乎符合共同犯罪的行为特征，但王某实施盗窃行为时处于精神病状态中，不具有刑事责任能力，王某与关某二人的行为是不能成立共同犯罪的。中国刑法理论和司法实践认为，虽然王某和关某不构成共同犯罪，但并不能免除关某的刑事责任。因为关某明知他人正在实施盗窃犯罪，却帮助犯罪，这种帮助行为显然具有社会危害性，且具备刑法规定的犯罪构成要件，因而应追究其刑事责任。[②] 可见，帮助无刑事责任能力人实施犯罪行为在中国是按照单独犯罪处理的。因为中国刑法中的危害

---

① 参见高铭暄、马克昌主编：《刑法学》（第10版），北京大学出版社2022年版，第177-178页。

② 参见《主要行为人无刑事责任能力，能否认定共同犯罪？》，载《人民检察》1997年第10期。

行为是指在人的意志或者意识支配下实施的危害社会的身体动静，它存在于任何种类、任何形态犯罪的犯罪构成中。[①]

因此，德日犯罪论体系区分不法与责任，将教唆、帮助无刑事责任能力人实施犯罪行为作为共犯处理；中国犯罪构成理论没有区分不法与责任，将其作为单独犯罪处理。中国刑法与德日刑法处理的方式不同，并非"难以处理17周岁的甲为15周岁的乙入户盗窃望风的案件"。

3. 对刑法分则规定的某些"罪"的理解

关于刑法分则中"犯盗窃、诈骗、抢夺罪""过失犯前款罪""明知是犯罪的人""明知是有罪的人""明知是犯罪所得"等表述，按照德日犯罪论体系，这些"犯罪"都是符合构成要件的、违法的行为，而按照中国犯罪构成理论，这些"犯罪"是指客观方面的行为。[②] 当然，也有观点认为，"明知是犯罪的人""明知是有罪的人""明知是犯罪所得"中的"犯罪"是指符合犯罪构成成立犯罪的行为。这种理解在司法实践中存在，但并不是通说。[③] 总之，虽然从德日和中国两种犯罪构成理论得出的解释的表述不同，但本质上并无区别。

四、构成要素的内涵

在构成要素的具体内涵上，三阶层犯罪论体系与中国犯罪构成理论在以下几个方面存在区别。

（一）主观要素的含义及体系地位不同

在三阶层犯罪论体系中，主观要素被分配到构成要件该当性与有责性两部分，因而被赋予两种职能，存在双重意义。主观要素在构成要件的该当性中，是作为主观构成要件而存在的。构成要件的故意是对客观的构成要件事实的认识，不包括违法性认识；构成要件的过失是指没有实现犯罪的认识、意欲而实现犯罪的行为的、主观的心理态度，不包括对主观

---

① 参见高铭暄、马克昌主编：《刑法学》（第10版），北京大学出版社2022年版，第61、68页。

② 参见张明楷：《犯罪构成体系与构成要件要素》，北京大学出版社2010年版，第22页。

③ 参见谢福志、郭新：《窝藏未成年人的盗窃所得应如何定罪》，http://court.gmw.cn/html/article/201302/05/118860.shtml，2013年5月18日访问。

注意义务的违反,以及注意义务的认识能力与履行能力,而仅包括客观注意义务的违反性。所谓客观注意义务,是指行为人依社会共同生活的行为准则,应当谨慎从事,以避免其行为发生危险,破坏他人法益,而保持对客观情势所应有的注意义务;具有对客观注意义务的违反,一般就可以认定违反了主观注意义务,但行为人有可能因生理缺陷、心理缺陷、欠缺在特定情形下所必需的特定技能或经验等特殊情况,排除主观的注意义务之违反性。① 在有责性阶段,主观要素的意义在于判断行为人是否应负刑事责任或刑事责任的大小问题。作为责任要素的故意与构成要件的故意不同,除了认定构成要件的事实外,还应包括对违法性的认识即违法性意识以及产生这种意识的可能性。作为责任要素的过失与构成要件的过失也不同,不包括客观注意义务的违反性因素,而只判断是否违反了主观的注意义务。

主观要素在中国犯罪构成理论中属于主观要件的内容,被称为犯罪主观方面,是指犯罪人对于他所实施的危害社会的行为及其后果的内在的、心理上的态度,包括故意和过失及犯罪目的、动机。其中,故意包括直接故意和间接故意,过失包括轻率的过失和疏忽大意的过失。错误也属于主观方面的问题,包括法律上的错误和事实上的错误。犯罪主观方面是中国犯罪构成理论的四个重要方面之一。不同的主观心理态度反映了犯罪的不同特征,因此这一要件不可或缺。

(二)犯罪客体的内容及体系地位不同

犯罪客体是中国犯罪构成理论中的一个重要概念,也是中俄犯罪构成理论与其他犯罪论体系的重要区别之一。

在德日三阶层犯罪论体系中,并不存在犯罪客体这一概念,但存在行为客体和保护客体。行为客体是指犯罪行为具体指向或者作用的人或者物,即犯罪对象,是作为构成要件要素存在的。保护客体是指刑法保护的某种利益,其与犯罪客体的概念颇为相近。保护客体并非犯罪构成要件,但这并不表明德日犯罪论体系不考虑保护客体,而是将保护客体置于违

---

① 参见[日]大谷实:《刑法讲义总论》(新版第2版),黎宏译,中国人民大学出版社2008年版,第179-180页。

法性阶段。[①] 在德日犯罪论体系中,构成要件符合性通常是形式判断,不需要考虑是否侵犯法益,但违法性阶段要考虑行为是否侵害或威胁了刑法所保护的法益即犯罪客体,但这种判断并非从正面进行,而是消极地将不存在法益侵害的情形作为违法阻却事由,因此,尽管违法性是成立犯罪的条件,但法益本身不是构成要件。某种犯罪侵犯的法益是什么,是刑法各论的重要课题。对"何为保护法益"的理解,为解释犯罪类型提供了指导性原理,在此意义上,具有非常重要的作用。[②]

四要件犯罪构成理论中的犯罪客体理论,是在批判资产阶级犯罪客体理论的基础上形成的。以阶级学说为根据,苏联学者提出犯罪的阶级性和其社会危害性本质,犯罪客体也就是刑法所保护的、为犯罪行为所侵害的社会关系或法益,具有实质化意义,对于任何一个犯罪来说具有不可或缺性。特拉伊宁指出:"每一个犯罪行为,无论它表现的作为或不作为,永远是侵犯一定的客体的行为。不侵犯任何东西的犯罪行为,实际上是不存在的。"[③]H. M. 扎果罗德尼柯夫认为:"犯罪客体之所以具有这种意义,首先是由于人们的行为本身,不管表现为何种形式,只有当它们威胁到法律保护的实际利益时,才具有危害社会的性质。"[④]犯罪不仅仅是客观事实,也是价值事实,犯罪客体作为刑法所保护的客体,是将某种行为设定为犯罪的价值目标,且必须在犯罪的成立条件中得到体现,否则,犯罪构成就不是犯罪成立条件意义上的犯罪构成,而只是作为犯罪成立的部分条件的犯罪构成,这与犯罪构成的内涵相矛盾。因而,犯罪客体作为一个直接触及犯罪实质特征的要件,与其他的犯罪成立条件一起决定着犯罪的成立,成为犯罪构成的独立要件。

---

① 参见黎宏:《刑法学》,法律出版社 2012 年版,第 71-72 页。

② 参见[日]西田典之:《日本刑法总论》(第 2 版),王昭武、刘明祥译,法律出版社 2013 年版,第 66-67 页。

③ [苏]A. H. 特拉伊宁:《犯罪构成的一般学说》,薛秉忠等译,中国人民大学出版社 1958 年版,第 101 页。

④ [俄]H. M. 扎果罗德尼柯夫:《苏维埃刑法上犯罪客体在判刑时的意义》,载《军事法律学院学术论文集》1949 年第 10 期。转引自[苏]A. H. 特拉伊宁:《犯罪构成的一般学说》,薛秉忠等译,中国人民大学出版社 1958 年版,第 101 页。

(三)排除犯罪性事由的内容及体系地位不同

排除犯罪性事由,是指妨碍成立犯罪的事由。有学者也将之称为排除犯罪性的行为、排除社会危害性的行为、正当行为。

在德日刑法理论中,犯罪成立条件是构成要件该当性、违法性、有责性。构成要件是成立犯罪的原则要件,但也可能存在不能成立犯罪的情况,这些排除犯罪成立的事由,即为排除犯罪性事由。在德日犯罪论体系中,排除犯罪的事由分为排除违法事由和排除责任事由。德国和日本的刑法均明确规定了排除犯罪性的事由,如正当防卫、紧急避险等法定的违法阻却事由和责任能力、责任故意和责任过失等阻却责任事由。但是,排除犯罪性事由不以此为限,还存在超法规的标准,有些事由法虽无明文规定,但理论上及判例上均承认其排除犯罪性的效力。例如,德国刑法界都公认法令行为、正当业务行为、被害人承诺、自救行为、自损行为等事由是超法规违法阻却事由,而在责任事由领域,义务冲突、无期待可能性等则是公认的对责任存在与否的超法规判断。又如,日本刑法中只规定了正当防卫、紧急避难与正当行为三种违法阻却事由,但对于自救行为、基于被害人承诺的行为、基于被害人推定性的承诺的行为等,也承认其可以阻止违法。肯定超法规违法阻却事由和超法规责任阻却事由的效力,赋予了法官在出罪上的巨大权力,法官可以根据自己对超法规事由的理解自行豁免犯罪。[①] 排除犯罪性事由是与构成要件相对分离的,但它仍是犯罪构成理论内部的有机组成部分,存在于犯罪论体系的第二、第三阶层,具有特定的功能和意义。

在中国犯罪构成理论中,排除犯罪性事由被定义为正当行为,是指客观上造成一定损害结果,形式上符合某些犯罪的客观要件,但实质上既不具备社会危害性,也不具备刑事违法性的行为。关于正当行为,刑法明文规定的包括正当防卫和紧急避险两种。在中国犯罪构成理论中,同样存在超法规排除事由。刑法理论和司法实践普遍认为法令行为、正当业务行为、自救行为、基于被害人承诺的行为等也属于正当行为。另外,由于

---

① 参见欧锦雄:《中国犯罪构成理论的现代展开》,中国人民公安大学出版社 2021 年版,第 291 页。

犯罪本质在于其社会危害性,而社会危害性的社会属性为行为的非犯罪性判断提供了超法规的空间,如情节轻微行为的非犯罪化。

在中国传统的刑法理论中,排除犯罪性事由是在犯罪构成要件之外研究。中国传统的学说认为,排除犯罪性行为是指外表符合某种犯罪构成,实质上不具有社会危害性的行为。由于传统的学说认为排除犯罪性的行为符合犯罪构成要件,只是不具有犯罪的实质特征,因此在体系结构上,只能在犯罪构成理论之外研究。

在目前的主流观点中,虽然排除犯罪性事由的体系地位没有改变,但对排除犯罪性的行为即正当行为的实质进行了修正。目前通说认为,"正当行为,是指客观上造成一定损害结果,形式上符合某些犯罪的客观要件,但实质上既不具备社会危害性,也不具备刑事违法性的行为。"①根据这一观点,所谓排除犯罪性的行为即使在形式上也不符合全部犯罪构成要件,而只符合犯罪构成客观要件。②

排除犯罪性行为从形式上看,具备某种犯罪的客观要件。无论是正当防卫还是紧急避险,都会造成一定的损害,既可能是人身的伤害,也可能是财产的毁损。因此,这类行为均会对实施对象造成一定的损害。但从实质上看,行为不具备社会危害性,不符合犯罪的构成要件,也就排除了刑事违法性。这类行为在客观上造成了一定的损害结果,但并不具备犯罪客体、犯罪主体或者犯罪主观方面。正当防卫是为了保护合法权益而对正在进行不法侵害的人造成必要损害,紧急避险是为了保护更大的合法利益而不得已牺牲较小的合法利益。从整体上看,这些行为都没有侵害刑法所保护的社会关系或法益。现在中国刑法中排除犯罪性行为不是在四要件体系之外,而是在四要件体系之内出罪的。

五、务实性程度

犯罪构成体系是犯罪成立条件的理论形态,其主要功能在于认定犯罪。评价犯罪论体系好坏的标准之一就在于其是否符合现实的刑事诉讼

---

① 高铭暄、马克昌主编:《刑法学》(第10版),北京大学出版社2022年版,第123页。

② 参见李希慧主编:《刑法总论》,武汉大学出版社2008年版,第261-262页。

需求,即是否具有实务操作性。犯罪论体系作为定罪模型,首先必须满足认定犯罪条件之充足性要求,且犯罪构成理论内部各成立条件之间必须逻辑协调统一。在要素齐全的基础上,犯罪论体系必须符合认定犯罪的思维过程,即犯罪论体系的设定应当符合人的思维习惯,并与刑事诉讼机制相契合。

大陆法系理论思维的逻辑起点是概念,价值目标是完善,因而大陆法系的思维模式非常注重定型化与制度化。在此理论风格的熏陶下,德日犯罪构成理论沉迷于对完整的、科学的理论体系的建构与一般原理的抽象研究,其优点在于有助于认识犯罪构成的内部构造,科学认定不同发展阶段的行为性质,建立犯罪认定的理性规则,避免感情用事以及非理性的情感因素干扰。① 但是,这也导致德日犯罪论体系在务实性方面明显不足。对体系的过度关注导致德日犯罪构成理论忽略了对具体要件本来意义的研究,因而偏离实体刑法研究的本来目的。诚如日本学者西原春夫所言,该体系"虽然在建构确保公平的理论体系方面堪称世界第一,但是一个结论不仅需要巨大的理论体系为背景,而且需要做长期的论证工作,该工作的争论需要时间,结论的整理也很复杂。尤其处在当今社会生活变化快的时代里,与只追求结论妥当性的实用主义型的美国法相比较,有可能出现应付时代变化的偏差。"②

另外,德日犯罪论体系对实体性方面的研究令人瞩目,但其在程序性方面的不足也颇为明显。德日犯罪论体系保留了浓厚的形式逻辑的风格,遵循犯罪认定的层次结构,强调逻辑分析,其优点在于能够很好地解决细节和技术问题,有利于使问题得到公正的解决,但是繁复的逻辑推理与分析,使该理论成为法官、检察官、律师等法律职业者的象牙塔上的玩物,脱离了广大民众③,容易将本来简单的罪行认定复杂化,可能造成规则

---

① 参见莫洪宪、彭文华:《德、日犯罪论体系之利弊分析》,载赵秉志主编:《刑法论丛》总第19卷,法律出版社2009年版。

② [日]西原春夫:《日本与德意志刑法和刑法学——现状与未来之展望》,林亚刚译,载《法学评论》2001年第1期。

③ 参见欧锦雄:《中国犯罪构成理论的现代展开》,中国人民公安大学出版社2021年版,第292页。

适用的教条主义，使解决问题的效率降低。因此，德日犯罪论体系在刑事诉讼中的实用性有待提高。

中国犯罪构成理论是一种耦合式的平面构造，四要件处于同一层面，操作上不讲求犯罪构成要件之间的排序和内在逻辑。在认定犯罪时，行为符合四个要件即可宣告犯罪成立。这样的犯罪认定模式简洁明了，构成要件的内容就是犯罪成立的要素，操作起来灵活方便，法官、检察官、律师等专门的法律工作者可以娴熟地正确运用该理论，被告人和广大民众也较容易明白其中的道理。[①] 但是，中国四要件犯罪构成体系对犯罪的评价过程呈现出一种静态性，不能反映认定犯罪的司法逻辑进程，仅仅体现了犯罪构成的定罪规格作用，不能反映定罪过程。这种体系没有为被告人提供犯罪成立的消极要件，没有在原则以外考虑例外情形，导致辩方无法进行有效的、系统的辩护。而刑事诉讼中控辩双方话语权失衡，必然导致人权保障制度性不足问题。

---

① 参见欧锦雄：《中国犯罪构成理论的现代展开》，中国人民公安大学出版社 2021 年版，第 292 页。

第五章

中国犯罪构成理论体系之缺陷与完善路径

第一节　四要件犯罪构成理论体系之缺陷

随着德日教义刑法学引入中国，三阶层的犯罪论体系对中国传统刑法学中的四要件犯罪构成理论体系形成重大冲击，并出现了三阶层和四要件的理论争辩。[①] 晚近以来，犯罪论体系是否需要重构的问题成为中国刑法学界一个争论得比较激烈的热门话题。其中，中国的犯罪论体系与德、日等国的三阶层犯罪论体系孰优孰劣已成为争论的焦点：有学者提出应对中国的犯罪论体系进行阶层化改造；[②]有学者主张中国的刑法学理论应当去苏俄化，而代之以德、日等国的三阶层犯罪论体系；[③]有学者主张中国应以不法和有责为支柱构建二阶层犯罪论体系；[④]也有学者认为中国的犯罪论体系虽然需要完善但是不必重构。[⑤] 上述学者的观点大致可分为"重构论"和"改良论"两大类。

持"重构论"的学者的观点又可以细分为三种。持第一种观点的学者

---

① 参见陈兴良：《注释刑法学经由刑法哲学抵达教义刑法学》，载《中外法学》2019 年第 3 期。

② 参见周光权：《犯罪构成四要件说的缺陷：实务考察》，载《现代法学》2009 年第 6 期。

③ 参见陈兴良：《犯罪论体系的位阶性研究》，载《法学研究》2010 年第 4 期。

④ 参见张明楷：《构建犯罪论体系的方法论》，载《中外法学》2010 年第 1 期。

⑤ 参见高铭暄：《论四要件犯罪构成理论的合理性暨对中国刑法学体系的坚持》，载《中国法学》2009 年第 2 期。

主张,中国应构建违法和责任二阶层体系。其理由是:中国传统的四要件犯罪构成理论将犯罪客体作为构成要件并不合适。因为犯罪客体与犯罪构成的其他三个要件并不处于同一层次,犯罪客体是被反映、被说明的现象。而且,中国传统的四要件犯罪构成理论意味着犯罪构成的四个要件只能综合起来说明一个综合的社会危害性,难以进一步区分为不法和责任。中国传统的四要件犯罪构成理论由于否认没有责任的违法,因此不能说明对13周岁的未成年人或者精神病患者实施的杀人行为能否正当防卫的问题,也不能合理解决共同犯罪的某些问题,如难以处理17周岁的甲为15周岁的乙入户盗窃而放哨的案件,更不能合理地说明某些刑法分则条文中的“犯罪”概念。中国传统的四要件犯罪构成理论虽然要求客观与主观统一,但是难以理顺客观与主观的关系,不能保障从客观到主观认定犯罪。此外,中国传统的四要件犯罪构成理论在犯罪的主观方面之后讨论正当防卫、紧急避险等违法阻却事由。[①] 基于上述理由,该学者主张构建二阶层犯罪论体系,即认为中国的犯罪论体系应由不法与责任组成。“不法是指符合构成要件且违法……在行为符合构成要件后,只需要判断是否存在违法阻却事由……责任是对不法的非难可能性。”[②]也有学者认为,考虑到违法和有责在当今刑法学理论中与构成要件符合性判断的融合趋势,以违法和有责为支点构建二阶层的犯罪论体系应该是反制平面化犯罪论体系的最好出路。[③] 持第二种观点的学者认为,来自苏俄刑法学理论的四要件体系是没有构成要件、没有出罪事由、没有归责、没有阶层的犯罪构成,并且四要件的顺序“是可以随意排列的”,[④]因此以德、日等国的“三阶层的犯罪论体系取代四要件的犯罪论体系就是一种必然的选择”。[⑤] 持第三种观点的学者认为,对中国传统的四要件犯罪论体系进行阶层化改造是大势所趋,主张构建“犯罪客观要件、犯罪主观要件、犯

① 参见张明楷:《刑法学》(上)(第6版),法律出版社2021年版,第130-132页。

② 参见张明楷:《刑法学》(上)(第6版),法律出版社2021年版,第134页。

③ 参见刘艳红:《犯罪构成体系平面化之批判》,载《法学研究》2011年第5期。

④ 参见陈兴良:《犯罪构成论:从四要件到三阶层一个学术史的考察》,载《中外法学》2010年第1期。

⑤ 陈兴良:《犯罪论体系的去苏俄化》,载《政法论坛》2012年第4期。

罪排除要件的三阶层体系”,[①]先判断客观的违法,再判断主观的责任。[②]

“重构论”所批判的四要件犯罪构成理论体系的缺陷,可以概括为以下方面。

一、四要件犯罪论体系是平面的、缺乏位阶的体系

有学者认为,中国犯罪构成中的四要件各自独立,不存在相互递进的先后关系。[③] 也就是说,四要件之间不存在逻辑上的位阶关系,各要件之间的顺序可以随意打乱。[④] 具体而言,四要件之间是一种共存关系,即一无俱无。虽然四要件通常是按照犯罪客体—犯罪客观方面—犯罪主体—犯罪主观方面这样一种顺序排列的,但在客观与主观之间没有形成严格的位阶关系,顺序是可以随意排列的。主观方面要件也是可以排列在客观要件之前的,由此形成主观先于客观的定罪思维。[⑤] 总之,四要件理论只是简单的要素集合,缺乏体系性,它是初级阶段,阶层理论是四要件理论进一步体系化之后的升级版。[⑥]

二、犯罪客体不应作为犯罪构成的要件

张明楷教授是中国较早提出犯罪客体不是犯罪构成要件的学者之一,他认为,犯罪客体不是犯罪的构成要件,而犯罪对象则是犯罪客观方面的一个内容。[⑦] 犯罪客体(法益)是犯罪概念的内容。[⑧] “犯罪客体与犯罪构成的其他三个要件并不处于同一层次”,“将犯罪客体作为构成要件

---

① 参见周光权:《刑法总论》(第2版),中国人民大学出版社2011年版,第67页。

② 参见周光权:《现代刑法的理念与方法》,载《法治研究》2020年第6期。

③ 参见刘艳红:《犯罪构成体系平面化之批判》,载《法学研究》2011年第5期。

④ 参见陈兴良:《犯罪构成论:从四要件到三阶层一个学术史的考察》,载《中外法学》2010年第1期。

⑤ 参见陈兴良:《刑法阶层理论:三阶层与四要件的对比性考察》,载《清华法学》2017年第5期。

⑥ 参见车浩:《体系化与功能主义:当代阶层犯罪理论的两个实践优势》,载《清华法学》2017年第5期。

⑦ 参见张明楷:《犯罪论原理》,武汉大学出版社1991年版,第36页。

⑧ 参见张明楷:《法益初论》(2003年修订版),中国政法大学出版社2003年版,第249页以下。

并不合适”。[①] 陈兴良、刘明祥、杨兴培等学者均持同一立场。[②]

三、犯罪主体要件的设置不科学

有学者认为，在中国刑法中，主体的特殊身份是表明客观危害的。[③]因而，主体要件的内容应当分解到客观要件与主观要件中去，即主体本身与主体身份应归入客观构成要件；法定年龄与辨认控制能力应作为罪过的前提置于主观构成要件。[④]

四、排除犯罪性事由的体系地位存在缺陷

一是没有妥善处理犯罪成立要件与排除犯罪性事由的关系。“犯罪论体系必须研究成立犯罪的一般条件以及犯罪的一般现象形态（广义），同时也要考察与犯罪具有某些相似之处而又排除犯罪的事由。”“应当在与成立条件相对应的意义上讨论排除犯罪的事由。”传统的四要件体系在犯罪构成之后另行讨论排除犯罪的事由，并不妥当。[⑤] 在中国刑法中，犯罪构成是犯罪成立条件的总和，将正当防卫和紧急避险放在犯罪构成以外讨论，势必出现行为符合犯罪构成但不一定构成犯罪的情形，进而与否定犯罪构成作为犯罪成立条件总和的性质发生逻辑矛盾。这种没有出罪事由的犯罪构成是不符合逻辑的。[⑥] 中国通说的理论在处理正当防卫、紧急避险等问题时，很容易得出自相矛盾的结论。[⑦] 上述通说的“逻辑矛

---

① 参见张明楷：《刑法学》（第6版），法律出版社2021年版，第130页。

② 参见杨兴培：《论我国传统犯罪客体理论的缺陷》，载《华东政法学院学报》1999年第1期；陈兴良：《社会危害性理论——一个反思性检讨》，载《法学研究》2000年第1期；陈兴良：《犯罪客体的去魅——一个学术史的考察》，载《政治与法律》2009年第12期；刘明祥：《我国的犯罪构成体系及其完善路径》，载《政法论坛》2023年第3期。

③ 参见张明楷：《违法阻却事由与犯罪构成体系》，载《法学家》2010年第1期。

④ 参见张明楷：《犯罪论体系的思考》，载《政法论坛》2003年第6期。

⑤ 参见张明楷：《犯罪论体系的思考》，载《政法论坛》2003年第6期。

⑥ 参见陈兴良：《犯罪构成论：从四要件到三阶层一个学术史的考察》，载《中外法学》2010年第1期。

⑦ 参见周光权：《犯罪构成四要件说的缺陷：实务考察》，载《现代法学》2009年第6期。

盾”，容易导致将正当防卫、紧急避险认定为犯罪。①

二是没有合理区分不同性质的排除犯罪的事由。中国犯罪论体系没有区分不同性质的排除事由，不利于合理确定排除犯罪事由的范围，也不利于针对不同的事由采取不同的刑事政策。② 例如，在四要件体系中只存在阻却违法性的紧急避险，不存在阻却责任或者减轻罪责的紧急避险，在处理某些极端案件时，可能会得出与人情和公众的规范期待相悖的结论。③

此外，在四要件体系中，由于没有专门的责任概念，因而无法提供期待可能性理论的栖身之所④，难以确定期待可能性的体系地位⑤。

五、四要件理论无法解决共犯论的复杂问题

例如，周光权教授认为，四要件理论不能妥善处理共犯论的问题，只能解决共犯成立的条件问题，且对此问题的解决并不彻底和深入。在讨论共犯的成立条件时，实质上用的是讨论单独犯的故意、行为的简单套路。把适用于单独犯的犯罪构成理论简单借用到共犯论上，会带来思维判断简单化、共犯成立范围广的危险；难以对行为进行分层次评价，难以在不同的评价阶段得出相应的结论。四要件理论坚持的是纯粹的引起说的立场，容易得出“没有正犯的共犯”的不合理结论。⑥ 此外，对于各行为人没有相同故意的场合，四要件理论也无法妥善处理。⑦

六、四要件理论难以实现刑罚的目的

周光权教授指出，四要件理论承认刑罚的目的是预防犯罪，包括一般预防和特别预防。要实现刑罚的预防功能，犯罪论体系就必须能够对个

---

① 参见刘明祥：《我国的犯罪构成体系及其完善路径》，载《政法论坛》2023 年第 3 期。

② 参见张明楷：《犯罪论体系的思考》，载《政法论坛》2003 年第 6 期。

③ 参见周光权：《犯罪构成四要件说的缺陷：实务考察》，载《现代法学》2009 年第 6 期。

④ 参见周光权：《犯罪构成要件理论的论争及其长远影响》，载《政治与法律》2017 年第 3 期。

⑤ 参见张明楷：《违法阻却事由与犯罪构成体系》，载《法学家》2010 年第 1 期。

⑥ 参见周光权：《犯罪构成四要件说的缺陷：实务考察》，载《现代法学》2009 年第 6 期。

⑦ 参见周光权：《犯罪构成要件理论的论争及其长远影响》，载《政治与法律》2017 年第 3 期。

别行为进行性质上评价,从而对民众的行为进行指引。然而,四要件说在某些情况下回避对行为性质的界定,不能提供给法官或者民众某种行为对错的标准,不能借助于法官的判决为民众的行为提供指导。① 四要件理论无法实现积极的一般预防。四要件说的先天不足在于无法区分被告人无罪时,是因为行为本身未侵害法益而无罪,还是仅仅因为行为人难以被谴责而无罪。行为人行使特殊防卫权的无罪,和一个精神病人或不满 14 周岁的人实施杀害行为的无罪,在四要件说之下所受到的最终评价是完全相同的,由此带来体系思考上的难题:对无罪的理由不能进行细分,司法上也只能将此无罪的信息告诉民众,而无法清晰告知民众法律要禁止的究竟是哪一种行为,从而无法实现积极的一般预防。②

在批判四要件理论的同时,也有学者指出:中国的四要件体系"这种从危害行为及其相关的外在事实到行为人行为时的内在心理乃至行为人是否具有可谴责性的思维路径或解释方式,实际上是将犯罪构成的内容分解为客观要件和主观要件,贯彻了犯罪构成判断所要求的分裂性思考和层次性思考的要求,符合解释或认定犯罪的基本规律,同时,也对犯罪成立的条件作了较为完整准确的阐述,且简洁明了、层次清晰,容易被普通民众理解,便于司法人员用来恰当处理相关案件"③。

面对持"重构论"的学者对中国传统的四要件犯罪论体系的批判,持"改良论"的学者及时给予了回应。有学者指出,中国传统的四要件犯罪论体系与三阶层犯罪论体系一样具有过程特征,三阶层"逐步过滤"与四要件"逐项筛选"只是方法论的区别,很难说哪一种方法绝对合理。并且,中国传统的四要件犯罪论体系与三阶层犯罪论体系一样具有出罪的功能。中国传统的四要件犯罪论体系中的四大要件既是积极要件又是消极要件,当缺失其中任何一个要件而否定犯罪成立时,即发挥了出罪功能。阻却犯罪行为是置于犯罪论体系之内还是之外,只是犯罪论体系叙述的

---

① 参见周光权:《犯罪构成四要件说的缺陷:实务考察》,载《现代法学》2009 年第 6 期。

② 参见周光权:《阶层犯罪论及其实践展开》,载《清华法学》2017 年第 5 期。

③ 参见刘明祥:《我国的犯罪构成体系及其完善路径》,载《政法论坛》2023 年第 3 期。

问题,并不影响其实际功能的发挥。[①] 该学者还认为,中国传统的四要件犯罪论体系是一种历史性的选择,符合中国的国情,逻辑严密、契合认识规律、符合犯罪的本质特征,相对稳定、适合中国的诉讼模式。[②] 目前,四要件犯罪论体系居于中国刑法学理论通说的地位,并且在中国的法律实务界也获得了普遍的认同。"重构论"与中国传统的犯罪构成理论相比,很难说前者具有明显的优势,更何况在当代德、日等国刑法学界,三阶层犯罪论体系也备受质疑。也有学者指出,四要件理论在犯罪构成要件中考察排除犯罪性事由,又在犯罪构成以外集中论述排除犯罪性事由,诚然存在形式上的理论脱节现象,但并非根本性缺陷。[③] 中国传统的四要件犯罪论体系不必重构,更不必引进德、日等国的三阶层犯罪论体系。当然,可以在现有的基础上,贯彻客观优先的阶层递进理念[④]。最近有个别学者认为,犯罪构成理论在犯罪认定过程中并不具有实际作用,阶层犯罪论体系并不比传统四要件犯罪构成理论在实践的意义上更具优势。[⑤] 当然,也有学者认为,我们既不可夜郎自大,也不可妄自菲薄,而应在肯定中国传统的四要件犯罪论体系合理性、实用性的基础上对其作一些改良。[⑥]

至于如何改良中国传统的四要件犯罪论体系,有学者主张,中国传统的四要件犯罪论体系实际上是对德、日等国三阶层犯罪论体系的简化,在明确指出犯罪成立的各种要件及其排列先后顺序方面,可以说完全满足犯罪论体系的基本要求;同时,不区分形式要件与实质内容,而是将二者结合起来一体考虑,结构简单、方便实用是其长处。当然,这种犯罪论体系也存在以下两个问题:(1)造成犯罪概念单一化的结果,使不法的犯罪

① 参见高铭暄:《关于中国刑法学犯罪构成理论的思考》,载《法学》2010 年第 2 期。

② 参见高铭暄:《论四要件犯罪构成理论的合理性暨对中国刑法学体系的坚持》,载《中国法学》2009 年第 2 期。

③ 参见肖中华:《犯罪构成及其关系论》,中国人民大学出版社 2000 年版,第 230 页;肖中华:《我国现行犯罪构成(成立)理论总置评——为我国现行犯罪构成(成立)理论辩护》,载刘宪权主编:《刑法学研究》(第 4 卷),北京大学出版社 2007 年版。

④ 参见黎宏:《我国犯罪构成体系不必重构》,载《法学研究》2006 年第 1 期。

⑤ 参见王充:《犯罪构成理论与犯罪事实认定关系考察》,载《法律科学》2020 年第 1 期。

⑥ 参见赵秉志、王志祥:《中国犯罪构成理论的发展历程与未来走向》,载赵秉志主编:《刑法论丛》总第 19 卷,法律出版社 2009 年版。

概念没有存在的余地;(2)虽然上述四个方面的要件排列有序,但是由于在形式上将四个方面的要件并列于一个平面上,因此大大弱化了犯罪论体系具有的指引法官思考方向的作用。[①] 正因如此,有学者主张构建两层次递进式的犯罪论体系,将犯罪构成要件改造为客观要件和主观要件两个方面。[②]

面对持"改良论"的学者与持"重构论"的学者之争论,我们既需要睿智的洞察力,又需要理性的判断力。一般而言,只有客观评判中外的犯罪论体系,才有可能在借鉴中不断完善中国传统的犯罪论体系。正如有的学者所言:"中国刑法学体系也不是尽善尽美的,还存在一些或此或彼的问题,但这些问题可以通过完善加以解决,在改革中继续加以坚持、发展"。[③] 可以说,持"重构论"的学者与持"改良论"的学者,对于中国的犯罪论体系需要发展和完善这一问题已经基本达成共识。那么,中国的犯罪论体系应该如何发展和完善呢?其实,无论是持"重构论"的学者强调三阶层犯罪论体系之逻辑性和层次性,还是持"改良论"的学者强调四要件犯罪论体系之实用性和简便性,都从不同的侧面揭示了犯罪论体系发展和完善的基本要求,因而二者的立足点从实质上看并非对立,而是兼容和互补的。

第二节　四要件理论与三阶层体系之互动与共生

如前文所述,尽管中国四要件犯罪构成理论与德日三阶层犯罪论体系的哲理基础不同、逻辑结构不同、构成要素内涵与地位不同、务实性程度不同,但对于具体问题的处理效果并没有根本性的差异,都能够适应刑事司法的一般要求。第一,关于犯罪成立条件的逻辑结构,德日早期的犯

---

① 参见黎宏:《刑法学》,法律出版社 2012 年版,第 62、65-66 页。

② 参见黎宏:《刑法学》,法律出版社 2012 年版,第 62、65-66 页。

③ 参见高铭暄:《论四要件犯罪构成理论的合理性暨对中国刑法学体系的坚持》,载《中国法学》2009 年第 2 期。

罪论体系坚持客观判断先于主观判断、形式判断先于实质判断,但现在的犯罪论体系与中国通说一样,都遵循客观判断先于主观判断、形式判断与实质判断相结合的逻辑关系。第二,德日三阶层犯罪论体系的支柱是不法与责任,并区分不法与责任,认为存在"无责任的不法"。由于无刑事责任能力人的侵害行为虽然无责任,但可以是不法,因此,可以对其正当防卫,也可以与其构成共犯。中国犯罪构成理论的支柱是客观与主观,不区分不法与责任,但也主张对于实施侵害行为的无责任能力人可以进行防卫,只是基于刑法精神、社会道义的需要,应对其加以一定的限制。教唆、帮助无刑事责任能力人实施犯罪行为不构成共同犯罪,但作为单独犯罪处理。第三,中国四要件理论将犯罪客体作为成立犯罪的第一个要件,德日三阶层犯罪论体系则将犯罪客体即法益作为犯罪概念或犯罪本质的内容,二者都肯定犯罪客体即法益的重要性。第四,德日三阶层犯罪论体系将排除犯罪性事由作为犯罪成立的消极要件,行为具有排除犯罪性事由则不构成犯罪,中国则直接根据四要件理论认定排除犯罪性的行为不符合犯罪构成,因而不是犯罪行为。

不可否认,德日三阶层犯罪论体系在构造上具有阶层性、在内容上呈现精细化的特点,但绝不是完美无缺的。比如,现在的三阶层体系认为主观要素为构成要件与有责性所共有,却没有明确指出主观要素如何二分于构成要件与有责性之中,将主观要素从有责性中提前到构成要件,则在有责性中的主观要素还剩下什么?构成要件与违法性都具有评价的属性,将评价关系从违法性提至构成要件阶段来判断,那么违法性阶段还要评价什么?符合构成要件原则上推定违法性,除非存在整体法秩序所容许的违法阻却事由。一般而言,刑法规范是对最严重法律问题的规范,除宪法外,应无其他法律可以凌驾于刑法之上,而当刑法规范已经认定为构成要件该当性之后,如何再以整体的法秩序来排除其违法性?这些都是三阶层遗留的问题,其在理论上也并非尽善尽美,本身也是随着实践的发展而不断修正。正所谓,古典犯罪论体系维持三十年后,被新古典犯罪论体系修正,新古典犯罪论体系又维持了三十年,被目的论的犯罪论体系批评,目的论的犯罪论体系维持了二十年,又被目的理性犯罪论体系完善,即使"目的理性的刑法体系也不是一项可以直接从其中毫无问题和毫无争议地直接取出成熟理论的魔术帽。”①

正如日本学者平野龙一所言，“并不存在唯一‘正确’的体系。”②无论是德日阶层式犯罪论体系还是中国四要件理论，都存在缺陷与不足。刑法理论中的犯罪论体系类似于语言学中的“语法”。要建构思维以及相互交流，“语法”是必不可少的工具，正如世界上存在多种语言一样，不可能存在一种完全“正确的语法”。同样，由于彼此的关注点与历史背景不同，也可能存在数种犯罪论体系；探讨哪一种体系才是“正确的体系”，这是毫无意义的。但是，犯罪论体系最好能够做到：就体系内部而言，理论上不矛盾，尽可能地将思维过程予以可视化，且具备可加以验证的明晰性；对体系外部而言，更好地反映属于社会事实的犯罪的实质，有助于解释与适用刑法，并有利于发现刑法理论上的问题。③

当然，指出中国四要件理论与德日三阶层犯罪论体系对于具体问题的处理效果没有根本性的差异、都能够适应刑事司法的一般要求，以及德日三阶层犯罪论体系亦存在诸多不足，并不是要否定借鉴德日三阶层犯罪论体系的重要意义，何况现实中的确存在多元犯罪构成理论并存的局面，也并不是说中国通说的四要件理论已经尽善尽美，并无需要改良的地方。“四要件体系与三阶层体系在知识形态属性上并不存在非此即彼的排斥关系，二者完全可能在共存的基础上形成一种拾遗补阙、良性互动的共生关系。”④因此，在当下中国，作为犯罪论体系发展的阶段性目标，主张四要件与三阶层犯罪论体系共生论，将三阶层体系作为改良四要件体系的参照，不失为一种妥适的方案。

首先，虽然中国四要件理论自引进以来已有半个多世纪的历史，其理论结构大体合理，操作起来相对简单，但与具有二百多年历史的德日三阶层犯罪论体系相比，其理论深度、精细程度远远不如后者，诸多具体问题

---

① [德]许迺曼：《刑法体系思想导论》，许玉秀译，载许玉秀、陈志辉合编：《不移不惑献身法与正义——许迺曼教授刑事法论文选辑》，台北，春风煦日论坛2006年版，第301页。

② 引自张明楷：《犯罪构成体系与构成要件要素》，北京大学出版社2010年版，第9页。

③ 参见[日]松原芳博：《刑法总论专题研究（二）》，王昭武译，载《河南省政法管理干部学院学报》2010年第4期。

④ 周详：《四要件与三阶层犯罪论体系共生论》，载《中外法学》2012年第3期。

经常困扰司法实践。高铭暄教授曾提出要“加强对体系中具体问题的思考”，并举例说，“期待可能性是德国刑法学家借助‘癖马案’提出的一个理论。近年来，中国刑法学界对期待可能性理论相当关注，许多学者提出不借助期待可能性，一些实践中的问题无法解决。是否真是这样？不借助期待可能性，是否可以运用中国刑法学体系中的其他理论加以解决？诸如此类问题，都值得深入思考。”①

其次，罪刑法定原则是中国刑法的基本原则之一，“法律明文规定为犯罪行为的，依照法律定罪处刑；法律没有明文规定为犯罪行为的，不得定罪处刑。”中国刑法理论依据《刑法》的规定构建了四要件的犯罪构成理论，并将其作为认定犯罪成立的具体标准。但中国司法实践却另外要求“贯彻宽严相济刑事政策，要根据犯罪的具体情况，实行区别对待，做到该宽则宽，当严则严，宽严相济”。② 那么，犯罪论体系与刑事政策之间究竟是什么关系？贯彻刑事政策是否违背罪刑法定原则？刑事政策要不要纳入犯罪论体系之中？这些是中国犯罪构成理论有待回答的问题。

最后，德日三阶层犯罪论体系是其犯罪概念的具体展开，二者本为一体。“犯罪是由行为、构成要件、违法性以及责任这四个方面的要素所组成的，将这些犯罪要素按照一定的原理进行系统化之后的东西，就是犯罪论的体系。”③所以，德日犯罪论体系是犯罪成立的唯一依据。而中国的犯罪概念与犯罪构成是抽象与具体的关系，二者存在区别。犯罪概念是从总体上划清罪与非罪的界限，而犯罪构成则是分清罪与非罪、此罪与彼罪界限的具体标准。根据犯罪概念，又可以得出犯罪的三个基本特征：严重的社会危害性、刑事违法性和应受刑罚处罚性，这三个基本特征也是把犯罪与不犯罪、犯罪与其他违法行为从总体上区别开来。④ 这样一来，犯罪概念、犯罪的基本特征和犯罪构成都是认定犯罪成立的依据。中国刑

---

① 高铭暄：《论四要件犯罪构成理论的合理性暨对中国刑法学体系的坚持》，载《中国法学》2009 年第 2 期。

② 参见 2010 年 2 月 8 日最高人民法院《关于贯彻宽严相济刑事政策的若干意见》。

③ [日]大谷实：《刑法讲义总论》(新版第 2 版)，黎宏译，中国人民大学出版社 2008 年版，第 85 页。

④ 参见高铭暄、马克昌主编：《刑法学》(第 10 版)，北京大学出版社 2022 年版，第 42-44 页。

法中犯罪构成理论不是犯罪成立的唯一依据。于是,中国刑法理论中面临一个问题,即犯罪概念、犯罪特征、犯罪构成在认定犯罪成立的过程中各自处于什么地位,起什么作用?这是完善四要件犯罪构成理论体系必须要直面和解决的问题。

第三节　四要件犯罪构成理论之完善思路

正如高铭暄教授所言,"以四要件犯罪构成理论为核心的中国刑法学体系早已建立数十年,并且随着中国法学教育的蓬勃发展,扎根开花,广为传播,深入人心。""我国四要件犯罪构成理论……符合诉讼规律,非常方便实用。"[①]四要件犯罪构成理论基本能够满足中国刑事司法的要求,在操作层面具有相对的合理性。但四要件体系也不是完美无缺的,要使四要件犯罪构成理论更加完善,必须注重逻辑性与实用性兼顾,否则会导致科学性或者存在价值的缺失[②]。目前,为了将理论、立法和司法结合起来,减少三者之间的矛盾,增加它们之间的协调性和互动性,笔者提出四要件犯罪构成理论的救济措施,即完善方案。这个方案绝不是完善中国犯罪构成体系的终极目标,更不是最终的替代措施,只是现阶段的过渡方案。该方案主要包括以下三个方面的内容。

一、问题性思考方法之借鉴

体系性思考倾向于对刑法法规的思考,而问题性思考则偏重于对具体问题的反思。体系性思考可以减弱判断者的任意性。但是,过于偏重体系的话,就会拘泥于概念的明确化和体系的整合性,推导出游离于现实的结论来。所以,"二战"以后,德国刑法学者开始提出对偏重体系的倾向进行反思的见解,在日本也有学者在"从体系性的思考向解决问题式的思

---

① 高铭暄:《对主张以三阶层犯罪成立体系取代我国通行犯罪构成理论者的回应》,载赵秉志主编:《刑法论丛》总第 19 卷,法律出版社 2009 年版。

② 参见赵秉志主编:《犯罪构成论体系比较研究》,法律出版社 2021 年版,第 582 页。

考演变”的氛围之下,强调同体系的整合性相比,应当更加尊重解决问题的具体的妥当性。[①] 如前所述,中国学者对犯罪论体系的研究主要是体系性思考,笔者认为,我们需要更多的问题性思考,实现体系性思考与问题性思考的结合。正如罗克辛教授所言,“体系性思考和问题性思考的综合是富有成果的,并且在一定程度上是可能的。”[②]

以不真正不作为犯理论为例,不真正不作为犯是刑法没有明文规定、现实经常存在的犯罪类型,作为义务又是不真正不作为犯成立的前提和基础,决定着不真正不作为犯的成立范围和处罚范围,是不真正不作为犯的核心问题。不真正不作为犯的作为义务一般在构成要件符合性阶段讨论,在体系定位方面争议不大,关键在于不真正不作为犯的作为义务的来源有哪些。

在中国,一般认为,作为义务主要有以下四种形式来源:(1)法律明文规定的义务;(2)职务或业务上要求的义务;(3)法律行为引起的义务;(4)先行行为引起的义务。[③] 与德日早期的学说一样,形式义务论尽管在外在形式上具有相对确定性和明确性,但是,并未从实质上说明为什么这些人必须保证特定结果不发生,即不能说明处罚不真正不作为犯的实质根据,导致处罚范围不明确。对作为义务仅作形式的探讨,既存在理论上的缺陷,也导致实践中确定的保证人范围有时过宽、有时过窄。

根据形式义务论,因为《民法典》的明文规定,夫妻之间有相互扶养的义务。但司法实践认为,长期同居在一起的情侣没有法律的明文规定,彼此也有照顾义务。同居情侣负有救助义务,不是依据法律的明文规定,而是基于法益保护原则,要求对保护法益具有支配地位的人承担救助义务。反过来,即使是夫妻,在特定的情况下,没有履行救助义务,也不会受到

---

① 参见[日]大谷实:《刑法讲义总论》(新版第 2 版),黎宏译,中国人民大学出版社 2008 年版,第 85-86 页。

② Claus Roxin, Strafrecht Allgemeiner Teil Band I, Verlag C. H. Beck, 2006, 4. Aufl., S. 220.

③ 参见高铭暄、马克昌主编:《刑法学》(第 10 版),北京大学出版社 2022 年版,第 64-65 页;赵秉志主编:《刑法总论》(第 2 版),中国人民大学出版社 2012 年版,第 174-176 页;陈兴良:《本体刑法学》(第 2 版),中国人民大学出版社 2011 年版,第 209 页。

处罚。

运用中国作为义务理论处理案件的结果竟然与司法实践处理的结果不一致,其原因在于,中国作为义务理论只是列举了作为义务的形式来源,没有说明作为义务的实质根据。而在德日刑法学界,不真正不作为犯的作为义务理论,经历了形式义务论到实质义务论,再到形式与实质相统一的义务论的演变。① 笔者认为,可以借鉴德日刑法理论,采取形式与实质相结合的作为义务论。

作为义务的发生实质根据是不作为犯对保护法益及危险源的现实化的过程支配。该过程支配又可以分为对保护法益的支配与对管理监督的危险源的支配。这两种支配方式所产生的义务分别称为法益保护义务和危险源监管义务。② 法益保护义务包括以下情形:(1)亲密的共同生活关系或生活共同体,如婚姻关系、父母子女关系。(2)危险共同体,如登山队、探险队。(3)事实上承担保护义务,如保姆、救生员、向导、警察、医师。事实上的承担,与契约是否存在无关。(4)法律规定,如民法中父母对子女的照顾义务。危险源监管义务包括:(1)危险前行为,但不包括正当防卫行为。(2)对他人的监督义务,如父母对子女应采取适当的手段管控其行为。(3)危险物的持有,如动物的饲养、有毒物品的存放、汽车持有、招牌的设置。(4)场所持有,场所的主人对场所内可能发生的法益侵害,仍有防止义务。(5)法律规定。

二、刑事政策功能之切入

德国刑法学大师李斯特曾提出“整体刑法学”的思想,其基本框架是“犯罪—刑事政策—刑法”,即依据犯罪态势形成刑事政策,刑事政策又引导刑法的制定和实施,这样的刑法才能够有效地惩治犯罪。李斯特一方面将体现整体社会意义之目的的、与犯罪作斗争的方法,即刑法的社会任

---

① Vgl. Hans-Heinrich Jescheck, Thomas Weigend, Lehrbuch des Strafrechts Allgemeiner Teil, Drucker & Humblot, 1996, 5. Aufl., S. 621. [日]山中敬一:《刑法总论》(第2版),成文堂2008年版,第234-237页。

② 参见[日]松宫孝明:《刑法总论讲义》(第4版补正版),钱叶六译,中国人民大学出版社2013年版,第68页。

务，归于刑事政策；另一方面将刑法的司法意义，法治国—自由的机能，即法律的平等适用和保障个体自由免受“利维坦”干涉的机能，归于刑法。“刑法是刑事政策不可逾越的屏障”。刑事政策不允许进入教义学的方法之中的结果是，从体系中得出的正确结论虽然是明确和稳定的，但无法保证合乎事实的结果，[①]即通过这种方式，产生了两个评价标准，在教义学上是正确的东西，在刑事政策上却是错误的；或者在刑事政策上是正确的东西，在教义学上却是错误的。

现代刑事政策的核心思想是合理地组织对犯罪的反应。这种刑事政策观念孕育了刑事一体化思想。刑事一体化的内涵是刑法和刑法运行内外协调。所谓内部协调主要指刑法结构合理，外部协调实质为刑法运作机制顺畅。刑法的刑事政策化潮流就是实现刑法外部协调的举措之一。[②]所以，目的理性的（功能的）刑法体系认为，刑法的体系性形成不是与本体的预先规定性（行为、结果、因果关系、物本逻辑结构等）相联系的，而只允许从刑法的目标设定性中引导出来。一个有效益的体系需要满足的三个要求，即概念性的秩序及明确性、与现实相联系和以刑事政策上的目标设定作为指导。[③]

关于因果关系的判断，以前采取自然科学即物本逻辑的方法，如条件说、必然因果关系说、偶然因果关系说，现在适用以法律评价为导向的规则，即客观归责理论。只有当行为制造了不被允许的危险，而且该危险是在构成要件的范围之内实现时，其结果才能归责于该行为。

关于责任，以前采取的是规范责任论，以非难可能性为判断标准，现在目的理性犯罪论体系主张答责性不仅仅取决于责任（非难可能性），还取决于以预防为目的的处罚必要性。比如，“9·11 事件”以后，德国于 2005 年颁布了《航空安全法》。该法规定，当国防部长发布命令后，可以对恐怖主义飞机实施击落。这样，为了避免被劫持飞机撞到高层建筑后

---

① 参见[德]克劳斯·罗克辛：《刑事政策与刑法体系》（第 2 版），蔡桂生译，中国人民大学出版社 2011 年版，第 7 页。

② 参见储槐植：《刑事一体化论要》，北京大学出版社 2007 年版，第 25-26 页。

③ 参见[德]克劳斯·罗克辛：《刑事政策与刑法体系》（第 2 版），蔡桂生译，中国人民大学出版社 2011 年版，第 20 页。

伤害他人生命，飞机上的无辜乘客就只能作为国家的牺牲品。2006 年德国宪法法院宣布该法无效，理由是：杀害乘客是有悖于人类尊严的。但是，如果真的发生这种飞机被劫持的事件，空军飞行员不得已将其击落，牺牲了飞机上的乘客，却挽救了大量的其他人，那么，人们还是否要真正对飞行员实施惩罚呢？毫无疑问，飞行员杀害了乘客，他对此是有罪责的，因为他本来可以不这样做；但是，如果他没有去挽救那些通过击落飞机本来可以挽救的人，那么他也同样肯定地负有罪责。罗克辛认为，当人们在这种游离于法定规则之外的两难的边缘性问题进行良心衡量时，至少也应该可以适用超法规的答责阻却事由，因为为了进行预防，在这类情况下可能没有处罚必要性。①

中国刑法与德日刑法一样，也面临如何处理刑法体系与刑事政策的关系的问题。对于四要件理论而言，要想使理论体系更加符合社会发展的需要，引入刑事政策的考量是必要的。一直以来，因果关系的判断是中国刑法中的重点和难点，可以借鉴德国的做法，将因果关系理论从条件说或偶然因果关系说发展为客观归责理论。期待可能性问题也是个重要问题，它是"对在强有力的国家法规范面前喘息不已的国民的脆弱人性倾注刑法的同情之泪"。② 中国刑法理论和实务已经开始适用期待可能性理论。为了使刑法能够更加从容地在关乎人性的两难处境中抉择，像德国一样，除了需要期待可能性理论之外，我们还需要以预防为目的的处罚必要性理论。

当然，要想四要件理论在处理具体问题时符合社会现实的要求，除了以刑事政策为指导发展刑法理论之外，我们还需要关注刑法的现有规定。比如，我国《刑法》第 13 条但书的规定、《刑法》第 37 条关于免予刑事处罚的规定、《刑法》第 63 条关于特殊情节减轻处罚的规定等。灵活、恰当地运用这些法条，对于贯彻宽严相济的刑事政策，可能会起到石破天惊之

---

① 参见[德]克劳斯·罗克辛：《刑事政策与刑法体系》（第 2 版），蔡桂生译，中国人民大学出版社 2011 年版，第 80-81 页。

② 参见[日]大塚仁：《刑法论集》，有斐阁 1978 年版，第 240-241 页。转引自冯军：《刑事责任论》，法律出版社 1996 年版，第 245 页。

效。比如,许霆案中的刑期从无期减到了 5 年,判决依据的就是《刑法》第 63 条。所以,在一定程度上讲,"我们贯彻宽严相济的刑事政策,更多的应当在现有的法律规定范围内,用足用好现有的法律规定"①。

三、三位一体评价体系之提倡

上文在分析三阶层体系的不足时,主张犯罪论体系的建构应当遵循对立统一规律和否定之否定规律等哲学的基本原理。事实上,我们对于犯罪现象的认识和把握,对于行为是否成立犯罪的认定,对于犯罪论体系的总结归纳,都应当符合"正→反→合"的认识论原理,不能违背人类基本的认识规律。基于此,在建构和完善犯罪论体系的漫漫长路中,须臾不能离开一正一反的认知路径,如此方能达到全面、科学、合理的认识目的(即合)。只有在正面认识与反面认识的对立统一过程中,才能综合出对事物的整体认知。

在三阶层犯罪论体系中,认定犯罪通常经过三重判断:在构成要件符合性阶段,判断行为是否符合客观的构成要件和主观的构成要件;在违法性阶段,将那些虽然符合构成要件但不具有违法性的行为予以排除;在有责性阶段,将那些虽然符合构成要件且违法,但不具备有责性的行为予以排除。在三阶层犯罪论体系的构造中,尤其是在违法性和有责性中,将违法阻却事由和责任阻却事由予以排除,在认定犯罪的过程中实现了出罪功能,具有积极的意义,但该体系并未使入罪与出罪二者真正有机地结合起来。前文已经指出,从认识的逻辑规则上讲,对于违法性与有责性的探讨也应同时从"是"与"否"两个维度进行,然而,大陆法系三阶层理论却使得违法性和有责性阶段仅致力于研究出罪事由,因而导致对于入罪条件以及违法程度和责任程度这种本属价值判断的问题的研究严重不足。对行为违法性、有责性的肯定判断和否定判断是两个有机组成部分,两者齐头并进才有助于我们更好地理解违法与有责的本质内涵。大陆法系三阶层犯罪论体系将违法性、有责性要件判断的两个方面割裂开来,足见其在认识论上亟须完善。

① 梁根林:《现代法治语境中的刑事政策》,载《国家检察官学院学报》2008 年第 4 期。

在四要件犯罪论体系中，犯罪构成理论主要是从正面论述行为符合犯罪构成因而具有严重的社会危害性从而构成犯罪。不过，犯罪构成既具有入罪功能，也具有出罪功能。有学者认为，在中国四要件体系中，“对每一个必要要素进行审查和评价时，均有肯定和否定两种可能性；只有四个方面的要件都一一肯定了，才能入罪，只要其中一个方面的要件被否定了，即不能入罪，只有出罪。这还能说‘只有入罪机制，没有出罪机制’？”[①]尽管四要件具有出罪的功能，但是，中国的犯罪论体系中仍然缺乏独立的出罪事由。

综上所述，中国的犯罪概念、犯罪特征、犯罪构成都是认定犯罪的依据。其中，犯罪构成是认定犯罪的具体标准；而犯罪概念、犯罪特征是认定犯罪的总体标准。一般来说，认定犯罪主要通过犯罪构成完成。所以，为了同时满足入罪和出罪的要求，应将犯罪构成作为从正面肯定犯罪成立的要件，即入罪事由；而将犯罪概念与犯罪特征作为从反面否定犯罪成立的要件，即出罪事由。这就是笔者主张的过渡阶段认定犯罪的“三位一体评价体系”。该体系在协调、整合犯罪概念、犯罪特征和犯罪构成这三个认定犯罪的范畴的过程中，步入了“肯定”（“犯罪构成”，即入罪事由）→“否定”（“犯罪概念”和“犯罪特征”，即出罪事由）→“否定之否定”（认定犯罪）的正确的认知路径，在“入罪事由”与“出罪事由”的对立中达到了“认定犯罪”的统一，符合“正→反→合”的认识论原理。

中国《刑法》第13条规定，“一切危害国家主权、领土完整和安全，分裂国家、颠覆人民民主专政的政权和推翻社会主义制度，破坏社会秩序和经济秩序，侵犯国有财产或者劳动群众集体所有的财产，侵犯公民私人所有的财产，侵犯公民的人身权利、民主权利和其他权利，以及其他危害社会的行为，依照法律应当受刑罚处罚的，都是犯罪，但是情节显著轻微危害不大的，不认为是犯罪。”该条但书“情节显著轻微危害不大的，不认为是犯罪”，具有重要的出罪功能。在认定某种行为是否成立犯罪时，当然必须依据刑法条文的规定，但如果行为情节显著轻微危害不大，就应当适

---

① 高铭暄：《对主张以三阶层犯罪成立体系取代我国通行犯罪构成理论者的回应》，载赵秉志主编：《刑法论丛》总第19卷，法律出版社2009年版。

用《刑法》第13条但书的规定,直接宣告无罪。

《刑法》第13条但书“情节显著轻微危害不大的,不认为是犯罪”规定得较为笼统,虽然可以进行抽象的、大致的判断,但如果遇到难以判断“情节显著轻微危害不大的”情形时,尚需要更加具体的、细化的标准。中国刑法中的犯罪特征是根据犯罪概念确定的,是犯罪概念的展开。通说认为其特征是:行为的严重社会危害性、刑事违法性和应受刑罚处罚性。所谓社会危害性,即指行为对刑法所保护的社会关系造成或可能造成这样或那样损害的特性。如果某种行为根本不可能给社会带来危害,法律就没有必要把它规定为犯罪,也不会对它进行惩罚。某种行为虽然具有社会危害性,但是如果不严重,也不认为是犯罪。社会危害性如果没有达到违反刑法、应受刑罚处罚的程度,也不构成犯罪。因此,这三个特征都是必要的,是任何犯罪都必然具有的。不具有严重社会危害性、刑事违法性或应受刑罚处罚性,都可以作为排除犯罪的事由。由于犯罪的三个基本特征是根据《刑法》第13条的犯罪概念而来的,所以依据三个基本特征排除犯罪,适用的法律条文依然是《刑法》第13条。

正如中国学者所言,“罪刑法定原则只限制司法机关将法律没有明文规定为犯罪的行为入罪,而并不限制司法机关将法律明文规定为犯罪的行为出罪。”[①]“正确贯彻罪刑法定原则应当是……在不突破底限的前提下,入罪坚守合法,出罪(含从轻发落)注重合理。”[②]中国《刑法》第3条规定的罪刑法定原则可以理解为,“只有法律明文规定为犯罪行为的,才能依法定罪处罚;法律没有明文规定为犯罪行为的,不得定罪处罚。”因此,将犯罪构成四要件作为入罪要件、将犯罪概念和犯罪特征作为出罪事由,符合罪刑法定原则的要求。据此,中国认定犯罪的过程可以分为三步:第一步,看是否符合刑法规定的犯罪构成,如果不符合,则直接排除其犯罪性。第二步,如果符合犯罪构成,再判断是否情节显著轻微危害不大,如果是则不认定为犯罪;如果不是才认定为犯罪。第三步,如果看似并非情节显著轻微危害不大,再通过评价行为是否具有严重的社会危害性、刑事

① 陈兴良:《教义刑法学》,中国人民大学出版社2010年版,第376页。

② 储槐植:《刑法契约化》,载《中外法学》2009年第6期。

违法性或应受刑罚处罚性,如果具有则认定为犯罪;如果不具有则不认定为犯罪。中国司法实践中也存在按这种思路审理的判例,如深圳龙岗区坪地街道办事处副主任莫某某,2011 年年底因酒驾被查,符合危险驾驶罪的犯罪构成,检察院要求判刑 2 个月,但龙岗区法院以被告醉驾驾驶距离不远,情节轻微为由,判决免刑。[①]

① 参见惠铭生:《有种醉驾免刑叫"开得不远"》,载《广州日报》2012 年 6 月 16 日,第 2 版。

第六章

中国犯罪构成理论体系之未来走向

第一节 影响犯罪构成理论体系发展走向的因素

"刑法的根基是保障公民自由权利,刑法的信仰是罪刑法定主义。"[①]犯罪构成体系就是对于犯罪成立的共通要素予以明确并据此说明成立犯罪的一般要件的理论体系。在当今世界,犯罪构成体系大体可以分为大陆法系三阶层犯罪论体系、中俄四要件犯罪构成理论体系、英美法系双层次犯罪论体系和国际刑法犯罪论体系[②]。这四大理论体系都有各自的构造和优缺点。德日犯罪论体系对中国的影响最大,与中国犯罪构成理论体系展开对话,并且相互交融,在竞争中发展,在发展中竞争,成为中国犯罪构成体系的最大竞争者。我们需要"在国际比较中研究中国现实问题,实现民族性与世界性的辩证统一"[③]。只有立足中国法治实践,坚持中国主体性,扬弃借鉴域外法治文明和中华优秀传统法律文化,才能建构中国刑法学自主知识体系,发展完善中国特色犯罪构成理论。其中,理论层面的逻辑性与精细化、操作层面的实用性与简便性等因素影响着犯罪构成理论体系的发展走向。

---

① 刘艳红:《刑法的根基与信仰》,载《法制与社会发展》2021 年第 2 期。

② 由于国家政治力量的博弈以及英语作为联合国的工作语言和事实上的国际交流语言等因素的缘故,《国际刑事法院罗马规约》在犯罪构成方面大体采取了英美刑法的双层次犯罪构成体系,但其犯罪构成结构本身也存在问题。参见[美]乔治 · P. 弗莱彻:《美国刑法理论的形成》,蔡爱惠译,载《中外法学》2009 年第 2 期。

③ 张明楷:《中国刑法学的发展方向》,载《中国社会科学评价》2022 年第 2 期。

一、理论层面的逻辑性与精细化

任何一种理论体系都是人类智慧的产物。人类智慧从长远上说可能是无穷的,但在短期内永远是有局限的。在社会科学领域,如果有意识形态性戒律,那就是,一个好的理论体系,其理论优势是有边界的,是相对的。任何犯罪构成体系总是残缺不全,总是有瑕疵的,而残缺不全和有瑕疵的犯罪构成体系又给人们以想象和继续探索的空间。① 人类具有追求美好事物的天性。理论体系的美好体现在它的逻辑性和精细化上面。逻辑性、精细化是每一种犯罪构成体系的内在追求。每一种犯罪构成体系要想有影响力、生命力,必须具有很强的逻辑性和很深的精细化程度。正是由于存在这样的内在要求,因此,无论哪一种犯罪构成体系都是在追求逻辑性与精细化的过程中不断发展和完善。

"刑法学是最精确的法学"②,提到刑法理论层面的逻辑性与精细化,人们首先会想到大陆法系的刑法理论,而大陆法系刑法理论的代表国家是德国和日本。在德日,所谓犯罪,从形式上看,是指法律预先设定了刑罚的行为;从实质上看,是违法、有责的行为。③ 德日刑法理论通说认为,所谓犯罪,是指该当于构成要件、违法且有责的行为。由罪刑法定主义的原理出发能导出构成要件该当性的要件,由法益保护主义的原理出发可以解释违法性的要件,而根据责任主义的原理,能够导出责任(有责性)的要件。犯罪的成立是按照构成要件该当性、违法性、有责性这样的顺序来判断的。④

关于构成要件,贝林在早期著作中将它等同于犯罪类型,但其晚期作

---

① 参见曲新久:《犯罪论体系片语》,载《政法论坛》2003 年第 6 期。

② [德]克劳斯·罗克辛:《德国刑法学总论》(第 1 卷),王世洲译,法律出版社 2005 年版,"译者序"第 1 页。

③ 参见[日]松宫孝明:《刑法总论讲义》(第 4 版补正版),钱叶六译,中国人民大学出版社 2013 年版,第 3-4 页。另外,我国台湾地区学者林山田也认为,在大陆法系之刑法学说上,犯罪定义本即有形式之犯罪定义与实质之犯罪定义之分,前者谓犯罪乃指现行刑事实体法明文规定科处刑罚或保安处分之刑事不法行为;后者则谓犯罪乃具不法、罪责与应刑罚性三个本质要素之刑事不法行为。参见林山田:《刑事法论丛(二)》,作者自版 1997 年版,第 313-314 页。

④ 参见[日]山口厚:《刑法总论》(第 2 版),有斐阁 2007 年版,第 23、25 页。

品中，贝林对构成要件与犯罪类型的关系进行了重新定位，认为构成要件是犯罪类型的指导形象。所谓指导形象，是一种客观轮廓。构成要件是客观方面的问题，而犯罪类型则必须考虑主观方面的因素，如过失杀人与故意杀人共有一个构成要件，但分属不同的犯罪类型。构成要件本质上是刑法规定的要素，是对行为事件纯外在的描述，是行为类型。构成要素只接受纯描述性的，不接受规范性要素，因为规范性要素在解释上需要作价值判断，不能保证客观、准确。现在一般认为，构成要件是指刑罚法规规定的犯罪类型，就是在刑罚法规中除去法律效果（法定刑）之外的部分。刑法分则条文规定的各个犯罪类型，都是当罚行为，即违法、有责且值得处罚的行为类型。① 构成要件并不限于客观的、记述的东西，规范的、主观的内容也应包含于构成要件之中，如此才能在构成要件阶段区分故意杀人、故意伤害致死与过失致人死亡等在客观上造成他人死亡这一同样结果的犯罪。虽然倾向犯中的"倾向"、表现犯中的"表现"，并不是构成要件要素，也不是主观的违法要素，但是目的犯中的目的作为构成要件要素且是主观的违法要素，通常没有疑问。德国目前的理论学说和司法实践的主流都倾向于这种观点。② 日本的通说也将目的犯中的目的作为构成要件的特殊主观要素，即主观超过要素。③ 在认定构成要件要素存在与否时，有些还要求必须经过法官的规范的、评价的价值判断才能确认构成要件要素，即规范的构成要件要素。④ 因此，构成要件要素可以分为记述的构成要件要素和规范的构成要件要素、客观的构成要件要素和主观的构成要件要素。客观的构成要件要素包括行为主体、行为对象、行为状况、行为、结果、因果关系等；主观的构成要素则包括构成要件的故意、过失、目的等。

---

① 参见［日］大谷实：《刑法讲义总论》（新版第2版），黎宏译，中国人民大学出版社2008年版，第100页。

② 参见陈璇：《德国刑法学中结果无价值与行为无价值的流变、现状与趋势》，载《中外法学》2011年第2期。

③ 参见［日］大谷实：《刑法总论》（新版第2版），黎宏译，中国人民大学出版社2008年版，第119页。［日］山口厚：《刑法总论》（第2版），有斐阁2007年版，第96页。

④ 参见贾济东：《外国刑法学原理（大陆法系）》，科学出版社2013年版，第153页。

关于违法性,早期刑法学者主张客观违法性、形式违法性。李斯特认为,违法是指行为在形式上与法制的要求或禁止背道而驰,破坏或危害法益。[①] 作为不法的犯罪,就是对犯罪行为作出的客观的、法律上的否定评价。构成要件该当的行为是否违法,只需要检验法定的违法阻却事由,即正当防卫和紧急避险。后来学者主张实质违法性,不但承认法定的阻却事由,还承认一定的超法规阻却事由,如法令行为、正当业务行为、被害人承诺、自救行为、义务冲突等。

所谓责任,早期是指与客观行为对应的心理事实,即心理责任。责任虽然存在于主观方面,但以客观的构成要件该当性和违法性为基础,表现为行为人与构成要件该当性、违法性行为之间的心理联系。[②] 责任能力是责任要件,故意、过失是两种不同的责任方式。后来,有责性的本质从心理责任演变到规范责任[③],有责性的判断标准由外在的事实对象与行为人的心理关系转向对心理状态的规范评价即非难可能性(或谴责可能性),出现了超法规的责任阻却事由。“采取规范责任论,则会采取实质的责任论。与实质的违法论一样,实质的责任论认为,若没有谴责可能性,就没有责任,也没有可罚性。为此,即使实定法上并无规定,也应肯定存在超法规的责任阻却(事由)。”[④]超法规的责任阻却事由通常是指无期待可能性。通说认为责任的要素应包括责任能力,责任的故意、过失,违法性认识以及期待可能性等。[⑤]

从刑法发展史上讲,自目的行为论登场以后,学说上,主张将故意及过失视为构成要件要素的见解占大多数。其理由在于:一方面,行为在构造上是主观和客观的统一体;另一方面,故意杀人罪与过失致人死亡罪的

---

① 参见[德]李斯特:《德国刑法教科书》(修订译本),徐久生译,法律出版社 2006 年版,第 167 页。

② 参见[德]恩施特·贝林:《构成要件理论》,王安异译,中国人民公安大学出版社 2006 年版,第 23-24 页。

③ 参见冯军:《刑法中的责任原则　兼与张明楷教授商榷》,载《中外法学》2012 年第 1 期;[日]山中敬一:《刑法总论》(第 2 版),成文堂 2008 年版,第 587 页。

④ [日]西田典之:《日本刑法总论》(第 2 版),王昭武、刘明祥译,法律出版社 2013 年版,第 179 页。

⑤ 参见林山田:《刑法通论》(上册)(增订 10 版),北京大学出版社 2012 年版,第 247 页。

条文表述不同,因而其构成要件也有不同。[①] 构成要件具有犯罪个别化机能。加之,故意、过失原本作为责任要素,故意犯罪与过失犯罪的责任不同,因此,故意、过失既是构成要件要素,也是责任要素,在犯罪构成体系上具有双重定位。

德日犯罪构成体系从古典体系到现在的目的理性体系经历了一两百年的时间,经历了众多刑法学者的努力,不断逻辑化和精细化,成为“最精确的法学”。正如王世洲教授在介绍德国著名刑法学家罗克辛的教科书时说,“罗克辛教授仔细地分析了德国现代和历史上流行的各种学术观点,同时,还详细地论述了有关的司法判决。其中,涉及专业概念两千多个,涉及学者三百余人,涉及的各种法律学说和司法判例则难以计数。在这个基础上,他构建了自己精确的犯罪原理基础构造”[②]。

但是,即使是所谓“最精确的法学”,其实也存在需要进一步精细化和逻辑化的地方。例如,对于违法阻却事由的事实存在误认的场合,德日判例和理论通说都主张否定故意犯的成立、肯定过失犯的成立。这种在构成要件符合性阶段肯定故意,又在责任阶段否定故意的做法,会产生所谓的“飞镖现象”:故意犯构成要件该当性→违法阻却的否定→责任故意的否定→过失犯的构成要件该当性。[③] 也许有学者认为,构成要件的故意与责任的故意并不一样,前者判断标准是客观的,后者判断标准是主观的。但是,只要区别构成要件的故意和责任的故意就表明,仅凭构成要件并不能区别故意犯与过失犯,即构成要件的犯罪个别化机能无法实现。况且,在肯定构成要件的故意、否则责任的故意的场合,可能会肯定责任的过失,这样一来,便会产生“构成要件上是故意、责任阶段是过失”的矛盾现象。这种矛盾现象,无疑是理论体系造成的结果。

所以,“毋宁说是,构成要件与故意或过失相结合,从而实现犯罪个别化的机能;为了避免混乱,将二者合并起来并冠名为‘犯罪类型’,而与构

---

① 参见[日]松宫孝明:《刑法总论讲义》(第 4 版补正版),钱叶六译,中国人民大学出版社 2013 年版,第 42 页。

② [德]克劳斯·罗克辛:《德国刑法学总论》(第 1 卷),王世洲译,法律出版社 2005 年版,“译者序”第 1 页。

③ 参见[日]山口厚:《犯罪论体系的意义与机能》,付立庆译,载《中外法学》2010 年第 1 期。

成要件加以区别,比较妥帖。”[①]因此,不能将故意与过失涵括于构成要件之中,而将其定位为责任的要件。故意是指明知自己的行为会发生危害社会的结果,并且希望或者放任这种结果的发生。在三阶层犯罪构成体系中,行为人的行为既包括符合构成要件的行为,又包括欠缺违法阻却事由的行为。故意的认识内容既包括符合构成要件的事实,又包括欠缺违法阻却事由的事实。行为人只有对符合构成要件的事实和欠缺违法阻却事由的事实都存在认识,才成立犯罪的故意,否则即为过失。故意和过失只是责任要素,而非构成要件要素。

受黑格尔哲学和马克思主义主客观相统一的思想的影响,中国刑法学者认为,任何一种犯罪的成立都必须具备四个方面的构成要件,即犯罪客体、犯罪客观方面、犯罪主体、犯罪主观方面的构成要件。

通说的四要件犯罪论体系是按犯罪客体、犯罪客观方面、犯罪主体、犯罪主观方面的顺序排列的。一个犯罪行为发生后,人们首先意识到的是“人被杀死了”“财物被盗了”等,这即是揭示了犯罪客体的问题。随后,人们随之要思考的问题是,人是怎样被杀死,财物是怎样被盗的;谁杀死了这个人,谁盗走了这些财物。这就涉及犯罪客观方面和犯罪主体的问题。当然,最后犯罪人被发现或被抓获之后,人们还要进一步审视这个人实施犯罪行为时的内心状况,这就是犯罪主观方面要解决的问题。因此,四要件犯罪构成理论客体、客观方面、主体、主观方面的排布并不是杂乱无章的,而是符合人们的认识规律的。[②]

就哲学的角度而言,人在从事主体的活动中,不仅把世界两重化为属人世界和自然界,而且两重化为主观世界和客观世界。在人的活动中世界被二元化,然后再去统一,是不可避免的。[③] 主客观相统一原则是必要的。客观决定主观,主观是客观的反映,并反作用于客观。客观要件必须先于主观要件。

---

① [日]松宫孝明:《刑法总论讲义》(第4版补正版),钱叶六译,中国人民大学出版社2013年版,第42页。

② 参见高铭暄:《论四要件犯罪构成理论的合理性暨对中国刑法学体系的坚持》,载《中国法学》2009年第2期。

③ 参见高清海:《哲学与主体自我意识》,中国人民大学出版社2010年版,第71页。

因此,根据主客观相统一的原则,犯罪成立的要件基本上可以分为客观要件和主观要件。至于在客观要件之下是否需要划分出犯罪客体和犯罪客观方面,在主观要件之下是否需要划分出犯罪主体和犯罪主观方面,则缺乏明确的哲学依据。犯罪客体是否应该作为犯罪构成要件?排除犯罪性事由是否应该包含在犯罪成立条件之中?都是值得研究的问题。

中国刑法通说认为,犯罪客体是中国刑法所保护的、为犯罪行为所侵害的社会关系,它是构成犯罪的必备要件之一。行为之所以构成犯罪,首先就在于侵犯了一定的社会关系,而且侵犯的社会关系越重要,其对社会的危害性就越大。如果某一行为并未危害刑法所保护的社会关系,就不可能构成犯罪。[①] 犯罪客体与其他的犯罪成立条件,即犯罪客观要件、犯罪主体要件、犯罪主观要件一起,决定着犯罪的成立,是与其他三个要件相并列的犯罪构成所必备的要件之一。但犯罪客体实际上是保护客体,即刑法所保护的法益,或者说是刑法条文的目的。将刑法条文的目的作为犯罪构成的一个要件,并不合适。[②] 犯罪客体是犯罪本质的内容,或者说是犯罪概念的应有之义。中国的犯罪概念与犯罪构成是抽象与具体的关系,二者存在区别。犯罪概念是从总体上划清罪与非罪的界限,而犯罪构成则是分清罪与非罪、此罪与彼罪界限的具体标准。将犯罪概念的内容即犯罪客体纳入犯罪构成之中,导致犯罪构成抽象化。犯罪客体本身没有具体的要素,犯罪客体的内容应当通过犯罪客观方面体现出来。脱离犯罪客观方面的内容是无法判断犯罪客体的。一个犯罪行为发生后,人们首先意识到的是"人被杀死了""财物被盗了"等,这虽然揭示了犯罪客体的问题,但本身是通过犯罪结果"人被杀死了""财物被盗了"等体现出来。犯罪客观方面是犯罪活动的客观外在表现,犯罪客体是犯罪所侵犯的法益或社会关系,犯罪客观方面与犯罪客体是现象与本质的关系。从哲学上讲,现象是事物的外部联系和表面特征,人们可通过感官感知;本质则是事物的内在联系和根本性质,只有靠人的理性思维才能把握。人们需要透过现象看本质,只有通过犯罪的客观方面才能认识犯罪客体。

---

① 参见高铭暄、马克昌主编:《刑法学》(第 10 版),北京大学出版社 2022 年版,第 49 页。

② 参见张明楷:《刑法学》(第 6 版),法律出版社 2021 年版,第 130 页。

犯罪客体不是犯罪构成的内容,而是犯罪概念或犯罪本质的内容。

排除犯罪性事由是指妨碍成立犯罪的事由。在中国传统的刑法理论中,排除犯罪性事由是在犯罪构成要件之外研究。中国传统的学说认为,排除犯罪性行为是指外表上符合某种犯罪构成,实质上不具有社会危害性的行为。由于传统的学说认为排除犯罪性的行为符合犯罪构成要件,只是不具有犯罪的实质特征,因此在体系结构上,只能在犯罪构成理论之外研究。目前通说认为,"正当行为,是指客观上造成一定损害结果,形式上符合某些犯罪的客观要件,但实质上既不具备社会危害性,也不具备刑事违法性的行为。"[①]这种观点认为排除犯罪性事由形式上符合犯罪的客观要件,实质上不符合犯罪的概念或特征。有学者对传统的学说进行修正,认为"所谓排除犯罪性的行为即使在形式上也不符合全部犯罪构成要件,而只符合犯罪构成客观要件"[②]。这种观点将排除犯罪性的事由纳入犯罪构成体系中考虑,有其正确的一面;但是,将排除犯罪性的事由作为评价的对象予以评价,则存在不足之处。也就是说,中国的刑法理论是将排除犯罪性行为作为犯罪构成和犯罪概念或特征的评价对象予以评价。这种理论、做法在一定程度上能够说明排除犯罪性行为排除犯罪性的实质根据,但并不是从刑法规定入手,没有将刑法上规定的排除犯罪性的事由作为评价标准用于评价现实中的行为事实。排除犯罪性的事由大多都是刑法总则规定的内容,可以直接用于判断行为是否构成犯罪,理应作为犯罪构成体系的内容。

排除犯罪性的事由,根据其内容可以分为排除客观违法的事由和排除主观责任的事由。前者包括正当防卫、紧急避险、自救行为、正当业务行为、履行职务的行为、被害人承诺、法令行为等;后者包括责任能力、期待可能性、违法性认识可能性等。排除客观违法的事由是符合客观要件的例外,排除主观责任的事由是符合主观要件的例外。客观要件和排除客观违法的事由都是主观故意需要认识的内容。

因此,中国有学者认为,传统的四要件体系在犯罪的主观方面之后讨

---

① 高铭暄、马克昌主编:《刑法学》(第10版),北京大学出版社2022年版,第123页。

② 李希慧主编:《刑法总论》,武汉大学出版社2008年版,第261-262页。

论正当防卫、紧急避险等违法阻却事由，一方面，这种体系安排割裂了违法性的判断，表现为先判断客观危害，接着判断主观责任，然后又回过来判断客观危害。事实上，对于没有侵害法益的行为，不需要也不应该判断所谓主观责任。另一方面，这种体系容易使人们认为正当防卫、紧急避险是完全符合犯罪构成的行为，因而容易导致将正当防卫、紧急避险认定为犯罪。① 有学者甚至认为，四要件体系是没有出罪事由的犯罪构成。②

虽然大陆法系犯罪构成体系、中国犯罪构成体系的构造有所不同，但是基本的成立要件是相同的，包括客观要件与主观要件，当然，还可能包括排除客观违法的事由和排除主观责任的事由。它们的主要分歧在于这四个成立要件的内容是什么和地位如何。虽然日本学者平野龙一教授认为，“犯罪论的体系是作为整理犯罪的思考、把握其判断的手段而存在的，因此，即便在体系上有若干不协调、各个要素之间的界限不是很明确，只要考虑的大方向是明确的，也可以说，这种体系是完美的”③。但是，各种犯罪构成体系的发展过程都表明，追求理论层面的逻辑性和精细化，力图形成最精确、最完美的刑法学，是影响犯罪构成体系发展走向的关键因素。

二、操作层面的实用性与简便性

犯罪构成体系的意义在于，通过明确犯罪的成立条件，控制法官以及涉及搜查、追诉活动的警察、检察官的判断，进而保证刑法得以正确适用。④ 犯罪构成理论应当是指向现实的学问，应当追求现实的妥当性和实践的可操作性，具有鲜明的实践品格或者说务实风格。⑤

一般认为，英美法系犯罪构成体系的构建以经验为逻辑起点，以实用

---

① 参见张明楷：《刑法学》（第 6 版），法律出版社 2021 年版，第 132 页。

② 参见陈兴良：《教义刑法学》，中国人民大学出版社 2010 年版，第 122 页。

③ ［日］平野龙一：《刑法总论 I》，有斐阁 1972 年版，第 88 页。转引自黎宏：《刑法总论问题思考》，中国人民大学出版社 2007 年版，第 72 页。

④ 参见［日］西田典之：《日本刑法总论》（第 2 版），王昭武、刘明祥译，法律出版社 2013 年版，第 50 页。

⑤ 参见高铭暄：《关于中国刑法学犯罪构成理论的思考》，载《法学》2010 年第 2 期。

为价值目标,力图反映司法运作的过程,是司法实践经验的总结和升华。犯罪本体要件和合法辩护事由,一方肯定,一方否定,简单明了。这种双层次体系反映了英美法系抗辩式诉讼模式。第一层次侧重体现国家意志,表现为公诉机关的权力,确立行为规范,发挥刑法的秩序维护和社会保护机能;第二层次侧重体现公民权利,发挥刑法的人权保障机能,制约国家权力。因此,英美法系犯罪构成体系在操作层面具有实用性与简便性的特点。这可能是国际刑法的选择偏重于英美法系的原因之一。

综上所述,德日犯罪构成体系具有典型的逻辑性和精细化的特点,再加上专业术语"构成要件该当性""违法性""有责性"的多义性和复杂性,比如,构成要件的理解就存在行为类型说、违法行为类型说、违法说、有责行为类型说等多种观点,使专业人士的理解都难以统一,更别谈非专业人士去适用,那将是难上加难。虽然在冯军教授翻译的《德国波恩州法院关于一起故意杀人未遂案的判决书》中,对于个案的处理,法官是在案件事实确认之后,按照事实是否符合特定犯罪成立的基本要素、是否具有违法阻却事由、是否存在责任阻却事由这一路径来认定行为人之行为是否构成犯罪,即仍然遵循构成要件符合性、违法性、有责性来认定犯罪,最后,根据法律规定和当事人的犯罪情节进行量刑,①但是比较而言,德日犯罪构成体系操作上的实用性和简便性较弱。德日刑法理论存在唯体系化的危险,体系的实用性和简便性不强,烦琐的操作模式也降低了司法效率。

中国的四要件体系根据主客观相统一的原则,按照犯罪查证的真实生活逻辑顺序依次展开,且具有形象性和对称性,因而易于被司法人员理解和接受。对于中国的四要件体系,即使非专业人士,一旦对其有所接触,就一定会记忆深刻、不易忘记。"以四要件犯罪构成理论为核心的中国刑法学体系早已建立数十年,深入人心。"②当然,由于中国刑事判决不明确,刑事判决一般只是简单地说被告人的行为符合刑法某一条规定的

---

① 参见冯军主编:《比较刑法研究》,中国人民大学出版社 2007 年版,第 443-454 页。

② 高铭暄:《论四要件犯罪构成理论的合理性暨对中国刑法学体系的坚持》,载《中国法学》2009 年第 2 期。

犯罪成立条件,而不具体阐述判决理由,不阐明被告人的行为是如何符合犯罪成立条件的[①],导致给人们的误解是中国的司法实践并没有严格按照四要件的犯罪构成体系定罪处罚。虽然中国司法判决文书未明确写明犯罪构成要件,但司法人员在具体适用法律和定罪量刑的过程中还是会考虑主客观相统一的原则和犯罪构成要件。[②] 如果仅从操作层面的实用性与简便性来考虑,中国主客观相统一的犯罪构成四要件体系是绝对可取的,只是中国四要件体系在逻辑性和精细化方面有待改进。

日本学者松原芳博认为,刑法理论中的犯罪论体系类似于语言学中的“语法”。要建构思维以及相互交流,“语法”是必不可少的工具,正如世界上存在多种语言一样,不可能存在一种完全“正确的语法”。同样,由于彼此的关注点与历史背景不同,也可能存在数种犯罪论体系,探讨哪一种体系才是“正确的体系”,这是毫无意义的。但是,犯罪论体系最好能够做到:就体系内部而言,理论上不矛盾,尽可能地将思维过程予以可视化,且具有可加以验证的明晰性;对体系外部而言,能更好地反映属于社会事实的犯罪的实质,有助于解释与适用刑法,并有利于发现刑法理论上的问题。[③] 如前所述,德日犯罪构成阶层体系的理论层面具有较强的逻辑性与精细化程度,中国犯罪构成四要件体系在操作层面具有较强的实用性与简便性,还具有思维的经济性和犯罪构成理论的平民化特征[④],如果能够同时取两者之长形成一种新的犯罪构成体系,那么这种新的犯罪构成体系将会兼具逻辑性、精细化和实用性、简便性,这将推动更精确、更完美、更正确的犯罪论体系的形成。

---

① 参见张明楷:《刑法格言的展开》(第3版),北京大学出版社2013年版,第59页。

② 参见彭霞:《非法持有毒品行为的定性应主客观一致》,载《人民法院报》2013年2月17日,第7版。

③ 参见[日]松原芳博:《刑法总论专题研究(二)》,王昭武译,载《河南省政法管理干部学院学报》2010年第4期。

④ 参见欧锦雄:《中国犯罪构成理论的现代展开》,中国人民公安大学出版社2021年版,第207-211页。

第二节　完善中国犯罪构成理论体系的初步构想

一、基本立场

在阶层式犯罪论体系的故乡德国，犯罪论体系之争已然刀光剑影暗淡、鼓角争鸣远去。[①] 但随着德日教义刑法学引入中国，三阶层的犯罪论体系对中国传统刑法学的四要件犯罪论体系形成重大冲击，并出现了三阶层和四要件的理论争辩。[②] 在中国，一元犯罪构成体系独存的时代已经结束，多元犯罪构成体系并存的时代已经到来。[③] 在刑法学界，有学者主张维持论，有学者主张改良论，有学者主张移植论，还有学者主张共生论。[④] 其中，改良论与移植论是中国刑法学犯罪构成体系之争的主要分歧。改良论者主张在中国四要件犯罪构成体系的基础上进行改良，并且加强对体系中具体问题的思考。[⑤] 移植论者则对中国四要件犯罪构成体系进行全面的批判，主张犯罪论体系的去苏俄化，引进或改造后引进德日的阶层体系。[⑥]

针对中国学者关于犯罪构成体系激烈交锋的局面，日本学者松宫孝明指出，"在中国，与改革开放政策一样，刑法理论的全球化现在也被认为是一个课题。据闻中国的刑法学特别是犯罪论体系论也向德、日犯罪体系论转变的动向。我认为，中国应有适应中国实际的体系论，而不应直接照搬其他国家的体系论。尽管如此，了解其他国家基于其具体国情而发

---

① 参见陈璇：《不法与责任的区分：实践技术与目的理性之间的张力》，载《中国法律评论》2020 年第 4 期。

② 参见陈兴良：《注释刑法学经由刑法哲学抵达教义刑法学》，载《中外法学》2019 年第 3 期。

③ 参见张明楷：《构建犯罪论体系的方法论》，载《中外法学》2010 年第 1 期。

④ 参见周详：《四要件与三阶层犯罪论体系共生论》，载《中外法学》2012 年第 3 期。

⑤ 参见高铭暄：《论四要件犯罪构成理论的合理性暨对中国刑法学体系的坚持》，载《中国法学》2009 年第 2 期；黎宏：《我国犯罪构成体系不必重构》，载《法学研究》2006 年第 1 期。

⑥ 参见陈兴良：《犯罪论体系的去苏俄化》，载《政法论坛》2012 年第 4 期；张明楷：《构建犯罪论体系的方法论》，载《中外法学》2010 年第 1 期。

展出的固有的体系论,对于思考本国的体系论还是大有裨益的。”[①]“在今天的德国,对三阶层体系存在尖锐的批评,若多次予以考察,可能也会认为这种体系正处于崩溃之中。”[②]笔者认为,松宫孝明教授的观点比较中肯。中国学者周光权也认为,“阶层犯罪论体系还存在诸多缺陷,中国刑法学不能照搬其内容。”[③]“与具体教义学理论移植的原料择拣相比,如何在甄别德国刑法教义学不同学派基础上进行本土体系化建构,无疑是未来中国刑法教义学发展所面临的命运抉择。”[④]

“犯罪构成理论不仅仅是刑法学术研究的基石,而且是刑事法治建设的基石。”[⑤]中国通说犯罪构成体系自形成以来已经有六十多年的时间,简便、实用,早已深入人心。虽然理论上少数学者可以短时间内彻底推倒重来,直接引进德日的阶层体系,但是由于德日阶层体系的复杂性和多样性,“德国刑法学中针对刑法的内容而提出的违法与责任区分的理论设想未必就适合于解读中国的刑法规定”[⑥],加之缺乏操作层面的实用性和简便性,现实中大多数的学者和司法人员很难立即接受。有学者认为,四要件是犯罪成立条件体系,三阶层是刑罚正当条件体系,只有将刑法理念由惩罚犯罪转向限制刑罚,才能催生三阶层的实践土壤。[⑦] 相反,对通说犯罪构成体系加以改造,使之兼具逻辑性、精细化和实用性、简便性,应当是中国刑法理论与实务的理性抉择。从这个角度上讲,笔者主张改良论的观点。

笔者在上文提出中国四要件犯罪构成理论体系在过渡阶段的补救措施,即问题性思考方法之借鉴、刑事政策功能之切入和三位一体评价体系

---

① [日]松宫孝明:《刑法总论讲义》(第4版补正版),钱叶六译,中国人民大学出版社2013年版,“中文版序言”。

② [日]松宫孝明:《中国与日本的犯罪体系论》,载《大阪市立大学法学杂志》第64卷第4号(2019年),第134页。

③ 周光权:《价值判断与中国刑法学知识转型》,载《中国社会科学》2013年第4期。

④ 王莹:《中国刑法教义学:经验、反思与建构》,载《法学家》2020年第3期。

⑤ 高铭暄:《关于中国刑法学犯罪构成理论的思考》,载《法学》2010年第2期。

⑥ 王充:《犯罪构成理论与犯罪事实认定关系考察》,载《法律科学》2020年第1期。

⑦ 参见潘星丞:《裁判说理视角下的犯罪论体系:争议解构与理念重构》,载《清华法学》2024年第3期。

之提倡。如前所述,这只是现阶段的一个过渡措施,绝不是完善中国犯罪构成体系的终极目标,更不是替代措施。那么,中国犯罪构成体系理论之未来走向应当如何呢?下面,笔者从指导原理、体系构造和具体适用三个方面展开讨论,提出中国犯罪构成体系的完善构想。

二、指导原理

上文反复强调,完善和重构中国犯罪构成理论体系,必须遵循对立统一规律、否定之否定规律等哲学基本原理,对理论体系的研究和总结应当符合"正→反→合"的基本认识规律,这是基本前提。下面要讨论的指导原理,是指具体指导体系建构的刑法学原理。哲学原理与刑法学原理是相互依存、相互促进的,不能割裂开来,更不能对立起来。

(一)主观与客观相统一

中国通说认为,犯罪构成,就是依照中国刑法的规定,决定某一具体行为的社会危害性及其程度而为该行为构成犯罪所必需的一切客观和主观要件的有机统一。[①] 主观与客观相统一原则是中国犯罪构成体系的构造原理之一。

主观与客观相统一原则的基本含义是:对犯罪嫌疑人、被告人追究刑事责任,必须同时具备主客观两方面的条件,并要求主客观两方面条件的有机统一。"虽然犯罪判断的对象限于人的行为,然而所谓人的行为,不仅指人的身体动静,而且指行为主体为实现其意志而外化的外部举动并引起结果的复杂历程。在观察人的行为时,着重主观要素,例如动机、意思、性格与人格的,是主观主义;着重客观的外部动作及外界所引起的结果的,是客观主义。"[②]由于犯罪评价的对象是行为,所以,主观与客观的统一更偏向于客观主义。

主观与客观的有机统一不是主客观要件的简单相加即"总和",而是各个要件相互之间存在密切联系的有机统一。客观要件表明行为的客观违法,主观要件表明行为的主观责任。客观要件具有规制主观要件的作

① 参见高铭暄、马克昌主编:《刑法学》(第10版),北京大学出版社2022年版,第47页。

② 陈兴良:《刑法哲学》(下),中国政法大学出版社2009年版,第714页。

用,主观要件的认定是建立在客观要件的基础上。客观要件的判断优先于主观要件的判断。只有坚持主观与客观的统一,才能既防止客观归罪,又防止主观归罪。

(二)原则与例外相统一

原则与例外的关系,首先是一个哲学命题。原则是关于事物内部本质联系与发展变动的客观规律的一般规定,具有普适性与确定性的特点。例外则是关于事物内部联系与发展变动趋势的特殊规定,具有个别性和偶然性。例外存在于原则之外,又寓于原则之中。[①]“没有无例外的原则”[②]。刑法中的例外是一种普遍现象。[③]

在中国传统的刑法理论中,排除犯罪性事由是在犯罪构成要件之外研究的。如前所述,排除犯罪性的事由大多都是刑法总则规定的内容,可以直接用于判断行为是否构成犯罪,理应作为犯罪构成体系的内容。排除犯罪性的事由可以分为排除客观违法的事由和排除主观责任的事由。而客观要件表明行为的客观违法,主观要件表明行为的主观责任,因此,排除客观违法的事由是符合客观要件的例外,排除主观责任的事由是符合主观要件的例外。客观要件与排除客观违法事由、主观要件与排除主观责任事由,分别是原则与例外的关系。

故意是指明知自己的行为会发生危害社会的结果,并且希望或者放任这种结果的发生。行为人的行为既包括符合客观要件的行为,又包括欠缺排除客观违法事由的行为。故意的认识内容既包括符合客观要件的行为,又包括欠缺排除客观违法事由的行为。行为人只有对符合客观要件的事实和欠缺排除客观违法事由的事实都存在认识,才成立犯罪的故意,否则即为过失。

(三)定性与定量相统一

中国《刑法》总则第 13 条规定,“情节显著轻微危害不大的,不认为是

---

① 参见梁根林:《责任主义原则及其例外——立足于客观处罚条件的考察》,载《清华法学》2009 年第 2 期。

② 张明楷:《犯罪构成理论的课题》,载《环球法律评论》2003 年第 3 期。

③ 参见储槐植:《刑法例外规律及其他》,载《中外法学》1990 年第 1 期。

犯罪"（学界所谓的"但书"）；分则中也设立了"情节严重""数额较大""情节恶劣"等犯罪成立标准，这种立法模式被认为是定性加定量的犯罪定义模式。而一般西方国家立法只作定性分析，定量分析由司法实践加以解决。储槐植认为，"但书直接渊源于苏俄刑法典犯罪概念的附则，但其深层的渊源则是我国'法不治众'的传统法文化"[①]。

中国刑法中具体犯罪含有定量因素的可分为两类：一类是直接地规定了数量限制，如盗窃罪等。另一类是在法律条文中写明"情节严重的"、"情节特别恶劣的"或"造成严重后果的"行为才应受刑罚制裁。显然，触犯这两类犯罪的行为必须符合定量的规定才能构成犯罪。除了上述约 2/3 明确含有定量因素的犯罪外，中国刑法分则尚有不足 1/3 的犯罪没有明确包含定量因素。但是，触犯这种犯罪的行为，根据《刑法》第 13 条但书的规定，也可以认为不构成犯罪。[②] 换言之，《刑法》第 13 条但书属于总则的规定，即使分则没有明示的定量因素，其实也存在暗示的定量因素。

陈兴良教授根据"罪体—罪责—罪量"体系，将罪量作为独立于罪体和罪责的第三要件，在性质上类似于大陆法系刑法理论中的客观处罚条件，不需要行为人对其认识。[③] 但是，大多数情况下，中国刑法中规定的罪量要素都是体现行为的客观违法的内容，是符合客观要件的典型表现，若不将它纳入主观责任的认识范围，则违背主观与客观相统一的原则。梁根林教授则认为，"原则上，数额型罪量要素和后果型罪量要素可以归入定量构成要件要素，其与定性的构成要件要素共同决定构成要件的该当性，因此，数额型和后果型罪量要素作为客观构成要件要素。"[④]笔者赞成梁根林教授的观点，中国刑法中的定量要素即罪量要素原则上属于客观要件的内容，需要行为人对其认识。由于刑法特别规定了定性加定量的犯罪定义模式，中国犯罪构成体系应当体现定性与定量相统一的特点。

---

① 储槐植：《刑事一体化论要》，北京大学出版社 2007 年版，第 96 页。

② 参见储槐植：《刑事一体化论要》，北京大学出版社 2007 年版，第 100-101 页。

③ 参见陈兴良：《本体刑法学》（第 2 版），中国人民大学出版社 2011 年版，第 344 页。

④ 梁根林：《但书、罪量与扒窃入罪》，载《法学研究》2013 年第 2 期。

三、体系构造

根据主观与客观相统一的原则，犯罪成立的要件基本上可以分为客观要件和主观要件。根据原则与例外相统一的原则，犯罪成立的要件也包括排除客观违法的事由和排除主观责任的事由。符合客观要件的行为和欠缺排除客观违法事由的行为都是主观要件认识的内容。根据定性与定量相统一的原则，犯罪成立的要件还包括定量要素，定量要素通常属于客观要件的内容，也属于主观要件认识的内容。在体系的阶层构造上，既要有入罪的要件，也要有出罪的考量，在入罪（“正”）与出罪（“反”）的“对立”中，达到符合哲学基本原理和人类认识基本规律的“统一”即“合”的结论。这一认知路径，也完美契合了中国传统文化中关于“我→非我→非非我”的哲学思辨路径。因此，笔者认为，在中国犯罪构成理论体系中，犯罪成立的要件应当包括客观构成要件、排除客观违法的事由、主观构成要件和排除主观责任的事由。

日本学者前田雅英认为，如果想要找到一种能够确保法的安定性、认定上容易、能够排除恣意的犯罪论体系，就不能对犯罪成立与否进行直觉的判断，或者使用“全体的考察法”，这样会使对犯罪的判断变得很危险，判断者的恣意也容易增大。但是，对犯罪论分得过细，可能只具有技术上的意义，没有实际上的机能。从这个意义上讲，对犯罪进行客观与主观、原则（构成要件）与例外（阻却事由）的区分的二分法，是安定、合理和妥当的。因此，前田雅英根据客观与主观、原则与例外二分法，主张客观的构成要件、主观的构成要件、违法阻却事由、责任阻却事由的犯罪论体系（见下图）。①

	客观面	主观面
原则	客观的构成要件	主观的构成要件
例外	违法阻却事由	责任阻却事由

① 参见［日］前田雅英：《刑法总论讲义》（第5版），东京大学出版会2011年版，第32页。

前田雅英虽然也将犯罪成立要件分为客观的构成要件、主观的构成要件、违法阻却事由、责任阻却事由，并且客观的构成要件和主观的构成要件结合在一起似乎可以起到犯罪个别化作用。但是，将违法阻却事由置于主观的构成要件之后，势必产生故意、过失既是构成要件要素又是责任要素的双重定位现象。如前所述，当出现行为人对违法阻却事由的事实存在认识错误的时候，通常都主张否定故意犯的成立，肯定过失犯的成立。这种在构成要件符合性阶段肯定故意，又在责任阶段否定故意的做法产生所谓的“飞镖现象”：故意犯构成要件该当性→违法性阻却的否定→责任故意的否定→过失犯的构成要件该当性。仅凭构成要件并不能区别故意犯与过失犯，即构成要件的犯罪个别化机能本身也无法实现。因而，这种犯罪构成体系存在不足之处。

正如周光权教授所言，“对我国犯罪构成四要件进行体系性、根本性重构，不是要完全照搬欧陆三阶层体系，也丝毫不意味着我们必须使用构成要件符合性、违法性、有责性这样的术语。”①刘明祥教授也认为，“在我们现有的传统刑法学体系的基础上对之加以改造和完善，无疑是构建和发展科学合理的中国刑法学体系的最佳路径。”②按照当前建构中国刑法学自主知识体系的基本要求，中国犯罪构成理论体系的发展完善，在科学合理借鉴域外法治文明的同时，必须坚持面向中国实际，突出中国特色，尊重中国传统，使用中国话语，增强中国主体性，这是发展完善中国犯罪构成理论体系的根本遵循。

基于上述讨论，笔者主张，在中国传统四要件犯罪构成理论的基础上，将排除犯罪性的事由纳入体系之内，并对照客观构成要件和主观构成要件，分别规定排除客观违法的事由和排除主观责任的事由。这一改造，正是对立统一规律、否定之否定规律等哲学基本原理在犯罪论体系重构中的应用和贯彻。其中，客观构成要件和排除客观违法的事由合称客观要件，主观构成要件和排除主观责任的事由合称主观要件。由此，在实现体系的阶层化改造的同时，也契合了主客观有机统一的要求。

---

① 周光权：《价值判断与中国刑法学知识转型》，载《中国社会科学》2013 年第 4 期。

② 刘明祥：《我国的犯罪构成体系及其完善路径》，载《政法论坛》2023 年第 3 期。

鉴于排除客观违法的事由是客观构成要件的例外、排除主观责任的事由是主观构成要件的例外，且主观构成要件必须置于客观构成要件和排除客观违法的事由之后，笔者认为，中国犯罪构成体系应当按照客观构成要件→排除客观违法的事由→主观构成要件→排除主观责任的事由四要件依次展开。只要前一个要件不符合，后面的要件就不需要进行判断。这种体系我们称之为"四阶层体系"（见下图）。

	原则	例外
客观	客观构成要件	排除客观违法的事由
主观	主观构成要件	排除主观责任的事由

其中，客观构成要件主要包括行为主体、行为、结果、因果关系、行为对象、数量和情节；排除客观违法的事由包括正当防卫、紧急避险、自救行为、正当业务行为、履行职务的行为、被害人承诺、法令行为等；主观构成要件包括故意、过失和目的；排除主观责任的事由包括责任能力、期待可能性、违法性认识可能性等。客观构成要件和主观构成要件结合起来，即为"犯罪类型"，具有犯罪个别化机能。

考察中国犯罪构成理论体系的建立和论争的发展过程，以及四阶层体系改造完善的路径，不难发现，四阶层体系是尊重事物自身发展规律的体系，是遵循哲学基本原理的体系，是符合人类认识规律的体系，是契合中国特色的体系，因而是较为理想的体系。

四、具体适用

日本刑法学者团藤重光曾在教科书序言中写道："欲使刑罚权这一国家权力的发动不至于成为一种任意妄为的东西，就必须阻止一切任意性。罪刑法定主义虽是立法上的表现，但也对稳定的正确的理论构成的建立提出了要求，可以说二者互为表里。"相反，平野龙一则写道，"本文拟对诸问题的意义逐一地加以分析，进而明确真正的问题所在。可以说这并非是要贯彻'体系的思考'的路径,而是要贯彻'问题的思考'的路径"。[①] 这两位学者分别强调"问题性思考"的重要性和"体系性思考"的重要性。其实,"问题性思考"和"体系性思考"必须有机地结合在一起。正如德国学者罗克辛教授所言,"体系性思考和问题性思考的综合是富有成果的,并且在一定程度上是可能的。"[②]同样,"相较于精巧的犯罪论体系,日本刑法教义学更偏好于对具体问题的解决,将刑事政策融入刑法教义学之中"[③]。

(一)对正当防卫中"不法侵害"的理解

中国《刑法》第 20 条第 1 款规定,"为了使国家、公共利益、本人或者他人的人身、财产和其他权利免受正在进行的不法侵害,而采取的制止不法侵害的行为,对不法侵害人造成损害的,属于正当防卫,不负刑事责任。"正当防卫的起因条件,是指必须有不法侵害的实际发生和客观存在。只要是不法侵害行为,并不要求它已经达到或者将要达到犯罪程度,防卫人都可以依法对不法侵害人实行正当防卫。

在笔者主张的客观构成要件、排除客观违法的事由、主观构成要件和排除主观责任的事由四阶层体系中,不法侵害是指符合客观构成要件且欠缺排除客观违法事由的行为,而正当防卫行为是指符合客观构成要件且具备排除客观违法事由的行为,因此,对正当防卫行为不能再进行防卫。

对紧急避险能否实行正当防卫?日本学者松宫孝明认为,紧急避险行为虽然阻却刑法上的违法性,但可能产生民事上的损害赔偿义务,因而可能违反民法,故可能对紧急避险实行正当防卫。[④] 但笔者不同意这种观

---

① 参见[日]松宫孝明:《刑法总论讲义》(第 4 版补正版),钱叶六译,中国人民大学出版社 2013 年版,第 273 页。

② Claus Roxin, Strafrecht Allgemeiner Teil Band I, Verlag C. H. Beck, 2006, 4. Aufl., S. 220.

③ 黎宏:《论中国特色刑法教义学话语体系的建构》,载《上海政法学院学报(法治论丛)》2023 年第 3 期。

④ 参见[日]松宫孝明:《刑法总论讲义》(第 4 版补正版),钱叶六译,中国人民大学出版社 2013 年版,第 117 页。

点。虽然作为正当防卫对象的不法侵害,不以具有刑法上的违法性为前提,但将刑法上允许的行为,作为正当防卫的对象,会导致刑法上的违法评价的矛盾。只要是具备排除客观违法事由的行为,就不属于不法侵害。因此,“不能认可针对正当防卫、正当行为、紧急避险的正当防卫。但如果认为紧急避险(即便只是部分性地)属于责任阻却事由,在此限度之内,紧急避险也属于违法行为,因而也可对其实施正当防卫。”①

对于无责任的不法侵害能否进行正当防卫?否定论者认为,不法侵害人除其行为在客观上危害社会、违反法律外,还必须具备责任能力和主观罪过。换言之,精神病人和未成年人的侵害行为不属于不法侵害,对其一般不能进行正当防卫。肯定论者认为,不法侵害中的违法不包括行为人主观方面及其责任能力的内容,只要行为人的行为对法律所保护的权益有现实的危害性,就属于不法侵害,防卫人就有权对其进行正当防卫。因而,精神病人和未成年人的不法侵害,与有责任能力人的不法侵害并无本质区别,对之都可以进行正当防卫。法国学者卡斯东·斯特法尼等指出,“由于行为人不负刑事责任,所以从主观上看,这种加害是正当的,但从客观上看,它却是不合法的行为,因为,主观上不负刑事责任的原因并不能抹去加害人完成的行为所具有的犯罪特征。所以,对由疯子或儿童实行的攻击行为也可以进行正当的反击。”②笔者认为,不法侵害是指符合客观要件且欠缺排除客观违法事由的行为,与主观要件和排除主观责任事由无关。因此,只要侵害行为客观上是违法的,就可以进行防卫,而不问侵害人是否有责,故对精神病人、幼儿的侵害行为以及既无故意又无过失的行为,都可以进行正当防卫。

(二)刑法分则规定的某些“罪”“犯罪”的含义

关于刑法分则中“犯盗窃、诈骗、抢夺罪”“过失犯前款罪”“明知是犯罪的人”“明知是有罪的人”“明知是犯罪所得”“对正在进行行凶、杀人、

---

① [日]西田典之:《日本刑法总论》(第2版),王昭武、刘明祥译,法律出版社2013年版,第133页。

② [法]卡斯东·斯特法尼等:《法国刑法总论精义》,罗结珍译,中国政法大学出版社1998年版,第359页。

抢劫、强奸、绑架以及其他严重危及人身安全的暴力犯罪”等表述，按照德日犯罪论体系，这些“犯罪”都是符合构成要件的、违法的行为，而按照中国犯罪构成理论，这些“犯罪”是指客观方面的行为。[①]

笔者认为，这些“罪”和“犯罪”是指符合犯罪的客观要件且欠缺排除客观违法的事由的行为。如果行为符合犯罪的客观要件，但具有排除客观违法的事由，则不属于这里的“罪”或者“犯罪”。这里的“罪”或者“犯罪”相当于刑事政策学所说的犯罪，就是对社会危害大，放任其发生便不能或难以维持社会秩序，因而有必要作为刑事政策的对象的行为，其不仅指刑法意义上的犯罪，而且广泛地指有必要科处刑罚等刑事制裁的反社会行为，包括精神病人以及不满 14 周岁[②]少年的触犯刑罚法令的行为。[③]

当然，也有观点认为，“明知是犯罪的人”“明知是有罪的人”“明知是犯罪所得”中的“犯罪”就是指符合犯罪构成成立犯罪的行为。这种理解在司法实践中存在，但并不是通说。[④] 这种观点会产生刑法处罚的漏洞，因此，不为大多数学者所接受。比如，窝藏、包庇罪中的“犯罪的人”，只要是“实施了客观犯罪行为的人”即可，而不要求达到“实施了符合特定犯罪构成行为，需要追究其刑事责任的人”的程度。

（三）刑罚与保安处分的适用条件

根据古典学派的理论，刑罚是对犯罪的报应、非难。因此，只有在行为人实施犯罪行为时，原本有选择适法行为之可能的，才能对其予以非难。其结果是，对于行为人不能判断自己行为的是非善恶的重度精神病人等的行为，由于不能予以非难，就只能因是无责任能力者而认定不可罚。与此相反，近代学派以行为者的危险为理由，而肯定作为社会性负担

① 参见张明楷：《犯罪构成体系与构成要件要素》，北京大学出版社 2010 年版，第 22 页。

② 我国于 2020 年 12 月颁布的《刑法修正案（十一）》对《刑法》第 17 条进行了修改，修改后的第 17 条第 3 款规定：“已满十二周岁不满十四周岁的人，犯故意杀人、故意伤害罪，致人死亡或者以特别残忍手段致人重伤造成严重残疾，情节恶劣，经最高人民检察院核准追诉的，应当负刑事责任。”

③ 参见［日］大谷实：《刑事政策学》（新版），黎宏译，中国人民大学出版社 2009 年版，第 3 页。

④ 参见谢福志、郭新：《窝藏未成年人的盗窃所得应如何定罪》，http://court.gmw.cn/html/article/201302/05/118860.shtml，2013 年 3 月 4 日访问。

的刑罚。古典学派虽否定这种结论，但对于事实上实施了犯罪的精神病人所具有的危险性又不能视而不见，为此，作为一种妥协的对策，引入了与刑罚有别的保安处分制度。[①] 保安处分是指由于心神丧失等无责任能力的原因实施的行为虽然不是严格意义上的犯罪，但以违反法律为由（违法行为），而伴随对人的自由剥夺的处分。[②]

中国《刑法》第 5 条规定："刑罚的轻重，应当与犯罪分子所犯罪行和承担的刑事责任相适应。"刑罚的适用必须以行为人实施犯罪行为为前提，且应与罪行相均衡。而《刑法》第 17 条第 5 款规定："因不满十六周岁不予刑事处罚的，责令其父母或者其他监护人加以管教；在必要的时候，依法进行专门矫治教育。"第 18 条第 1 款规定："精神病人在不能辨认或者不能控制自己行为的时候造成危害结果，经法定程序鉴定确认的，不负刑事责任，但是应当责令他的家属或者监护人严加看管和医疗；在必要的时候，由政府强制医疗。"虽然行为人没有达到刑事责任年龄或者缺乏刑事责任能力，但是只要其行为符合客观要件且欠缺排除客观违法的事由，就可以适用保安处分。

笔者认为，刑罚的适用条件必须是行为符合犯罪客观要件和主观要件，且欠缺排除客观违法的事由和排除主观责任的事由；而保安处分的适用条件是行为符合犯罪的客观要件，欠缺排除客观违法的事由，且行为人无刑事责任能力或限制刑事责任能力。

上文讨论的实践中争议较大的若干问题，运用笔者提出的四阶层体系均迎刃而解，这正是四阶层体系在中国法治实践中的运用和验证。由此可见，如果犯罪论体系按照客观构成要件→排除客观违法的事由→主观构成要件→排除主观责任的事由的顺序依次展开，那么就能够同时满足理论层面的逻辑性与精细化和实践层面的实用性与简便性双重要求。这也是笔者提倡建构中国犯罪构成理论"四阶层体系"的原因之所在。

---

① 参见［日］西田典之：《日本刑法总论》（第 2 版），王昭武、刘明祥译，法律出版社 2013 年版，第 22 页。

② 参见［日］松宫孝明：《刑法总论讲义》（第 4 版补正版），钱叶六译，中国人民大学出版社 2013 年版，第 270 页。

日本有学者指出:“犯罪论体系最好能够做到:就体系内部而言,理论上不矛盾,具备尽可能地将思维过程予以可视化,且可加以验证的明晰性;对体系外部而言,能更好地反映属于社会事实的犯罪的实质,有助于解释与适用刑法,并有利于发现刑法理论上的问题。”①从这个意义上讲,笔者主张的四阶层体系既富于逻辑性,又简便实用,较好地回应了中国法治实践的现实需求,因而是具有实践价值、合理可行的理论体系。

第三节 建构中国刑法学自主知识体系语境下犯罪构成理论的持续创新

“加快构建中国特色哲学社会科学,归根结底是建构中国自主的知识体系。”②这是习近平总书记结合国内国际形势,站在统筹中华民族伟大复兴战略全局和世界百年未有之大变局的高度,对中国哲学社会科学建设作出的科学判断,具有重大理论意义和实践意义。全面推进依法治国,坚持走中国特色社会主义法治道路,必须加快构建中国特色法学学科体系、学术体系、话语体系③,建构具有中国特色、中国风格、中国气派的刑法学自主知识体系。

一、建构中国刑法学自主知识体系的基本要求

建构中国刑法学自主知识体系,既要合理借鉴人类法治文明成果,做到“洋为中用”“古为今用”,更要坚持中国特色,面向现实需求;既要建构学术体系和话语体系,又要面向中国法律制度,服务中国司法实践。需要坚持立足国情,充分汲取域外有益法治成果,传承中华优秀传统法律文化,兼容并蓄,推动建构符合国情、科学合理、面向实践的刑法学自主知识

① [日]松原芳博:《刑法总论专题研究(二)》,王昭武译,载《河南省政法管理干部学院学报》2010年第4期。

② 《坚持党的领导传承红色基因扎根中国大地 走出一条建设中国特色世界一流大学新路》,载《人民日报》2022年4月26日,第1版。

③ 参见冯玉军:《在法治轨道上建设中国式现代化》,人民出版社2023年版,第129-130页。

体系。

第一,刑法学自主知识体系既要借鉴域外法治成果,更要坚持中国主体性。中国法治应当具有极大的开放包容性,应当注重对人类法治文明优秀成果的吸纳与借鉴。① 一方面,我们要以开放的心态、国际的视野,深入学习各国刑法学理论,博采众家之长,吸收一切优秀法治文化,不能盲目排外,故步自封;另一方面,我们在深入学习、充分借鉴外国优秀法治成果时,又不能简单地以国外理论为圭臬,错误评判、指责和改造中国的刑法理论。当前,中国刑法学正处于从多年来的引进移植、吸收消化、比较鉴别,转向全面增强主体性、建立自主知识体系的新阶段。我们必须清醒地认识到,中国刑法学自主知识体系是中国特色的知识体系,必须立足中国的法治实践,理性地、批判性地借鉴域外经验,使之本土化和现代化,真正融入中国自身的知识体系和话语体系。对于域外法治成果,只要坚持中国主体性,有助于解决中国问题,就可以我为主、为我所用。要善于通过扬弃、借鉴、吸收优秀外国法治文明,结合中国的刑法学发展实际,打造具有中国风格的刑法学知识体系和话语体系,打开自主知识体系的大格局和新视野。

第二,刑法学自主知识体系既要与中国立法状况相适应,又要坚持面向司法实践。建构中国刑法学自主知识体系,必须立足中国具体的法治实际,发现和解决中国刑事法律发展过程中的难点、痛点、堵点问题。一方面,刑法学理论研究应以本国刑法规定为逻辑起点,不能用国外的理论、学说随意剪裁本国刑法的规定。刑法解释学的主要任务就是解释现行刑法,使法律适用更加合理、符合正义观念。另一方面,刑法学理论研究必须紧贴司法实践,高度关注、致力于研究和解决司法实务中的现实问题和疑难案件。刑法学研究只有立足中国语境、扎根中国法治实践、着力解决困扰实践的真问题、新问题,才能真正构建有用、管用的刑法学理论体系。

第三,刑法学自主知识体系既要服务当下的法治实践,又要挖掘中华

① 参见张明楷:《构建自主刑法学知识体系应妥当处理的四个关系》,载《法学家》2024年第6期。

优秀传统法律文化的智慧。中华法系一度是世界领先的法制文明,诸多价值理念已融入人心,至今仍充满鲜活的生命力和持久的影响力。面对刑罚过分扩张的风险,"德主刑辅"的思想对当今社会的治理仍具有重大意义;援法断罪、罚当其罪的平等观念与现代刑事法治精神中的三大原则一脉相承;慎刑恤刑与刑法谦抑性相呼应,诸多优秀法律文化都可以作为破解当今法治建设难题的参考答案。要充分挖掘蕴含在传统法律文化中的共同价值观,要善于从传统中寻求解决当下问题的智慧,融入现代刑事法学体系。中国刑法学知识体系的自主性,也意味着民族性或本土性,这就要求中国刑法学知识体系植根于中国悠久的民族文化传统和人民群众的社会生活之中。只有挖掘历史悠久的优秀法律传统,将法治的普遍性原理与中国特殊的法治实践相结合,通过现实具体情境中的民族文化、历史传统、制度体系获取真实意义,才能及时更新法律观念、创新法律文化,构建自主的法学知识体系。

二、以建构中国刑法学自主知识体系促进犯罪构成理论创新发展

中国犯罪构成理论的持续创新和发展完善,应遵循中国刑法学自主知识体系建构的总体要求予以稳步推进。

第一,中国犯罪构成理论的创新发展既要"采他山之石",更要遵循事物自身发展规律。要致力于探寻犯罪构成理论的自然之道,增强主体性和原创性,善于从纷繁复杂的犯罪现象中总结基本规律,把握事物本质,形成简明、易懂、实用的中国犯罪构成理论体系。

犯罪构成理论是关于成立犯罪的规格和标准的理论。有什么样的社会,就会有什么样的犯罪;有什么样的犯罪,就会有什么样的犯罪构成理论。法治实践是检验犯罪构成理论的唯一标准,不能离开犯罪现象和法治实践研究犯罪构成理论。犯罪构成理论是犯罪规律造就,是法治时代使然,必须充分关注犯罪发展变化的形势,深入研究犯罪的本质属性、发展规律和时代特征,围绕惩治和预防犯罪的目的,研究犯罪成立的标准和规格。中国犯罪构成理论的发展完善,可以适当借鉴德日三阶层体系、英美双层次理论和国际刑法的犯罪构成理论的优点。例如,三阶层体系具有体系逻辑严谨、说明书和教科书功能明显以及出罪事由的体系地位明

确等特点，双层次理论具有简便、灵活、实用性强等优点，这些法治成果可以丰富中国犯罪构成理论完善的资源池，为我们提供不同的思路和方向以资镜鉴。当然，学习借鉴不是照搬照抄，首先应坚持“以我为主”的原则，同时根据中国刑事法治发展的实际需要，科学合理地予以扬弃和借鉴。

第二，中国犯罪构成理论的发展完善应秉持正义理念，立足于解释中国的刑事立法，服务于中国的法治实践，充分体现中国特色和人民立场。不能脱离本国的法律自说自话，不能断章取义地运用国外理论评判本国的法律；要坚持以人民为中心，在复杂多变的司法实践中实现正义价值。

犯罪构成理论关涉对犯罪成立与否的认定，它从根本上涉及犯罪嫌疑人、被告人、刑事被害人（若有）、国家等不同主体的利益平衡。犯罪构成理论若变宽松，会导致犯罪门槛降低，可能在一定程度上使国家和社会的管理秩序得到更严格的维护、对刑事被害人的利益进行更大的保护，但可能导致对犯罪嫌疑人、被告人人权保障程度降低；而犯罪构成理论朝着严格的方向改革发展，会提高入罪的门槛，对犯罪嫌疑人、被告人的刑事追究标准更为严格，但可能导致某些情形下对犯罪行为的认定更难，对国家和社会管理秩序的刑法保护力度变弱，对刑事被害人的利益保障程度降低。总之，应立足于中国的法治实际，发展完善犯罪构成理论，以实现对不同利益保护的有效平衡，更好地促进社会公平正义的实现。

第三，犯罪构成理论的创新发展必须符合人类的认识规律。上文曾经探讨，人类的认识规律是一个由“正、反、合”命题组成的系统，正题内在地衍生出反题，最后正题与反题都被扬弃而达致合题。从本质上而言，从正题→反题→合题的认知发展，是事物历经肯定→否定→新的肯定的螺旋式发展的过程，而合题则是在历经肯定与否定之后的发展、超越与创新。[①] 黑格尔为“正反合”逻辑打的比喻是：一颗麦粒，开始只是麦粒（正），但它实际上已包含了突破自己、否定自己的因素，这就是要长成麦苗。当它真的长成麦苗时，就不再是麦粒了，而是达到了麦粒的对立面（反）。麦苗最后还会成熟结种产生新麦粒。新麦粒不是麦苗，也不同于

① 参见刘风景：《基于“正反合”定律的良法重述》，载《南京社会科学》2018年第7期。

原来的麦粒，而是两者综合的产物（合）。笔者提出的“客观构成要件→排除客观违法的事由→主观构成要件→排除主观责任的事由”的“四阶层体系”，正是按照“正→反→合”的认识规律逐步展开的，只是还不够简便，应遵循事物的发展规律不断完善，在构成要件（正）与排除事由（反）这一正一反的认知发展中达至“合”的目的，合于“大道至简”的自然规律。

第四，犯罪构成理论体系应当根据认识的逻辑顺序展示其阶层性。犯罪构成理论的提出和完善是主观见之于客观的过程，顺序性和阶层性是其本自具足的特征。

从人类社会诞生以来，人们就竭力通过各种途径去认识和把握世界。辩证唯物主义认识论科学地说明了人的认识规律，把认识看成是一个由表及里、由浅入深的能动过程。在哲学上，形式与实质是揭示客观事物性质的二元要素，是我们认识事物本质、把握事物规律的一个重要方法。唯物主义哲学认为，人们接触事物时，首先由感觉器官直接感受事物的不同的外化的结构状态，是对事物客观外在形式的“生动的直观”。在收到感官信息后，人们通过思维对事物进行一定的价值评价与判断，即探寻事物的本质。总之，人类对事物的认识，都要遵循一个从形式到本质、从客观到主观的逐步深化的逻辑展开过程，这是人类最古老的也是最广泛、最有效的认识途径。

在刑法领域中，对行为是否构成犯罪的认定也要历经从形式到实质、从客观到主观的过程。犯罪构成就是衡量行为是否构成犯罪的标准，犯罪构成理论存在的价值就是要帮助我们认识犯罪、判别行为性质。对行为的分析符合人类的认识规律，才能解决认定犯罪的问题。首先，犯罪构成要通过事实要素从存在论的意义上描述危害行为，从形式上将犯罪行为与其他违法行为明确地区别开来。其次，犯罪构成要通过规范要素从法律意义的层面上对行为作出评价，即实质性地判断有无值得处罚的行为存在。

德日犯罪论体系是从构成要件符合性、违法性和有责性这三个逐步递进的层次来判断犯罪成立与否的。构成要件符合性设定了一个限制性的框架，确定了处罚范围。第二个阶层的违法性阶段则是基于客观性要素对行为进行一种实质性判断。有责性阶段则通过考察行为人的主观判断其是否具有可责性。这种层层递进的犯罪评价体系，即从客观要素到主观要素、由事实到评价、由形式到实质的判断顺序，体现了形式与实质相结合、客观与主观相结合的认识规律，进而将刑法的适用限定于适当正确的范围之内。[①] 这一判断过程是符合人们认定行为性质的心理历程和司法实践中具体案件的定罪过程的。

英美法系的犯罪构成也是递进式的，只不过是双层递进，其效果仍然是同时考察行为的主客观两方面，考察行为的实质违法意义和行为人的归责可能性。

中俄犯罪构成理论体系通说认为，四个要件按照犯罪客体→犯罪客观方面→犯罪主体→犯罪主观方面的顺序进行排列，这种排列顺序准确地遵循了人们的认识规律：首先，通过客体方面考察是否存在某种社会关系受到侵害的事实。其次，在客观方面查明这种侵害是不是人的行为造成的。再次，在主体方面查明谁是行为人以及行为人的情况，确定是不是有刑事责任能力的人造成这种侵害。最后，在主观方面明确行为人是否存在主观罪过，从而最终确定是否构成犯罪。这样一条从客观到主观的路径，对行为进行评价，是符合犯罪认定的过程的，它更容易被理解和接受，更易被掌握，有利于司法者在实践活动中迅速、准确地查明和确定犯罪。

国际刑法的体系依靠两个层次、三个步骤对行为进行检测。第一个层次是犯罪构成的物质性因素和心理性因素，分别从客观和主观上确定该行为是否能够“入罪”。第二个层次则是利用排除责任的根据进行“出罪”。两个层次相辅相成，既体现了从客观到主观、从形式到实质的认识路径，也体现了与诉讼程序的动态结合。

从上面的考察不难发现，大陆法系、英美法系、中俄体系和国际刑法体系，对于犯罪的判断大体上都是符合从现象到本质、从客观到主观的认识逻辑顺序的。犯罪论体系无论如何创新和发展，人类认识的逻辑顺序

---

① 参见[日]西田典之：《日本刑法总论》(第2版)，王昭武、刘明祥译，法律出版社2013年版，第31页。

不会改变。不同体系各有优点,也各自存在不足之处,都有待改进和完善,不能简单地评判孰优孰劣。正如本书所讨论的,不同体系尽管差异明显,但仍存在共同的价值取向,讨论相同的构成要素,解决类似的实践难题。具体到犯罪论体系的发展完善,基本原理、指导原则以及理论层面的逻辑性与精细化和操作层面的实用性与简便性等具体要求,都是基本一致的。

当然,犯罪构成理论是时代性与发展性的有机统一,特定的时代造就特定的犯罪构成理论,同时,任何时代的犯罪构成理论都在不断发展和完善的路上,应坚持与时俱进的品格。在建构中国刑法学自主知识体系的当下,中国犯罪构成理论体系的创新发展和完善,应在坚持中国特色、中国主体性和原创性的前提下,以更博大的胸怀、更宽广的视野、更精准的角度、更深密的思维,兼容古今中外优秀法治文明,为发展中国刑法理论、完善刑事立法、解决实践难题贡献智慧和力量。

结　论

中国在清末变法时期，由沈家本主持修法，引入大陆法系的刑法制度，同时也引进大陆法系的犯罪论体系。当然，德国的犯罪论体系是以日本为中介传入中国的。[①] 中华民国的犯罪论体系在很大程度上是对日本的模仿。[②] 直至中国国内革命战争时期，中国国民党统治的区域依旧沿用德日的理论，而在中国共产党所统辖的区域开始采用苏俄的犯罪构成理论。自 1949 年之后，以《关于废除国民党的六法全书与确定解放区的司法原则的指示》的发布为标志，中国开始全面借鉴苏俄的四要件犯罪构成理论。经过修正和改良，中国刑法学形成了中国特色的犯罪构成耦合模式。

随着国际交流的日益频繁，中国刑法学者的视野得以拓宽，学者们不再满足于仅对四要件犯罪构成理论进行探讨，而是更多地关注大陆法系和英美法系的犯罪论体系，特别是德日三阶层犯罪论体系。中国的刑法学人“急于挣脱束缚试图构建一片刑法新天地”。[③] 在这种心态支配之下，许多学者都对中国的犯罪构成体系提出了质疑，甚至还有学者认为中国的犯罪构成体系应该“推倒重来”。他们认为，中国现有的犯罪构成体系“缺乏层次性，违反法律推理的一般原则”；“价值判断过于前置，不利

① 参见何勤华：《中国近代刑法学的诞生与成长》，载《现代法学》2004 年第 2 期。

② 参见陈兴良：《刑法的知识转型（学术史）》，中国人民大学出版社 2012 年版，第 67 页。

③ 参见冯亚东、胡东飞、邓君韬：《中国犯罪构成体系完善研究》，法律出版社 2010 年版，第 292 页。

于保障人权和实现法治";"缺乏逻辑导向功能,在实践中使刑法功能的发挥受到影响",因而应该引进德日的三阶层犯罪论体系。[①] 这种改革的呼声一度在中国刑法学界引起不小的轰动。那么,德日的三阶层犯罪论体系究竟为何?它真的值得我们为之抛弃现有的犯罪构成理论吗?带着这些疑问,笔者以三阶层犯罪论体系的演进与构造为对象展开了相关研究。

德日犯罪论体系的形成可以追溯到李斯特和贝林时代,其体系发展历经了前古典犯罪论体系、古典犯罪论体系、新古典犯罪论体系、基尔学派的犯罪论体系、目的论的犯罪论体系、新古典与目的论的结合体系以及目的理性犯罪论体系七个阶段。诚然,在稳步、连续的发展过程中,德日犯罪论体系有着深厚的哲学根基和实践基础。德国和日本刑法学的通说都采取"构成要件符合性、违法性和有责性"三阶层犯罪论体系,这三个要件层层递进,并分别与罪刑法定原则、法益保护原则和责任主义原则相对应,形成了一个从形式到实质评价的阶层体系。该体系逻辑严谨,具有较为明显的说明书和教科书功能,还赋予了违法阻却事由和责任阻却事由等出罪事由以明显的体系地位。但该体系的缺陷也是显而易见的,其纷繁复杂,模糊了三要件的界限;不仅局部违反了认识论的基本原理,还导致立法规范忽视刑法的谦抑性原则;过于精致影响了司法效率。

要加深对三阶层犯罪论体系的认识,仅从其自身发展历程、体系构造和优缺点进行考察是远远不够的,还需要进行横向比较。为了更清晰地认识德日三阶层犯罪论体系和中国四要件犯罪构成理论,笔者对二者的共性和个性进行了初步比较,发现二者在理论来源、基本功能和价值取向等方面极为相似。另外,二者还有大致相同的构成要素。虽然有诸多相似之处,二者之间的差异依然明显:无论是在哲理基础、逻辑结构、体系支柱、构成要素内涵层面,还是在体系的务实性程度层面,二者都有极大的差异。

---

① 参见宗建文:《论犯罪构成的结构与功能》,载《环球法律评论》2003 年第 3 期;周光权:《犯罪构成理论与价值评价的关系》,载《环球法律评论》2003 年第 3 期;梁根林、付立庆:《刑事领域违法性的冲突及其救济——以社会危害性理论的检讨与反思为切入》,载陈兴良主编:《刑事法评论》第 10 卷,中国政法大学出版社 2002 年版。

在认识到二者迥异的情形下，我们回归上述问题，即我们应否抛弃中国现有的四要件犯罪构成理论而选择德日三阶层犯罪论体系？换句话说，我们是否应该有自己的体系自信？对于这个问题，笔者的答案是肯定的，对于中国现有的犯罪构成体系，我们应该有足够的理论自信和制度自信。但是这种自信不是盲目自大，我们应该认识到中国现有的犯罪构成体系存在一些不容回避的问题。例如，中国的犯罪构成理论需要进一步解释罪刑法定原则和宽严相济刑事政策之间的关系；中国刑法理论中面临着一个问题——犯罪概念、犯罪特征、犯罪构成在认定犯罪成立的过程中各自处于什么地位，起什么作用；等等。基于对这些问题的思考，中国通说的犯罪构成理论之完善需要引入问题性思考方法。而且，犯罪构成理论的发展需要借助刑事政策来指导，基于此，笔者倡导“三位一体”的犯罪构成理论评价体系。

“三位一体评价体系”认为，中国的犯罪概念、犯罪特征、犯罪构成都是认定犯罪的依据。其中，犯罪构成是认定犯罪的具体标准；而犯罪概念、犯罪特征是认定犯罪的总体标准。按照“正→反→合”的认识论原理，应将犯罪构成作为从正面肯定犯罪成立的要件，即入罪事由（“正”）；而将犯罪概念与犯罪特征作为从反面否定犯罪成立的要件，即出罪事由（“反”）。从一正一反的“对立”达到认识的“统一”（“合”），这就是笔者主张的过渡阶段认定犯罪的“三位一体评价体系”。

上述过渡措施仅仅是针对中国犯罪构成理论现有缺陷的应急之举，并不能解决根本性的问题。在构建中国特色学术体系和话语体系的背景下，要使中国的犯罪构成理论更为完善并能迎接今后的考验，笔者认为，应该正确处理好理论层面的逻辑性和精细化与操作层面的实用性与简便性之间的关系。在犯罪构成理论的构造原理上，应该坚持主观与客观的统一、原则与例外的统一以及定性与定量的统一。在体系构造方面，应贯彻对立统一规律、否定之否定规律等哲学基本原理和主客观有机统一的要求，在中国传统四要件犯罪构成理论的基础上，将排除犯罪性的事由纳入体系之内，并对照客观构成要件和主观构成要件，分别规定排除客观违法的事由和排除主观责任的事由，从而形成客观构成要件→排除客观违法的事由→主观构成要件→排除主观责任的事由的“四阶层体系”。“四阶层体系”既要有入罪的要件,也要有出罪的考量,在入罪(“肯定”)与出罪(“否定”)的“对立”中,达到符合哲学基本原理和人类认识基本规律的“统一”,即“否定之否定”的结论。这一认知路径,也完美契合中国传统文化中关于“我→非我→非非我”的哲学思辨路径。总之,“四阶层体系”注重对犯罪现象和犯罪构成理论自身发展规律的把握,体现了从现象到本质、从客观到主观的逻辑顺序,有助于解决实践中的一些难题。

最后,笔者对建构中国刑法学自主知识体系的基本要求和犯罪构成理论的持续创新发展进行了展望。中国犯罪构成理论必须在平衡自主精神与开放气魄中创新,在赓续传统文化中深化,在观照现实需求中发展。

参考文献

一、外文文献

（一）德文

［1］Albert Friedrich Berner：Grundlinien der criminalistischen Imputationslehre，Dümmler，1843.

［2］Armin Kaufmann，Die Dogmatik der Unterlassungsdelikte，Verlag Schwartz，1959.

［3］Baumann/Weber/Mitsch，Strafrecht Allgemeiner Teil，Verlag Ernst und Werner Gieseking，2003，11. Auflage.

［4］Beling，Die Lehre vom Verbrechen，Scientia，1906，2. Auflage.

［5］Claus Roxin，Strafrecht Allgemeiner Teil Band I，Verlag C. H. Beck，2006，4. Auflage.

［6］Eric Hilgendorf，in：Susanne Beck，et al. Handbuch des Strafrechts：Band 2：Strafrecht Allgemeiner Teil I，C. F. Müller Verlag，2019，§27，Rn. 3.

［7］Georg Küpper，Grenzen der normativierenden Strafrechtsdogmatik，Duncker & Humblot，1990.

［8］G. Jakobs，Strafrecht Allgemeiner Teil，Walter de Gruyter 1993，2. Auflage.

［9］Günter Stratenwerth，Lothar Kuhlen，Strafrecht Allgemeiner Teil，Die straftat，Verlag Franz Vahlen，2011，6. Auflage.

[10] Hans Welzel, Naturalismus und Wertphilosophie im Strafrecht, Deutsches Druck- und Verlags-Haus, 1935.

[11] Hans-Heinrich Jescheck, Thomas Weigend, Lehrbuch des Strafrechts Allgemeiner Teil, Drucker & Humblot, 1996, 5. Auflage.

[12] Harro Otto, Grundkurs Strafrecht, Allgemeine Strafrechtslehre, De Gruyter Rechtswissenschaft Verlag, 7. Auflage.

[13] M. E. Mayer, Der Allgemeine Teil Des Deutschen Strafrechts, C. Winter, 1915.

[14] Maurach/Zipf, Strafrecht Allgemeiner Teil Band I, C. F. Müller, 1992, 8. Aufl., S. 215.

[15] Theodor Lenckner, Wertausfüllungsbedürftige Begriffe im Strafrecht und der Satz nullum crimen sine lege, JuS 1968, Heft 6.

[16] Wessels/Beulke, Strafrecht Allgemeiner Teil, Die Straftat und ihr Aufbau, C. F. Müller, 2010, 40. Aufl., S. 144-145.

[17] Wilhelm Gallas, Beiträge zur Verbrechenslehre, De Gruyter, 1968, S. 34.

[18] Wolfgang Naucke, Über Generalklauseln und Rechtsanwendung im Strafrecht, J. C. B. Mohr, 1973.

(二)日文

[1][日]草野豹一郎:《刑法要论》,有斐阁 1956 年版。

[2][日]曾根威彦:《刑法总论》(第 4 版),弘文堂 2008 年版。

[3][日]川端博:《刑法总论讲义》(第 2 版),成文堂 2006 年版。

[4][日]大塚仁:《大コンメンタール刑法》(第 3 卷)(第 2 版),青林书院 1999 年版。

[5][日]大塚仁:《刑法概说(总论)》(第 4 版),有斐阁 2008 年版。

[6][日]大塚仁:《刑法论集》,有斐阁 1978 年版。

[7][日]福田平:《全订刑法总论》(第 4 版),有斐阁 2004 年版。

[8][日]高桥则夫:《刑法总论讲义案》,成文堂 2006 年版。

[9][日]井田良:《讲义刑法学・总论》,有斐阁 2008 年版。

[10][日]井田良:《刑法总论の理论构造》,成文堂 2005 年版。

[11][日]立石二六:《刑法总论 30 讲》,成文堂 2007 年版。

[12][日]木村龟二:《犯罪论的新构造》(下),有斐阁 1978 年版。

[13][日]木村龟二:《刑法总论》(增补版),有斐阁 1984 年版。

[14][日]内藤谦:《刑法讲义总论》(中),有斐阁 1986 年版。

[15][日]平场安治:《刑法总论讲义》,有斐阁 1952 年版。

[16][日]平野龙一:《刑法总论Ⅱ》,有斐阁 1975 年版。

[17][日]齐藤金作:《刑法讲义》,成文堂 1996 年版。

[18][日]齐藤信治:《刑法总论》,有斐阁 1995 年版。

[19][日]前田雅英:《现代社会与实质的犯罪论》,东京大学出版会 1992 年版。

[20][日]前田雅英:《刑法总论讲义》(第 5 版),东京大学出版会 2011 年版。

[21][日]浅田和茂:《刑法总论》(补正版),成文堂 2007 年版。

[22][日]浅田和茂:《刑法总论》,成文堂 2005 年版。

[23][日]日本刑法学会:《刑法讲座》(4),有斐阁 1973 年版。

[24][日]山口厚:《刑法总论》(第 2 版),有斐阁 2007 年版。

[25][日]山中敬一:《刑法总论》(第 2 版),成文堂 2008 年版。

[26][日]松宫孝明:《刑法总论讲义》,第 3 卷,成文堂 2004 年版。

[27][日]团藤重光:《刑法纲要总论》,创文社 1990 年版。

[28][日]团藤重光:《注释刑法》(2),有斐阁 1981 年版。

[29][日]西原春夫:《刑法总论》(改订版)(上卷),成文堂 1993 年版。

[30][日]香川达夫:《刑法讲义总论》,成文堂 1995 年版。

[31][日]小野清一郎:《犯罪构成要件的理论》,有斐阁 1953 年版。

[32][日]植松正:《再订刑法概论Ⅰ》(总论),劲草书房,1974 年版。

[33][日]中山研一:《口述刑法总论》,成文堂 2005 年版。

[34][日]中山研一:《刑法总论》,成文堂 1982 年版。

[35][日]中义胜:《讲述犯罪总论》,有斐阁 1980 年版。

[36][日]庄子邦雄:《刑法总论》(第 3 版),青林书院新社 1996 年版。

[37]《西原春夫先生古稀祝贺论文》(第2卷),成文堂1998年版。

二、中文文献

(一)中文著作

[1]高铭暄、马克昌主编:《刑法学》(第10版),北京大学出版社2022年版。

[2]赵秉志主编:《刑法总论》(第2版),中国人民大学出版社2012年版。

[3]张明楷:《刑法学》(第6版),法律出版社2021年版。

[4]储槐植、江溯:《美国刑法》(第4版),北京大学出版社2012年版。

[5]甘雨沛、高格:《国际刑法学新体系》,北京大学出版社2000年版。

[6]赵秉志主编:《新编国际刑法学》,中国人民大学出版社2004年版。

[7]李希慧主编:《刑法总论》,武汉大学出版社2008年版。

[8]周光权:《刑法总论》(第2版),中国人民大学出版社2011年版。

[9]赵秉志主编:《英美刑法学》(第2版),科学出版社2010年版。

[10]马克昌:《比较刑法原理——外国刑法学总论》,武汉大学出版社2002年版。

[11]马克昌:《外国刑法学总论(大陆法系)》,中国人民大学出版社2009年版。

[12]张明楷编著:《外国刑法纲要》(第2版),清华大学出版社2007年版。

[13]赵秉志主编:《外国刑法原理(大陆法系)》,中国人民大学出版社2000年版。

[14]陈忠林:《意大利刑法纲要》,中国人民大学出版社1999年版。

[15]赵秉志、吴振兴主编:《刑法学通论》,高等教育出版社1993年版。

[16]赵秉志、肖中华、左坚卫:《刑法问题对谈录》,北京大学出版社2007年版。

[17]贾济东:《外国刑法学原理(大陆法系)》,科学出版社 2013 年版。

[18]陈家林:《外国刑法通论》,中国人民公安大学出版社 2009 年版。

[19]张明楷:《犯罪构成体系与构成要件要素》,北京大学出版社 2010 年版。

[20]陈兴良主编:《犯罪论体系研究》,清华大学出版社 2005 年版。

[21]冯亚东、胡东飞、邓君韬:《中国犯罪构成体系完善研究》,法律出版社 2010 年版。

[22]付立庆:《犯罪构成理论比较研究与路径选择》,法律出版社 2010 年版。

[23]何秉松、[俄]科米萨罗夫、科罗别耶夫主编:《中国与俄罗斯犯罪构成理论比较研究》(中文版),庞冬梅、丛凤玲译,法律出版社 2008 年版。

[24]何秉松:《犯罪构成体系论》,中国法制出版社 1995 年版。

[25]周光权:《犯罪论体系的改造》,中国法制出版社 2009 年版。

[26]宣炳昭、黄志正编著:《犯罪构成与刑事责任——刑法学研究综述》,中国政法大学出版社 1993 年版。

[27]杨兴培:《犯罪构成原论》,中国检察出版社 2004 年版。

[28]李洁、王志远、王充等:《犯罪构成的解构与结构》,法律出版社 2010 年版。

[29]彭文华:《犯罪构成本原论及其本土化研究——立足于文化视角所展开的比较与诠释》,中国人民公安大学出版社 2010 年版。

[30]彭文华:《犯罪构成范畴论》,中国人民公安大学出版社 2009 年版。

[31]童伟华:《犯罪构成原理》,知识产权出版社 2006 年版。

[32]肖中华:《犯罪构成及其关系论》,中国人民大学出版社 2000 年版。

[33]陈兴良:《本体刑法学》(第 2 版),中国人民大学出版社 2011 年版。

[34]陈兴良:《规范刑法学》(第 2 版),中国人民大学出版社 2008 年版。

[35]陈兴良:《教义刑法学》,中国人民大学出版社 2010 年版。

[36]陈兴良:《刑法的知识转型(学术史)》,中国人民大学出版社 2012 年版。

[37]陈子平:《刑法总论》(2008 年增修版),中国人民大学出版社 2009 年版。

[38]储槐植:《刑事一体化论要》,北京大学出版社 2007 年版。

[39]邓晓芒、赵林:《西方哲学史》,高等教育出版社 2005 年版。

[40]柯耀程:《变动中的刑法思想》,中国政法大学出版社 2003 年版。

[41]黎宏:《刑法学》,法律出版社 2012 年版。

[42]黎宏:《刑法总论问题思考》,中国人民大学出版社 2007 年版。

[43]李海东:《刑法原理入门(犯罪论基础)》,法律出版社 1998 年版。

[44]林东茂:《刑法综览》(修订 5 版),中国人民大学出版社 2009 年版。

[45]林东茂:《一个知识论上的刑法学思考》(增订 3 版),中国人民大学出版社 2009 年版。

[46]林山田:《刑法通论(上册)》(增订 10 版),台北,元照出版有限公司 2008 年版。

[47]林钰雄:《新刑法总则》,中国人民大学出版社 2009 年版。

[48]刘放桐等编著:《新编现代西方哲学》,人民出版社 2000 年版。

[49]曲新久:《刑法的逻辑与经验》,北京大学出版社 2008 年版。

[50]许玉秀:《当代刑法思潮》,中国民主法制出版社 2005 年版。

[51]余振华:《刑法深思 · 深思刑法》,台北,元照出版有限公司 2005 年版。

[52]袁益波:《英国刑法的犯罪论纲》,知识产权出版社 2007 年版。

[53]刘建伟:《新康德主义法学》,法律出版社 2007 年版。

[54]张明楷:《法益初论》,中国政法大学出版社 2000 年版。

[55]张明楷:《行为无价值论与结果无价值论》,北京大学出版社 2012 年版。

[56]张明楷:《罪刑法定与刑法解释》,北京大学出版社 2009 年版。

[57]周密:《论证犯罪学》,群众出版社 1991 年版。

[58]宗建文:《刑法机制研究》,中国方正出版社 2000 年版。

[59]赵永琛:《国际刑法与司法协助》,法律出版社 1994 年版。

[60]何勤华、朱淑丽、马贺:《纽伦堡审判》,中国方正出版社 2006 年版。

[61]李世光、刘大群、凌岩主编:《国际刑事法院罗马规约评释》(上册),北京大学出版社 2006 年版。

[62]邵沙平:《现代国际刑法教程》,武汉大学出版社 1993 年版。

[63]宋健强:《司法说理的国际境界:兼及"国际犯罪论体系"新证》,法律出版社 2010 年版。

[64]张景:《国际刑法综述》,人民法院出版社 2004 年版。

[65]黄风、凌岩、王秀梅:《国际刑法学》,中国人民大学出版社 2007 年版。

[66]黄肇炯:《国际刑法概论》,四川大学出版社 1992 年版。

[67]贾宇:《国际刑法学》,中国政法大学出版社 2004 年版。

[68]张智辉:《国际刑法通论》(增补本),中国政法大学出版社 1999 年版。

[69]梅汝璈:《远东国际军事法庭》,法律出版社 2005 年版。

[70]齐文远、刘代华:《国际犯罪与跨国犯罪研究》,北京大学出版社 2004 年版。

[71]林欣主编:《国际刑法问题研究》,中国人民大学出版社 2000 年版。

[72]朱文奇:《国际刑法》,中国人民大学出版社 2007 年版。

[73]朱文奇:《国际刑事法院与中国》,中国人民大学出版社 2009 年版。

[74]郭自力:《英美刑法》,北京大学出版社 2018 年版。

[75]叶良芳:《国际刑法基本理论研究》,浙江大学出版社 2018 年版。

[76]张磊:《国际刑法的温故与知新》,中国法制出版社 2018 年版。

[77]贾宇:《国际刑法学》(第 2 版),法律出版社 2019 年版。

[78]张明楷:《外国刑法纲要》(第 3 版),法律出版社 2020 年版。

[79]夏勇:《英美刑法:五国刑法论要》,法律出版社 2020 年版。

[80]赵秉志主编:《犯罪构成论体系比较研究》,法律出版社 2021 年版。

[81]马克昌、卢建平主编:《外国刑法学总论(大陆法系)》(第3版),中国人民大学出版社2021年版。

[82]欧锦雄:《中国犯罪构成理论的现代展开》,中国人民公安大学出版社2021年版。

[83]彭文华:《犯罪构成的经验与逻辑》,中国政法大学出版社2021年版。

[84]贾济东:《犯罪论争议问题研究》,法律出版社2021年版。

[85]冯玉军:《在法治轨道上建设中国式现代化》,人民出版社2023年版。

[86]《刑法学》编写组编:《刑法学(上册·总论)》(第2版),高等教育出版社2023年版。

(二)译著

[1][德]安塞尔姆·里特尔·冯·费尔巴哈:《德国刑法教科书》(第14版),徐久生译,中国方正出版社2010年版。

[2][德]克劳斯·罗克辛:《德国刑法学总论》(第1卷),王世洲译,法律出版社2005年版。

[3][德]李斯特:《德国刑法教科书》(修订译本),徐久生译,法律出版社2006年版。

[4][德]恩施特·贝林:《构成要件理论》,王安异译,中国人民公安大学出版社2006年版。

[5][德]格哈德·韦勒:《国际刑法学原理》,王世洲译,商务印书馆2009年版。

[6][德]克劳斯·罗克辛:《刑事政策与刑法体系》(第2版),蔡桂生译,中国人民大学出版社2011年版。

[7][德]亚图·考夫曼:《法律哲学》(第2版),刘幸义等译,法律出版社2011年版。

[8][德]英格博格·普珀:《法学思维小学堂》,蔡圣伟译,北京大学出版社2011年版。

[9][俄]Л. В. 伊诺加莫娃-海格主编:《俄罗斯联邦刑法(总论)》

(第 2 版),黄芳、刘阳、冯坤译,中国人民大学出版社 2010 年版。

[10][法]卡斯东・斯特法尼等:《法国刑法总论精义》,罗结珍译,中国政法大学出版社 1998 年版。

[11][法]雅克・博里康:《法国二元论体系的形成和演变:犯罪——刑事责任人》,朱琳译,中国民主法制出版社 2011 年版。

[12][韩]金日秀、徐辅鹤:《韩国刑法总论》(第 11 版),郑军男译,武汉大学出版社 2008 年版。

[13][韩]李在祥:《韩国刑法总论》,[韩]韩相敦译,中国人民大学出版社 2005 年版。

[14][美]道本周:《鲁滨逊——非标准分析创始人》,王前等译,科学出版社 2004 年版。

[15][美]乔治・P. 弗莱彻:《刑法的基本概念》,蔡爱惠、陈巧燕、江溯译,中国政法大学出版社 2004 年版。

[16][美]乔治・弗莱彻:《反思刑法》,邓子滨译,华夏出版社 2008 年版。

[17][美]约书亚・德雷斯勒:《美国刑法精解》,王秀梅等译,北京大学出版社 2009 年版。

[18][日]大谷实:《刑法讲义总论》(新版第 2 版),黎宏译,中国人民大学出版社 2008 年版。

[19][日]大谷实:《刑法总论》(新版第 2 版),黎宏译,中国人民大学出版社 2008 年版。

[20][日]大塚仁:《犯罪论的基本问题》,冯军译,中国政法大学出版社 1993 年版。

[21][日]大塚仁:《刑法概说(总论)》(第 3 版),冯军译,中国人民大学出版社 2003 年版。

[22][日]木村龟二主编:《刑法学词典》,顾肖荣等译,上海翻译出版公司 1991 年版。

[23][日]牧野英一:《日本刑法通义》,陈承泽译,中国政法大学出版社 2003 年版。

[24][日]山口厚:《从新判例看刑法》(第 2 版),付立庆、刘隽译,中

国人民大学出版社 2009 年版。

[25][日]山口厚:《刑法总论》(第 2 版),付立庆译,中国人民大学出版社 2011 年版。

[26][日]西田典之:《日本刑法总论》(第 2 版),王昭武、刘明祥译,法律出版社 2013 年版。

[27][日]西原春夫:《犯罪实行行为论》,戴波、江溯译,北京大学出版社 2006 年版。

[28][日]西原春夫:《刑法 · 儒学与亚洲和平:西原春夫教授在华演讲集》,山东大学出版社 2008 年版。

[29][日]小野清一郎:《犯罪构成要件理论》,王泰译,中国人民公安大学出版社 2004 年版。

[30][日]野村稔:《刑法总论》,全理其、何力译,法律出版社 2001 年版。

[31][日]井田良:《刑法总论的理论构造》,秦一禾译,中国政法大学出版社 2021 年版。

[32][苏]A. H. 特拉伊宁:《犯罪构成的一般学说》,薛秉忠等译,中国人民大学出版社 1958 年版。

[33]《苏联刑法科学史》,曹子丹、张广贤、马改秀、王扬译,法律出版社 1984 年版。

[34][意]彼德罗 · 彭梵得:《罗马法教科书》(2005 年修订版),黄风译,中国政法大学出版社 2005 年版。

[35][意]杜里奥 · 帕多瓦尼:《意大利刑法学原理》(注评版),陈忠林译评,中国人民大学出版社 2004 年版。

[36][意]切萨雷 · 龙勃罗梭:《犯罪人论》,黄风译,中国法制出版社 2000 年版。

[37][英]J. C. 史密斯、B. 霍根:《英国刑法》,李贵方等译,法律出版社 2000 年版。

[38][英]保罗 · 维诺格拉多夫:《中世纪欧洲的罗马法》,钟云龙译,中国政法大学出版社 2010 年版。

[39][英]戴维 · M. 沃克:《牛津法律大辞典》,李双元等译,法律出

版社 2003 年版。

[40][英]鲁珀特·克罗斯、菲利普·A. 琼斯:《英国刑法导论》,赵秉志等译,中国人民大学出版社 1991 年版。

[41][英]洛克:《人类理解论》,关文运译,商务印书馆 1959 年版。

[42][英]J. W. 塞西尔·特纳:《肯尼刑法原理》,王国庆、李启家等译,华夏出版社 1989 年版。

[43]《德国刑法典》(2002 年修订),徐久生、庄敬华译,中国方正出版社 2004 年版。

[44]《日本刑法典》(第 2 版),张明楷译,法律出版社 2006 年版。

[45]中国人民大学刑法教研室:《苏维埃刑法论文选译》(第 1 辑),中国人民大学出版社 1955 年版。

[46][德]埃里克·希尔根多夫:《德国刑法学:从传统到现代》,江溯、黄笑岩等译,北京大学出版社 2015 年版。

[47][德]乌尔斯·金德霍伊泽尔:《刑法总论教科书》(第 6 版),蔡桂生译,北京大学出版社 2015 年版。

[48][日]日高义博:《违法性的基础理论》,张光云译,法律出版社 2015 年版。

[49][日]平野龙一:《刑法的基础》,黎宏译,中国政法大学出版社 2016 年版。

[50][美]约书亚·德雷斯勒:《美国刑法纲要》,姜敏译,中国法制出版社 2016 年版。

[51][德]格哈德·韦勒、弗洛里安·耶斯伯格:《国际刑法学原理》(上册),王世洲译,商务印书馆 2017 年版。

[52][日]前田雅英:《刑法总论讲义》(第 6 版),曾文科译,北京大学出版社 2017 年版。

[53][日]佐伯仁志:《刑法总论的思之道·乐之道》,于佳佳译,中国政法大学出版社 2017 年版。

[54][德]乌韦·穆尔曼:《德国刑法基础课》(第 7 版),周子实译,北京大学出版社 2023 年版。

后　记

本书是在湖北省社会科学基金项目“三阶层犯罪论体系研究”结项报告和北京师范大学博士后出站报告《三阶层犯罪论体系构造研究——兼论德日阶层模式对完善中国犯罪构成理论的启示》的基础上修改而成的。

自 2010 年承担华中科技大学精品教材项目“外国刑法学”时，本人就已着手对三阶层犯罪论体系进行探讨。2011 年赴北京师范大学开始政治学博士后合作研究，正式将三阶层犯罪论体系作为研究选题，后以博士后出站报告为基础申报湖北省社会科学基金项目“三阶层犯罪论体系研究”并获立项（立项号 2012025）。2013 年 6 月顺利通过博士后出站报告答辩，在答辩组老师以“优秀”鼓励之后，于 2014 年 3 月取得中共湖北省委社会科学工作领导小组办公室颁发的结项证明。恰好 2014 年本人有幸以高级研究学者的身份赴德国海德堡大学访问，于是踌躇满志，打算充分利用赴德访问的机会，全面、深入学习大陆法系特别是德国的犯罪论体系，暗自决定要对手头的结项报告精耕细作。赴德期间，有幸认识德国海德堡大学 Hass 教授，北京大学王世洲教授、江溯教授，《环球法律评论》编辑贾元女士，德国马克斯·普朗克学会外国刑法和国际刑法研究所中国项目部负责人周遵友教授，武汉大学李本灿教授、王颖教授，留德学者王复春、王华伟、张怀岭、陈霄诸君，还在他乡遇见雷志春、邹莹莹、李比特、朱泓睿等华中科技大学校友。在上述诸君的帮助下，本人对大陆法系刑法学尤其是德国刑法学有了全新的认识。然而，美好的计划很快被现实粉碎。由于后来承担了国家社科基金项目，并在随后的工作调动期间琐事缠身，以致完善三阶层犯罪论体系书稿的计划被一再搁置。此后得知北京师范大学法学院与法律出版社已有合作项目“京师法学文库”,遂将书稿上报学院。在学院领导和审稿专家的鼓励和支持下,本人结合审稿意见对书稿进行了数次修改,并成功纳入“京师法学文库”资助出版计划,才有了今天本书的面世。

考虑书稿完成时间较早,诸多内容已不再新颖,甚至可能存在舛误错漏,数次想放弃出版计划。幸得责任编辑鼓励以及法学院领导和审稿专家帮助,遂得以修改成书。审稿专家建议适当深化理论,如醍醐灌顶。梳理大陆法系犯罪论体系的演进历程,无不是在哲学思潮的引领下实现创新发展的。那么,本书考察的主要对象——三阶层犯罪论体系,以及本书的落脚点——中国犯罪构成理论体系的发展路径,这一中一西的刑法理论体系,究竟有无共同的哲学理论指导其发展完善?翻阅本书在落脚点上的两处创新,即过渡方案“三位一体评价体系”和改造方案“四阶层体系”,豁然开朗!原来这两处创新都是自觉不自觉地运用了黑格尔提出、恩格斯总结的哲学基本原理——对立统一规律和否定之否定规律!黑格尔提出的“正→反→合”的认识论原理和“肯定→否定→否定之否定”的认知路径,与中国传统文化中“我→非我→非非我”的思辨悟道路径如出一辙!于是,本书在上述哲学理论的指导下,对大陆法系三阶层体系予以重新审视,发现被诸多学者大加赞赏的三阶层体系竟然存在严重的认识论缺陷:违法性和有责性着重考察排除事由,忽视了对积极要件的研究,不符合“正→反→合”的认识论原理,因而其结论也未必合理。而我主张的“三位一体评价体系”和“四阶层体系”正好遵循了“正→反→合”的认识论原理,在入罪条件(“正”)和排除事由(“反”)的“对立”中,达成了认定犯罪的“统一”(“合”)。可见,只有在正确的哲学理论指导下,才能更清晰地辨明犯罪论体系的优点与缺陷,才能获得全面、科学、合理的认知结论,从而为中国犯罪构成理论体系的自主持续创新提供可资借鉴的观察对象、思维方法和具体路径。

在建构中国刑法学自主知识体系的当下,刑法学界再次掀起了中国犯罪构成理论体系的研究热潮。本人借此机会,不揣浅陋地对旧作进行删改增补,以此作为未来学术道路上的镜鉴。可资镜鉴的成果本无好坏,也无对错,既然缘起,就要空性看待。本书所有的不足和缺陷,正好可以转化为鞭策本人不断前行的不竭动力！

本书得以顺利完稿和出版，要衷心感谢中共湖北省委社会科学工作领导小组办公室，华中科技大学法学院、科学技术发展院、文科处以及北京师范大学法学院对本书的研究和出版提供的宝贵资助！感谢北京师范大学法学院暨刑事法律科学研究院各位领导和老师的关心和支持！感谢答辩老师和审稿专家的宝贵意见！

最后，要特别感谢法律出版社编校老师的鼓励！感谢项目组成员徐晶、张娟、雷志春、谈绪军的辛勤付出！感谢雷志春老师和黄擎博士协助校对外文文献！

太多感谢无法用言语表达，唯有感恩！

贾济东

2024 年 12 月 25 日于北京师范大学后主楼